大師系列
02

學解夢

大師教你

隆軍五◎主編

序言　夢境的解析

　　利用「夢」來推測神意或占驗事情的吉凶，乃是世界上許多人共有的行事，而其中歷史最悠久，經驗最豐富的可能就是中國人了。

　　根據傳說，中國早在黃帝時代就出現專門用來解夢的《占夢經》，而即使這個傳說不可信，至少，在殷商時代的甲骨卜辭中，我們已可看到許許多多有關占夢的記載，而從殷商以後一直到清代，在大約三千年左右的時光裡，有關占夢之事的記載一直不絕於書，各種專門的「占夢書」也一直流傳著，可見，中國的占夢傳統的確說得上是源遠流長。

　　夢，似是一個虛幻飄渺的另一個世界，而它卻又似乎是真實的。其實夢它可以反射出我們心靈最深處的慾望、希望、恐懼和幻想。不論夢境是如何的混亂、驚駭、美麗或大膽，都可以將我們的心事洩漏無遺。

　　既然夢能透露我們這麼多秘密，所以，如果能解析夢境，自然能使我們更加了解自己。而夢幻也是有可能成真的，我們稱之為預知夢，預知的夢透過潛意識直接向我們的心靈深處訴求，它不僅可以就現實生活事件提供資訊，也可以透露我們心裡的想法。所以，若能時時注意到自己

的夢境，還能防患未來潛在的危險呢！

　　根據近代西方的人類學家和心理學家的研究，我們已認識到：「夢」不僅僅是人類的一種生理現象，同時還是一種複雜的心理活動和文化行為，而「占夢」這樣的行事，其所預設的觀念──夢是事件的前兆，也不純是一種迷信和荒謬的信仰，例如著名的心理學家佛洛姆（Erich Fromm）就曾指出：夢境成為事件的預示，乃是做夢者「洞察力」的一種表現，這種現象乃是「可能」而且「合理」的。

　　由此可知，我們其實不必鄙視先人的「占夢」行為和觀念，因為他們和現代的一流學者所相信的其實並沒什麼兩樣。也因此，我想，我們也到了一個重新「認識」和「評估」這樣一個傳統的時候了，而首先要做的工作就是先認識他們的觀念和理論。

　　這本解夢書花費了編者相當多的心力，我嘗試著用最有系統的排列、最完整的收錄，再加上最準確的預示，期盼幫助讀者了解夢境背後隱藏的意義。親愛的朋友，你昨夜作了什麼夢呢？

　　這本書是編者《史上最強解夢書》一、二輯的精華合訂本，相信對喜愛夢境研究的朋友，必能提供不少的幫助。

目錄

關於主編者

蔣星五

從事腦力開發工作，對於易經、解夢有長期而深入的研究。

專門透過科學方法研究與分析，加上實證經驗，對於夢境的未知意義，有一獨到深入的見解。出版了多本解夢專書，銷售成績裴然，獲得許多讚譽，被尊爲解夢大師。

第一部分
解夢基礎知識

一、夢的特點

每一個人都會作夢，世界上沒有不曾作過夢的人。心理學家把每夜睡眠超過9小時者，稱爲長睡眠的人，而把每夜睡眠低於6小時者，稱爲短睡眠的人。1972年，美國心理學家哈特曼對400餘名被試者進行了長期的心理學實驗，發現：長睡眠者每夜平均作夢時間爲121.2分鐘，短睡眠者每夜平均作夢時間爲65.2分鐘。

假如一位長睡眠者壽命爲80歲，那他一生作夢的時間約爲：$80 \times 365 \times 2 = 58400$ 小時，即他有6.7年用於作夢。

由此可見，在人的一生中，要用很多時間去作夢。

雖然天天作夢，但對夢的瞭解並不是那麼清楚、全面。然而，不瞭解什麼是夢，以及它有什麼特點，要進行解夢，那將是不可能的事。

根據國內外專家、學者的意見，以及大量作夢的實例，我們認爲夢有如下8個特點。下面分別加以說明。

先看兩個夢例：

傳說唐朝的時候，有個名叫盧生的青年書生到京城參加考試。當他來到邯鄲時，住在一家旅店裡，生活十分艱困。在店中他遇見了一個叫呂翁的道士。盧生向他訴說了自己的窮困處境，希望能得到功名利祿和榮華富貴，懇求道士指點實現美好願望的良方妙法。

　　呂翁答應了他的要求，借給他一個青瓷枕頭，告訴他說：「你只要枕著它睡上一覺，就會感到稱心如意。」

　　盧生高興地接過枕頭，枕著它很快地進入了夢鄉。這時店主人剛剛煮上一鍋小米飯。

　　盧生在夢中考中了進士，當上了大官，娶了一個賢慧、美麗的妻子，擁有5個兒子、10個孫子，兒孫個個功成名就，飛黃騰達……他享盡了人間的榮華富貴，一直活到80多歲。

　　可是一覺醒來，方才的一切都成了泡影，他仍舊睡在邯鄲的旅店裡，只有呂翁在他的身旁。這時，店主人那鍋小米飯還沒有煮熟呢！

　　這就是著名的「黃粱一夢」的故事。

　　和這個故事齊名的還有「南柯一夢」的故事：

　　從前有一個人，名字叫淳於棼，住在廣陵。他家房子的南面有一棵大槐樹。這棵槐樹枝繁葉茂，樹下正是遮蔭乘涼的好地方。他過生日那天，喝醉了酒，躺在槐樹下面睡著了。他作了一個夢，夢到自己到了大槐安國，並和公主成了親，當了20年的南柯太守，非常榮耀顯赫。可是後來因作戰失利，公主也死了，他就被遣送回家。

　　一覺醒來，他看見家人正在打掃庭院，太陽還沒有下山，酒壺也在身旁呢！他四面一瞧，發現槐樹下有一個螞蟻洞，他在夢中作官的大槐安國，原來是這個螞蟻洞，槐

樹的最南一枝兒，就是他當太守的南柯郡。

　　以上兩個故事，很能說明夢的特點：

　　個體性。首先夢是由個體的人來作的。我們都知道，盧生作的「黃粱一夢」和淳於棼作的「南柯一夢」。他們醒後，夢就沒有了。其次，盧生作的夢和淳於棼作的夢是兩個不同的夢。第三，第三者無法知道他們倆作的是什麼夢，只有他們自己說出來，別人才會知道他們作夢的內容。這三點合起來，就是夢的個體性。個體性是指夢只能由一個人來作，而不能集體作。夢只屬於個人，不屬於集體。

　　回憶性。盧生和淳於棼作的夢，別人看不見、聽不到，更摸不著。那別人怎麼知道他們倆作夢的內容呢？是靠盧生和淳於棼回憶中的情景得到的。也可以說，沒有回憶性，別人就不可能知道夢的內容。沒有回憶性，也就無法進行解夢。

　　形象性。夢都是形象生動的。中國古代把夢分成六類：正夢、噩夢、思夢、寤夢、喜夢、懼夢。正夢是正常的夢，噩夢是不好的夢，思夢是思念的夢，寤夢是白日夢，喜夢是高興的夢，懼夢是讓人害怕的夢。但不論何種夢，都是透過栩栩如生的形象來表現的。在夢中可以看到人、看到樹、看到天空、看到鬼、看到棺材等等，這些都是一些形象。離開了形象，就沒有了夢。所以夢的內容一

般不叫夢的內容，而叫夢境，道理就在這裡。

反映性。夢是客觀現實的反映，沒有客觀世界也就沒有夢。所以俗語說：「南人不夢駝，北人不夢象。」因為南方沒有駱駝，南方人的夢中就不會出現駱駝；而北方沒有大象，所以北方人的夢中就不可能夢到大象。上面兩個故事中的盧生和淳於棼，他們兩人利慾薰心，一心追求榮華富貴，所以在夢中才會出現做了大官、享受榮華富貴的夢境。平常人們說的日有所思，夜有所夢，也是講夢的反映性。

歪曲性。夢是客觀現實的反映，但這種反映不是直接的，而是歪曲的，它是以歪曲的形式來表達的。淳於棼這則故事中，現實生活是一個「螞蟻洞」，而在他夢中卻成了「木槐國」，夢中的「南柯郡」即是「槐樹的最南的一枝兒」，這就是反映的歪曲性。

比如有一個姓孫的讀書人考中了狀元，在考取的一年，他曾夢見幾百根木頭堆在一起，姓孫的讀書人在上面走來走去。不久，他請一位李處士替他解夢。李處士告訴他說：「我要向您道喜呀！明年您必會考中狀元。為什麼呢？因為您已經居眾材（才）之上了。」

這個姓孫的讀書人在平時生活中一心想考中狀元，可是反映在夢中，卻是在幾百根木頭上走來走去，所以這種反映就是歪曲的。

非自覺性。一個人在夢中夢見一切，在夢中承受悲、歡、離、合，有時狂歡亂舞、有時痛哭流涕、有時上吊自殺，所有的一切是不是作夢者自覺進行的呢？不是。而是作夢者在不知不覺中進行的，也即在他自己都不知道的情況下進行的，這就是非自覺性。有人說它為無意識性，道理是一樣的。

比如，城濮戰役，晉國大勝楚國。在戰爭發生前，晉文公夢見與楚成王搏鬥，楚王趴在自己身上，而且吸自己的腦髓，所以晉文公心裡很恐懼。晉文公舅父子犯說：「這是吉利的預兆，文公面朝天，象徵得天下，楚王面向地，象徵伏罪。腦髓是陰柔的東西，他吞食你的腦髓，象徵著我方將使他柔服。」

我們暫時不論這樣解夢是否合理，但有一點是可以肯定的，就是晉文公作的這個噩夢，完全是非自覺的。如果他能預知會作這樣可怕的夢，那他絕不會作的。現在他所以作這樣的夢，就在於他是非自覺的，連他自己也不知道。

無限制性。作夢的內容完全是沒有什麼限制的，可以天上地下、東西南北；可以古代現代、中國外國；可以飛禽走獸、花草樹木、等等，都可以入夢。這是其一。其次，在夢中，什麼事物，不管它們有沒有聯繫，都可以組合在一起、交錯在一起、揉雜在一起。所以，夢中可以出

現人頭魚身的美人魚、牛頭馬面的妖怪、水可以流到天上去、人可以倒過來走路等等。這就是夢的奇異性，我們在這裡叫它無限制性。因為奇特性只是無限制性的一個方面。

關於夢的無限制性，在唐代詩人李白的《夢遊天姥吟留別》一詩中有淋漓盡致地描寫。他一會兒夢見日出；一會兒夢見閃電霹靂、山巒崩摧；一會兒夢見仙人駕車而來。真是浮想聯翩、別有洞天，是夢的無限制性的絕妙文章。

生理性。上面7個關於夢的特點，都是不能單獨進行的，它們必須依靠大腦這個生理機制才能進行，離開大腦就不可能出現夢，這就是夢的生理性。具體地說，人腦由菱腦（後腦、中腦、前腦）三部分組成，菱腦又分延腦、橋腦與小腦三部分，而橋腦就是具有觸發作夢功能的部分，夢的出現就離不開這個部分。這也說明了夢的生理基礎的重要性。

根據以上這些關於夢的特點，我們可以給夢下這樣一個定義：夢是客觀現實生活在人腦中的形象的非自覺的歪曲反映。

二、夢的作用

夢的作用，歸納起來可有三大作用：一是維持人體生理和心理平衡的作用；二是具有一定的認識作用；三是具有預示疾病的作用。現分別說明如下：

1.夢有維持人體生理和心理平衡的作用

每個人都會作夢，可是如果在一個人將要作夢時，就把他叫醒，那麼會怎樣呢？

有一位叫德門特的心理學專家研究了這個有趣的問題。他的做法是這樣：當被試者開始作夢時，就立即把他叫醒，以阻止他作夢。但是因為夢是在試圖阻止作夢之前開始的，這種干擾並不能完全剝奪被試者作夢，只是作夢的總時間可能減少75～80％。德門特確定他的8位男被試者正常作夢的平均時間約為7小時睡眠的20％，亦即約82分鐘，於是他減少了他們75～80％的作夢時間，結果怎樣呢？有兩個結果：

一是會使這些被試者引起憂慮、急躁、食欲加大以及體重增加，這也就是說，生理失去了平衡。

二是要使這些被試者恢復正常，必須花費好多時間，甚至三倍的時間才能得到完全的恢復。

關於人的心理方面也是這樣，白天，不如意的事經常

發生，煩惱的事太多，工作的、朋友之間的、家庭成員之間的矛盾，錯綜複雜，紛至遝來，不可招架。而在睡夢中，有些事本來不能辦成的卻辦成了，有些矛盾不能解決的卻在睡夢中解決了，有些追求一直沒有達到，而在睡夢中卻得到了實現，這是一種調節，也是一種滿足。佛洛德所強調的「夢是欲望的達成」，講的可能也是這一種情況。所以詩人歌德曾說過：「人性擁有最佳的能力，隨時可以在失望時獲得支援。在我的一生裡，有好幾次悲痛含淚上床後，夢境能用各種引人的方式安慰我，使我從悲痛中超脫而出，而得以換來隔天清晨的輕鬆愉快。」尼采也說：「夢是白天失去的快樂和美感的補償。」阿德勒也曾說過：「個人由於環境不如意導致的自卑感，可以在夢境裡找回補償。」

　　根據以上所說，夢的作用確實是較大的，它能維持人體生理和心理平衡。特別是心理平衡，更應大力宣揚。

2.夢有一定的認識作用

　　夢雖然是現實生活的歪曲的反映，但有時，它確實是有認識作用。這除了它能幫助人們記憶（如一件東西遺失了，白天怎麼也想不起來丟在何處，但在夢中卻想起來了；如某一工程師，對某種產品的設計，在白天怎麼也想不起來，而在夢中卻想起來了）以外，它的認識作用，主

要表現在三個方面：

(1)對某一事物的預知作用

《後漢書》記載，東漢時，有一個名叫范式的，是山陽金鄉人。爲太學生時，與汝南張劭結爲至友。一次臨別時，范式對張劭說：「兩年後的今天，我準時到你家拜訪。」重逢期近，張劭準備了酒菜。至期，范式果然千里來訪，二人豪飲，盡歡而散。

後來，張劭病重，同郡郅君章和殷子征來探望他，張劭臨死前說：「我最大的遺憾是沒能再見范式一面，你們二位是我的生友，而范式則是我的死友。」不久，張劭去世，千里之外的范式忽然夢見張劭對他說：「范兄，吾於某日死亡，永歸黃泉，您縱然沒有忘記我，但您哪趕得上我的葬禮呢？」范式夢醒，悲痛淚下，告假於太守，急馳奔喪。張劭此時正在下葬，但棺材怎麼也抬不動，直到范式急趨而來後，他牽紼而引，棺材才抬得起來，得以安葬。

在千里以外，夢見好友去世，奔喪而來，這就是夢的預知作用。這類事件是不勝枚舉的，它在心靈學上已得到專門的研究。這種預知作用是不是迷信呢？我們認爲並不一定如此。比如，我家有個鄰居，老父重病在身即將去世，但就是不斷氣，等到兒子回來以後，他才閉上眼睛。

而這個兒子又怎麼會知道老父病重在等他回家見面的呢？原來是他在夢中夢見的。這是不是一種心靈感應，我們不去論述，但他兒子作的夢，發揮了預知作用，這可是沒有疑問的。

(2)對創造發明的預示作用

　　凱庫勒是德國著名的化學家，長期以來，他試圖爲苯分子找出一個結構式，但很不順利，一直沒有成功。有一天晚上，他坐在火爐旁打瞌睡，夢中他似乎看到在蛇形的行列中有原子在跳舞。忽然，一條蛇咬住了自己的尾巴，形成一個圓圈，隨後在他面前嘲笑地旋轉。一刹那間，凱庫勒醒過來，他已經想出了用一個六方形的圈圈代表苯分子的結構。

　　音樂家瓦格納在《自傳》中說：他在創作描繪萊茵河的三部曲時，一個開場調一直沒有想出來。一次他乘船過海，晝夜不能安眠。一天午後，他倦極微睡，彷彿覺得自己沉在急流裡面，聽到流水往復澎湃的聲音自成一種樂調，醒後便根據在夢中所聽到的急流聲譜寫了三部曲的開場調。

　　作曲家 J・塔季尼夢見他把自己的小提琴交給了一個魔鬼演奏，令他驚奇的是：魔鬼奏出了美妙的旋律，塔季尼醒來後立即把它記下，這就是大家耳熟能詳的《魔鬼之

歌》。

幻夢的作用是如此奇妙，難怪科學家們要風趣地說：「先生們，讓我們帶著要解決的問題去睡覺吧！」劍橋大學的教授在向各學科有優秀成績的科學家調查時，發現70％的科學家都稱他們是從夢中得到啓發而有所創造的。

夢的這種預示作用，實際上就是我們大家所說的靈感。可以說大多數的靈感來自夢境的啓示。沒有夢，就沒有靈感；沒有靈感，也就沒有創造發明。所以夢的這種預示作用是十分巨大的。

(3)夢有預示疾病的作用

中外的心理學家以及夢學研究者，幾乎一致認爲夢和病變之間有一定的聯繫。阮芳賦、萬文鵬編著的《睡眠與夢》一書中，曾舉了一個例子：

庫格勒夫人曾任美國德克薩斯州心理研究會主席，她有常年記錄夢境日記的習慣。1972年2月27日有如下一夢：

「有人（是我？）患了重病，似乎又治好了。這是奇跡，許多人議論這件事。」

當時庫格勒夫人身上沒有任何疾病的症狀。到了同年4月19日她又夢見：

「有人送給我一件禮物，是一個大方盒，裡面裝著各種形狀的小盒子，它是米切爾太太、羅伯太太、柯裡恩先

生送的。卡片上寫道：愛你，瑪麗‧海倫（老朋友習慣稱呼我的複名。）。

1972年5月8日她記錄的夢境是：

「我與丈夫一同旅行，同行的還有我的朋友多蒂。前面是一連冰帶水的深谷，必須涉水過去，才能到達對面的山崗，採摘美麗的一品紅。」

6月5日夢境日記上寫道：

「我穿著一件白色的襯衫，低頭一看，左側胸前有一塊紫紅色的斑跡。」

9月20日的夢很特別：

「我即將進行手術治療。有人告訴我應該請一位同時能做兩種手術的高明外科大夫，因為分別有兩種病症需要同時處理。」

然後是10月22日的夢：

「病房裡住著兩個手術後的女病人，相處得很融洽。那個切除一側乳房的女病人脖子上吊著繃帶，但是顯得很高興。我問她：她的丈夫做何反應，她說反應良好。」

這階段在她的夢境中還有兩則發揮安慰作用的夢：

「1972年11月5日，夢見知名心理學家魯詹生夫人把雙手按在我的肋部，似乎是用按摩治病。11月6日夢見自己落入深水，有個男人把我托出水面。」

1972年12月9日，庫格勒夫人突然病倒。12月18日確

診為膽囊結石。接著發現左側乳房內有腫瘤，醫生考慮應該進行活體組織檢查。1973年1月2日成功地完成了膽囊手術。一週反覆檢查乳房，發現腫瘤已經消散，於是決定不再做活體組織檢查手術。

從這個夢例可以看出，庫格勒夫人多次在夢中夢見自己有病，並進行手術，結果她果然有病。這是為什麼呢？因為她白天由於其他興奮的干擾，這些病灶的資訊，無法傳遞給她的腦部而產生感覺和意識。但到了夜晚，由於全身鬆弛，又沒有其他干擾，在夢境中也就把病灶的資訊傳遞了出來。

這說明：夢確實有預示疾病的作用。

三、解夢的意義

中國自古是一個占夢術極為流行的國家。在殷周時，占夢是觀察國家吉凶、決定國家大事的一個重要工具，並專門設立占夢官來解決周王如何致夢、如何占夢、占夢的程式等有關事宜。而歷代在民間都湧現了不少著名的占夢家。如三國魏地的趙直、三國東吳的宋壽、三國魏地樂安的周宣，還有索址、萬推等等。他們占夢，有的十不失一、有的十中八九，都是十分靈驗的。

那麼，以現在的觀點來看，解夢對我們究竟有什麼意義呢？

我們認為有下面三方面的意義：

1.可以滿足作夢者的心理

　　一個人作了夢，總希望能對它們進行解釋。有時作了好夢，作夢者希望瞭解為什麼；有時作了噩夢，作夢者心驚肉跳，更希望弄個明白；有時作了亂七八糟的夢，作夢者擔心出什麼事，也希望弄個清楚等等，作夢者都希望自己進行解釋，或者請人給以解釋。透過解釋，一般的夢都可以給作夢者心理上的滿足。

2.可以使作夢者提高警惕

　　有的夢解下來使人心理上得到滿足，但有的夢解下來不盡人意，甚至十分不利，那怎麼辦呢？這就需要提高警惕，使事情不向更壞的方向發展。這就是解夢的又一個意義，而且是十分重要的意義。

　　看下面一個夢例：

　　韓皋一向和李綺不和，一天李綺夢見萬歲樓上掛著冰，於是李綺自己解夢說：「冰，是寒的意思；樓，是高的意思。難道韓皋（寒高）要來取代我嗎？」

　　李綺心裡特別不痛快。後來韓皋果然取代了他。

　　其實，李綺不必心裡不痛快、不必疑神疑鬼。只要採取措施，搞好與韓皋的關係，以及與上層的關係，那麼這

一不愉快的事將不可能發生。

碰見噩夢、凶夢，並不可怕，只要能吸取教訓，認眞對待，使壞事盡可能地轉化爲好事。

3.可以培養和加強分析能力

解夢是一項十分艱苦的腦力激盪，如果沒有一定的分析能力，那是不能把夢解好的。

請看下面一個夢例：

《三國志》中有一則記周宣如何解夢的故事：

有人問周宣：「我昨夜夢見草紮的狗（草紮的狗，古文叫芻狗，祭祀用，祭後則棄之）、這是什麼兆頭？」周宣說：「你將能吃上一頓豐盛的美食。」不久，這人外出時果然吃了一餐豐盛的美食。後來，他又問周宣：「昨夜我又夢草紮的狗，是什麼兆頭？」周宣說：「你將會從車上摔下來折斷腿，你應當謹愼小心。」事後，他果眞如周宣所說的摔斷了腿。後來，這個人又去問周宣：「昨晚又夢見草紮的狗，該怎樣解釋呢？」周宣說：「你家會失火，要小心注意!」結果他家眞的遭遇火災。後來那個人告訴周宣：「我前後三次都沒有作夢，只是想試試你，可是你怎麼會那麼靈驗？」周宣對他說：「是神靈要你這樣說的，所以和眞的作夢沒有什麼兩樣。」那個人又問：「三次都是草紮的狗，爲什麼你的解釋卻不一樣？」周宣說：

「編草為狗是祭神用的，所以第一次預示你能吃到神吃過的佳肴；第二次表示祭祀已完，草狗將會被扔掉，被車輪所輾，所以我說你會摔斷腿；草狗被車輪碾過後只能拿去生火，所以第三次預兆會失火。」

周宣的解夢看起來十分靈驗和神秘，其實，他只是善於分析而已。如果他不善於分析，那麼這三個夢就比較難解。

所以說，分析能力在解夢中十分重要，透過不斷的解夢，就可以提高自己的分析能力。這可以說是解夢給人們帶來的又一個好處。

我們認為，不能一提起解夢，就把它和迷信連想在一起，只能這樣說：有的解夢不是迷信，相反，它應該算是科學。如佛洛德的解夢技術——心理分析法，雖然有些煩瑣，但誰也不能否認它是科學的。又比如，國外用儀器對睡眠中夢的種種研究，他們也是對夢的解釋，當然不能算是迷信。所以不加分析地來看待解夢，那是不正確的。

四、解夢的條件

在中國古代，關於解夢的條件，最主要的是「五不占」與「五不驗」。

「五不占」是：神魂未定而夢者不占；妄慮而夢者不占；寢凶厄夢者不占；寐中撼府而夢未終者不占；夢有終

始而覺佚其半者不占。

翻譯成白話就是：心神不定就成夢的不能占；胡思亂想而成夢的不能占；醒後知道夢有兇險的不占；睡眠中被搖醒而夢還沒有作完的不占；夢雖有頭尾但醒後已記不全的不占。

這五不占中只有後兩個不占還有些道理。第一占、第二占卻更需要占，第三占根本不需要占。

「五不驗」是：

第一：「昧覺本原者不驗」——指占夢者不瞭解夢是神的顯示，這樣的人不懂占夢、不信占夢，實屬外行，當然占而不驗。

第二：「業術不專者不驗」——自己給人占夢，卻不懂、不精占夢的方法，這種占當然不驗。

第三：「誠未至者不驗」——夢者占夢心不誠，當然也不會驗。

第四：「削遠爲近小者不驗」——不懂占夢之「大道」而玩弄小術者，自然也不會驗。

第五：「依違兩端者不驗」——夢數說，互相矛盾。爲討好夢者，言之爲吉；爲欺騙他人，又言之爲凶。這樣的占夢當然不會驗。

驗就是應驗。「五不驗」就是五個不應驗。「五不驗」中的第一、第三兩驗，一點兒都沒有客觀標準，伸縮

性太大。

以上「五不占」和「五不驗」，對現在的解夢的意義不大。

現在解夢的條件，我們認為主要有下面三條：

1.解夢需要豐富的知識；

2.解夢需要熟悉情況；

3.解夢要注意多動腦。

下面加以說明：

1.解夢需要豐富的知識

解夢是一種複雜的現象，如果不具備一定的知識，那麼，有些夢就無法解開。

比如《解夢書》中的一些夢就是這樣：

「夢見頭戴山者，得財。」

為什麼「夢見頭戴山者」，可以解為「得財」呢？原來，這裡有一個故事：有一個人姓宋名言，應試了多次都沒有考取。有一次，他午睡時，作了一個夢。在夢中有一個人告訴他說：「你所以不能做官，因為你頭上戴著山，如果你把山字去掉，那你將前途無量。」醒來以後，他就把「嶽」字上的「山」字和兩個「犬」字都去掉了，名字成了姓宋名言。第二年他就高中了，也做了官。因為古時做官便意味著發財，所以，「夢見頭戴山者，得財。」

如果不瞭解這個故事，沒有這方面的知識，那麼，就無法解釋此夢。

再看一個夢例：

從前有一個讀書人將要赴京應試，他作夢夢見自己最先進了試場，醒來以後他告訴妻子自己最先進了試場，「今年秋試我一定會奪得第一名。」

妻子說：「不對，你不記得《論語》上寫的是先進第十一嗎？」

後來她丈夫考試，果然名列第十一。

如果這個妻子不懂《論語》，那麼，她的解釋就不會那麼巧妙了。

由以上事例說明，要把夢解釋得確切，必須具備相關方面的知識。

但是世界上的知識浩瀚如海，要每門知識都能掌握，那是不可能的，也是不必要的。我們認爲對解夢有關的知識，是必須瞭解和掌握的。它們是下列四種：

(1)歷史知識；

(2)各民族知識；

(3)文學知識；

(4)邏輯學知識。

下面略加說明：

(1)歷史知識

歷史是一個國家的重大事件的記載，也是各種知識的彙集。以夢來說，在中國的歷史中，殷人是怎樣占夢的、周人是怎樣解夢的，春秋戰國時期，占夢又有了哪些發展、秦漢以後的占夢又是怎樣的……，都有詳細的記載。如果不懂這些歷史知識，要進一步瞭解夢以及發展對夢的研究，那是比較困難的。

不僅中國歷史，還有世界歷史，因爲在許多世界史中，有關夢的記載也是十分豐富的。就以革命導師恩格斯來說，他就是根據北美原始人的資料，分析過村民的夢魂觀念。他說：

「在遠古時代，人們還完全不知道自己身體的構造，並且受夢中景象的影響，於是產生了一種觀念：他們的思維和感覺不是他們身體的活動，而是一種獨特的、寓於這個身體之中而在人死亡時就離開身體的靈魂的活動。」(《路德維希・費爾巴哈和德國古典哲學的終結》，人民出版社1972年版，第14頁）

我們學習了這些知識，對夢的瞭解將會更深刻。

(2)各民族知識

在中國東北的赫哲族，清代時，還處於史前時代。在他們的信仰中，人人都有三個靈魂：一個是生命的靈魂，

一個是轉生的靈魂，還有一個是思想的靈魂或觀念的靈魂。據說，生命的靈魂賦於人們生命，轉生的靈魂主宰人們來世的轉生，觀念的靈魂使人們有感覺和思想。人們在睡眠的時候，身體所以不動，耳目所以沒有知覺，就是因爲觀念的靈魂離開了肉體。人們所以作夢，所以在夢中能看見很多東西，甚至看見已經死去的親人，就是因爲觀念的靈魂離開了肉體後，能到別的地方去，能與神靈和別的靈魂接觸。正因爲夢中靈魂可以神靈接觸，可以與祖先的靈魂接觸，因此他們便把夢象作爲神靈或祖先對夢者的一種啓示，夢象也就隨之有了預兆的意義。如夢見喝酒得錢預示著打獵會滿載而歸；夢見死人、抬棺材，預示一定能獵到野獸；夢見騎馬行走，預示著狩獵空手而歸。

　　景頗族一般把靈魂稱作「南拉」。他們認爲人之所以作夢，就是因爲靈魂離開了自己的肉體。靈魂不離身，人就不會入睡作夢。有時候入睡卻不作夢，就是因爲靈魂外出沒有碰到什麼東西。如果靈魂外出碰到什麼怪物，人在睡眠中就會作出怪夢來。按照景頗族的習俗，如果夢見槍、長刀之類的東西，是妻子生男孩的吉兆；如果夢見黃瓜、南瓜結實纍纍，自己又摘了一大籮筐背回來，據說是凶兆；如果夢見太陽西下、牙齒掉落和喝酒吃肉也是凶兆；不是家裡死人，就是鄰居死人。

　　如果對這些民族的風俗習慣、對夢的解釋有所瞭解，

那麼對解夢肯定是有好處的。

(3)文學知識

在中國的文學作品中，許多有關夢的創作。如在中國最早用文字記錄的詩歌總集——《詩經》中就有許多的記載；在《左傳》這部歷史書中，夢例比比皆是；在唐宋時期的詩詞中，有關夢的則更多，如杜甫的《夢李白二首》、李白的《夢遊天姥吟留別》、岑參的《春夢》、李賀的《夢》。在陸游85卷的《劍南詩稿》中，僅題目標明記夢的就有160首。

在元明時期的戲曲中，有許多關於夢的戲曲。如關漢卿的《蝴蝶夢》、《衣夢》、《西蜀夢》等。還有湯顯祖的《臨川四夢》、《紫釵記》、《牡丹亭》、《南柯夢》、《邯鄲夢》等。

從以上可以看出，在文學作品中存有大量的夢例，如果我們對這個夢進行研究，那麼一定可以找到一些解夢的規律來。

(4)邏輯學知識

邏輯學是關於思維的科學，是專門研究、判斷、推理的科學。解夢離不開邏輯學，只有以邏輯學的方法來解夢，才有可能把夢解開。

比如《太平御覽》中有一則夢例：

「夢圍棋者，欲鬥也。」

為什麼夢見圍棋者會是欲鬥呢？這是因為下圍棋者是互相鬥智，就這樣，引申出夢圍棋者就欲鬥了。這就是推理的作用（由甲推知乙），也就是邏輯的作用。

又如：

「夢見杯案（桌子）賓客到也。」

為什麼賓客會到呢？這是因為茶杯和桌椅是用來招待客人的，既然夢到「杯案」，可能是賓客要來了。

這也是運用推理的方法來解夢的。所以，解夢和使用邏輯有很大關係。

2.解夢需要熟悉情況

所謂解夢需要熟悉情況，指的是熟悉作夢的情況。如果對作夢的情況一點兒也不瞭解、不熟悉，那麼要把夢解得十分確切，是十分困難的。

怎樣才算是熟悉夢者的情況呢？請看德國著名夢學家弗洛姆在他的《夢的精神分析》中舉的一個例子：

有人作了如下的一個夢：

「我正目擊一個實驗。有一個人被變做一塊石頭，然後一位女雕刻家把這塊石頭雕成一尊石像。突然石像變成活人，並且很生氣地走向女雕刻家。我很恐懼地在一旁觀

看，並看見他如何殺死那個女雕刻家。他接著轉向我，我在想假如我能夠引他走進我父母的臥室內，我就安全了。我與他大玩捉迷藏，並成功地引他走進我父母的臥室內。我的父母和他們的一些朋友坐在那兒。但是他們在看見我爲生命奮鬥時，卻一點兒也不關心。我心想：『嗯！早就知道他們根本不關心我。』我勝利地微笑著。」

弗洛姆接著說道：

「這夢到此結束。我們必須知道作夢者這個人，以瞭解這段夢。他是年約24歲的年輕醫生，生活刻板而單調，完全在父母的控制下，母親是一家之主。他從不自動自發地思想和感覺，只盡責地到醫院，爲人所歡迎，因爲他行爲規矩，但是他感到很疲倦、沮喪，並且看不出生活有何意義。他是那種凡事服從的兒子，待在家裡，做母親所期望的一切事，並且很少有自己的生活。他母親鼓勵他約女孩子出遊，但他母親卻對他感興趣的女孩子吹毛求疵。有一次，當他的母親比平常要求得更多時，他對他的母親發了脾氣，他的母親表現出他是如何地傷害了她、是如何地不知感恩，因爲這次發脾氣的結果，使他深深地懊悔並更加地服從他的母親。在他作這個夢的前一天，他曾在地下鐵道等火車，他注視著三個與他年紀差不多的人在月臺上交談。他們顯然是從商店下班準備回家的店員。他們正在談論著上司：一個說自己可以得到加薪的機會，因爲老闆

非常喜歡他；另外一個人談到有一天老闆曾對他談起政治問題……整個談話皆顯出這三個人是循規矩道而內心空虛的小人物，他們的生命由於商店的瑣屑事務及他們的老闆而被吸收、融化了。作夢者望著這些人，突然感到很震驚。他突然想到：那就是我，那就是我的一生！我並不比這三個店員好到哪裡去，我就像死人一樣！當晚就作了那個夢。」

明白了作夢者的一般心理情境以及那段夢的直接原因後，要瞭解夢就毫無困難。

這個夢是什麼意思呢？原來，那個石像就是夢者自己，女雕刻家是他的母親，他要「殺」他母親是為了反抗她。這個夢就是他對母親不滿的發洩。

請看，如果不瞭解這個作夢者的情況，那麼，就不可能解開這個夢。因為誰也不可能想到石像就是作夢者自己。

同時，從上面弗洛姆的瞭解作夢者的情況來看，所謂瞭解指兩點：一是瞭解作夢者的個人與家庭情況；二是瞭解作夢者作夢的起因。

怎樣才能瞭解到這兩點呢？關鍵就在於一個問字。問誰？問作夢者。只有多問、善問、有目的地問，才能得到所需的種種解夢情況。

3.解夢要注意多動腦

爲什麼解夢要注意動腦呢？這是因爲：

(1)到目前爲止，世界上還沒有一種十分有效的方法可以準確地解釋所有的夢。包括佛洛德的心理分析法。美國的W・鄧恩，他是一位夢學專家，他曾寫過一本《夢的科學》，他曾經說過，他能夠提供一種方法去識別夢中的預知性問題，但他迄今並沒有履行他的諾言。既然沒有一種行之有效的方法，那麼在解夢時要想把它解得確切，這就得靠每個解夢者的努力，如果他知識面廣、對作夢者的情況又十分熟悉，而且又肯動腦筋，那麼他解的夢就可能好一些。當然，我們所說的是沒有一種十分有效的放之四海而皆準的方法，而絕不是說沒有方法。

(2)有些夢確是十分玄虛、十分神秘，如果不動腦筋，確實叫人難以解開。如《聖經》上有一個怪夢：法老曾在夢中見到「先出現七隻健碩的牛，繼之有七隻瘦弱的牛出現，牠們把前七隻健碩的牛吞噬掉」。這個夢是什麼意思呢？約瑟夫是這樣對法老解釋的：「埃及將有七個饑荒的年頭，並且預言這七年會將以前豐收的七年所盈餘的一切耗光。」弗洛伊德指出這個夢之所以能解釋出來，是約瑟夫利用了「相似」的原則。解釋也就是說約瑟夫經過認真思考，利用「相似」這一形式才能答出來的，雖然他們的解釋不一定準確。

又如下面一個夢例：

據《晉書》記載，晉代張茂年輕時，曾經夢見得到一頭大象。他就問占夢者萬推這是什麼預兆，萬推告訴他說：「閣下當大郡的郡守，但結局不大好。」張茂問他爲什麼？萬推回答說：「象是大獸，獸者守也，所以得知當爲大郡的郡守。然而大象常因牠的牙齒而遭災，被人類傷害。」張茂後來的結局正如萬推所言。

從這個夢例可以看出，萬推是善於動腦的人，他從一頭大象能推想到張茂做什麼官，又能推想到張茂的結局。如果他不善於動腦，恐怕這個夢比較難解釋。

(3)作夢者各人的情況不同，作的夢也不同。有的夢解下來是好兆、有的夢解下來是凶兆，有的夢可能一點兒意義也沒有。應該怎樣對作夢者進行解釋呢？是好兆，照說問題不大，如果是凶兆，照實說恐怕不一定妥當。這是因爲凶兆只是你所說的，事實上不一定會有什麼壞事出現。其次，一般人的心理是喜歡聽好話，不喜歡聽壞話。所以，如何說話委婉、如何避免傷害對方，就成了一個難題。在這裡，認眞動腦，就發揮了很大的作用。

根據以上三點，在解夢中必須認眞動腦，那種不肯動腦的人，是不可能把夢解釋好的。

由於篇幅所限，關於實際的解夢方法，這裡就不一一細數了，相信讀者可以在正文中對不同類別的夢境的具體分析中自己揣摩。

第二部分
解夢辭典

一、山川、歲月、星辰類

山川、日月、星辰、地理、地名、星期、氣候。

水 *夢象* *夢見水。*

夢兆 夢見平緩、清澈的流水是吉祥的象徵；湍急或混濁的水則預示今後的困難；夢見自來水就表示持久的幸福。

解釋 平緩、清澈的流水，風平浪靜，沒有波濤，平平穩穩，所以表示吉祥。湍急或混濁的水，直瀉奔流，阻力重重，所以預示今後的困難。自來水既清潔又衛生，又取之不盡，用之不竭，所以表示持久的幸福。

火 *夢象* *夢見火。*

夢兆 如果火燒到你，則有麻煩；如果沒有燒到你，則有好消息；看到房屋或其他建築著火，將有親友向你緊急求援；撲滅火或從火中逃脫，將排除萬難，大獲全勝。

解釋 俗語說引火上身，所以會帶來麻煩。如果沒有燒到自己，則平安無事，所以將有好消息。別的建築著火了，將會有損失，所以可能有受損失的親朋好友向你緊急求援。撲滅火災，或從火災中逃脫，當然大難不死，所以就可以意味著排除萬難，大獲全勝。

風 夢象 夢見風。

夢兆 如果你在夢中感到輕風向你吹拂，那表明你的生活和工作大致順利；如果是突然而至的狂風，那就說明你將會遇到挫折。如果在狂風中艱難行進，則表示你必須戰勝有力而陰險的對手才能達到目的。

解釋 風平浪靜，這風平就是微風，所以顯示你生活和工作順利。反過來，如果遇到狂風，就不會那麼順利，將會遇上挫折了。在狂風中艱難行走，狂風就是強有力的對手，所以表示只有戰勝有力而又陰險的對手才能達到目的。

月亮 夢象 夢見月亮。

夢兆 (1)夢見一輪明亮的月亮懸掛在無雲的天空，預示著令人興奮的變化。

(2)被飄動的雲朵遮蓋著的月亮，預示著取得成果之要克服一些困難。

(3)滿月象徵著愛情上不尋常的成功。

(4)明亮的月光象徵家庭幸福。

解釋 (1)月圓以後將月缺，所以預示著變化。

(2)雲朵遮蓋月亮，但不會太長久，月光仍會普照，所以困難只是暫時的。

(3)滿月就是圓月，圓月就是團圓，所以象徵愛情

上的成功。

(4)家庭成員之間的關係就像月光一樣明亮，彼此
　　瞭解，這是幸福的基礎，所以象徵家庭幸福。

太陽

夢象　夢見太陽。

夢兆

(1)明亮的陽光預示著各方面順利。

(2)夢見團團轉的、昏暗的太陽或者逃
　　遁的太陽，象徵著家庭的麻煩。

(3)火紅的太陽說明你需為你目前的前途樹立信心。

(4)看見太陽升起預示著茅塞頓開。

(5)看見太陽落山說明你將有一個突然的並且是向
　　上的轉機。

解釋

(1)明亮的太陽光代表光明、力量普照四方，所以
　　能預示各方面的順利。

(2)因為家庭中有矛盾、有麻煩，心情不愉快，所
　　以在夢中的太陽也是變形的，團團轉的、昏暗
　　的、逃遁的。所以才能說象徵著家庭的麻煩。

(3)火紅的太陽代表希望，所以預示你必須樹立信
　　心，因為前途是有希望的。

(4)太陽升起，驅散了黑暗和迷霧，所以說茅塞頓開
　　。

(5)從反說法來說，此夢應從反面來理解，所以太
　　陽落山就是上升。

冰　夢象　夢見冰。

夢兆
(1)坐在冰上，預示舒適的生活條件。

(2)走在冰上，警告投機受損。

(3)滑倒在冰上，意味困難即將來臨。

(4)如果你掉進冰中，則說明你最大的擔憂是無憑無據的。

(5)看到冰塊在清澈的水中（如河、湖等）漂流，預示你將戰勝妒忌你的對手。

(6)見到屋簷上掛著冰稜，預示著你只有努力才能成功。

解釋
(1)冰上平滑光潔，看起來很舒服，所以預示舒適的生活條件。

(2)如果走在薄冰上，容易掉下河去，所以警告投機要失敗。

(3)滑倒在冰上，要爬起來很困難，所以意味著困難的來臨。

(4)人掉進冰水中，上不著天，下不著地，沒有依靠，所以說你的擔憂是沒有根據的，是杞人憂天。

(5)心地像冰一樣清澈明亮，對人一點兒也沒有惡意，所以連妒忌你的人也向你屈服了。

(6)太陽出來，冰稜就要融化，所以萬事要抓住時

機、努力奮鬥才能成功。

| 冰山 | **夢象**　夢見冰山。 |

夢兆　象徵你會碰到大的對手或障礙，他比你想像的還要可怕。

然而，只要堅定明確和小心謹慎地處理，你是可以繞過他的。

解釋　冰山是可怕的，可是，只要小心謹慎對付它，是完全可以繞過它的，如破冰船就是這樣。所以強大的對手或障礙也是不可怕的。

| 冰雹 | **夢象**　夢見冰雹。 |

夢兆　不管你目前強烈希望什麼，這個夢都預示著失望。

不過，你應當記住，失敗乃成功之母。

解釋　因為冰雹立即融化，所以帶來的是失望。

| 運河 | **夢象**　夢見運河。 |

夢兆　水滿則是好事。若乾涸或半乾涸，應忌鋪張浪費。

解釋　水滿則運河通暢，所以是好事。乾涸或半乾涸，是水不夠了，或是沒水，所以應忌鋪張浪費。

| 沙漠 | **夢象**　夢見沙漠。 |

夢兆　如果夢見的是晴空萬里的沙漠，預示著你的努力將獲得成功；如果天氣陰霾或風沙滾滾，將有暗藏的反對者給你製造困難，但結果會比你預想的好。

解釋　晴空萬里，一切都那樣美好，所以預示著你的成

功。天氣陰霾和風沙是暫時的，即將過去，所以，結果會比預想的好。

島嶼　**夢象**　夢見島嶼。

夢兆　如果你在夢中乘船遇難來到一個島上，顯示你遇上了麻煩，你生活在島上或參觀一座島嶼，你將有一次新的興奮的短暫經歷。

解釋　乘船遇難來到島上，這就是麻煩事，而在島上諸事都不便，更是麻煩，所以可以說遇上了麻煩。

因島嶼得救而生活在島上或參觀一座島嶼，這都是暫時的，所以象徵有一次新的興奮的短暫經歷。

河堤　**夢象**　夢見河堤。

夢兆　若河堤很高，你將倒退或退步不前；若很低，你將從一個舊關係的恢復中得益。

解釋　若河堤很高，你不想爬上去，所以可能倒退回去或停步不前。

若河堤很低，熟悉的河流看得清清楚楚，而且洗衣服、挑水等很方便，所以說將從一個舊關係的恢復中得益。

沼澤　**夢象**　夢見沼澤。

夢兆　你必須付出很大努力以避免陷入朋友或親屬的尷尬事務中。

解釋　沼澤只會愈陷愈深，而朋友和親屬中的一些事就像沼澤一樣，讓人十分尷尬。所以說必須十分努力加以避免。

牧場　夢象　夢見牧場。

夢兆　(1)若你夢的是一片荒蕪的牧場，這是警告你提防無中生有的流言蜚語。

(2)在牧場上勞動顯示你會有一段艱苦的經歷。

解釋　(1)荒蕪的牧場一無所有，但有些人卻以為你得到寶貝，這就如無中生有的流言蜚語一樣，需要你提高警惕。

(2)到牧場勞動是艱苦的事，所以說會有一段艱苦的經歷。

礦山　夢象　夢見礦山。

夢兆　夢見在礦山工作，預示著透過自己的努力獲得財富。

解釋　在礦山工作比較艱苦，但地下寶藏豐富，所以說能獲得財富。

雨　夢象　夢見雨。

夢兆　(1)夢見連綿輕柔的春雨是好兆頭，預示著許多好事將一併來臨。

(2)如夢見在大雨中奮力奔跑，顯示你的處境將有所改善。

(3)夢見毛毛細雨，顯示你將要面臨暫時困難。

解釋 (1)春雨滋養萬物，所以預示好事來。

(2)在雨中奮力奔跑，這是不怕艱苦的表現。不怕艱苦，所以不好的處境將有所改善。

(3)毛毛細雨下個不停，讓人討厭，也對各方不利，所以預示著暫時的困難。

星星

夢兆 **夢象** 夢見星星。

(1)在夢中看到異常明亮的或閃閃發光的星星，預示著你在某位異性朋友的幫助下，完成自己的使命。

(2)灰暗的星星給你帶來財富。

(3)短暫的星星和流星也預示成功，但不會像希望的那樣快。

解釋 (1)異常明亮的或閃閃發光的星星，代表那位異性朋友，他的作用像星星一樣大，所以在他的幫助和鼓舞下，可以完成某一項艱巨的任務。

(2)灰暗的東西照例不會帶來財富，但以反說法來解說，灰暗的東西（星星）也能帶來財富。

(3)也用反說法來解此例。

海洋

夢兆 **夢象** 夢見海洋。

(1)海面平靜是吉祥的象徵。

(2)波濤滾滾表示運氣時好時壞。

(3)在海洋中航行，預示你會幸運地避開棘手、煩惱的事。

(4)在大海中游泳，暗示你不久將要擴大自己的影響範圍。

解釋 (1)海面平靜，一切太平無事，所以這是吉祥的象徵。

(2)波浪有時高有時低，高時表示運氣好，低時表示運氣壞。

(3)在海洋中如能安全地航行，就能避開暗礁險灘，這就象徵避開棘手、惱人的問題。

(4)在大海裡游泳表示能力強，所以能擴大自己的影響範圍。

懸崖峭壁 **夢象** 夢見懸崖峭壁。

夢兆 在最近幾個月裡，宜避免任何投機冒險；如果你攀登成功，則意味著雖有險阻，但經過努力，終有所得。

解釋 爬懸崖峭壁，危險性太大，所以不宜做任何投機冒險的事；攀登成功，所以終有所得。

暴風雪 **夢象** 夢見暴風雪。

夢兆 預示你在今後一段時期內，將會有懊惱的心理。

解釋 暴風雪給人帶來不便和苦惱，所以說有懊惱的心

理。

大暴風雨　**夢象**　夢見大暴風雨。

夢兆　夢見大暴風雨之後，宜避免與家人、
朋友、同事發生任何矛盾。這時候的爭論，即使不
會帶來不幸，也會造成不愉快。要冷靜。

解釋　因爲暴風雨會給人帶來種種矛盾及不愉快。

火山　**夢象**　夢見火山

夢兆　夢見正在爆發的火山，警告你一直忽
視生活中某種潛在的危險，應該及時
採取防禦措施；冒煙的火山表示充滿激情的戀愛，
死火山表示你今後的行爲帶有冒險性，在今後的生
活中要小心謹愼。

解釋　火山埋伏著危險，所以應該時時提防；在冒煙的火
山上不安全，如戀愛，則應懸崖勒馬，不再進行；
死火山說不定哪一天還會冒火，所以還是不安全，
所以應小心謹愼。

火焰　**夢象**　夢見火焰。

夢兆　閃爍得快要熄滅的火焰，代表失望；明亮的紅色火
焰，提醒你要克制住你的脾氣；穩定上升的火焰，
象徵著大的歡樂和幸福。

解釋　火焰熄滅了，希望熄滅了，當然只有失望。火有
時表示火爆的脾氣，所以要控制你的脾氣。穩定上

升表示穩操勝券，所以可說大獲全勝。光明表示歡樂、幸福。

風景 | *夢象　夢見風景。*

夢兆 這個夢的意義依賴於你對風景的反應。美麗的、怡人的風景象徵著光輝燦爛的前程；若是滿目瘡痍、令人不快的風景，你得準備度過一個不如意的季節。

解釋 怡人的風景可以象徵前途光明；不快的風景，一般是冬天，所以只能等待春天來臨才能有轉機，所以說要準備度過一個不如意的季節。

日食（月食） | *夢象　夢見日食（月食）。*

夢兆 你可能是在為自己或親人的健康擔心，只要去一趟醫院就行了。

解釋 日食、月食是日、月不全，所以可以說健康有問題，但日食、月食時間不長，所以，只要去一趟醫院就行了。

天氣 | *夢象　夢見天氣。*

夢兆 如果天氣高爽，則預示成功；如多雲、有霧，或陰濕，則應避免在近幾天內做出重大決定，或做任何修改。

解釋 天高氣爽，是好天氣，所以預示成功。多雲、有霧、陰濕的天氣，是不友好的天氣，既是不友好，

那麼最近做的決定可能也不大好，要進行修改。

雲朵 　**夢象**　夢見雲朵。

夢兆　天空昏暗，有暴風雲，預示有斷交的悲傷；天空晴朗，白雲飄飄，預示好日子將要來臨；白雲簇擁，預示將有豔遇；如果白雲遮住太陽，則將生意興隆。

解釋　暴風雲（烏雲）颰過，天空昏暗，什麼也看不見，心裡很難受，所以可以象徵斷交的悲傷；天空晴朗，白雲飄飄，當然可以預示好日子來臨；白雲簇湧，富有浪漫氣息，仙女將要降臨，所以可以預示將有豔遇；烏雲遮住太陽，照例是不好的象徵，但反過來卻是好事，驅散烏雲重見太陽，所以象徵生意興隆。

元旦 　**夢象**　夢見元旦。

夢兆　不在元旦而夢見過元旦，顯示你因事情有進展而感到滿意。

解釋　不是元旦卻夢見元旦，說明日子很好過，所以可以顯示因事情有進展而感到滿意。

土地 　**夢象**　夢見土地。

夢兆　夢見你擁有一塊土地，可以期待你的環境將得到重大改善。但如果你的確擁有土地，這個夢就意味著你暫時的挫折。

解釋 擁有一塊土地，原來的土地擴大了，環境也將擴大，這意味著環境將有更大的改善。已經確實擁有了土地，再想發展就有困難，所以意味著你有暫時的挫折。

鄉村 **夢象** 夢見鄉村。

夢兆 海邊的鄉村預示暫時的困難；山間的鄉村預示意外的收穫；郊區的鄉村預示十拿九穩的成功。

解釋 海邊的鄉村遇到的困難是暫時的，這好比海潮襲來是暫時的一樣；山間的鄉村可以打獵，說不定可以得到奇珍異獸，這是意外的收獲；郊區的鄉村為城市服務，所以收益是十拿九穩的。

一月 **夢象** 夢見一月。

夢兆 意味著你很快會找到解決複雜問題的答案。

解釋 一月是一年的開頭，人們都很重視開頭。做什麼事，哪怕是最複雜的事，只要重視了，就能找到解決的方法或答案。

二月 **夢象** 夢見二月。

夢兆 預示你要充滿朝氣，不能死氣沈沈，你要做的事才會成功。

解釋 因為二月是春天，春天是充滿生氣和活力的季節，如不死氣沉沉，事業就可能成功。

三月 **夢象** 夢見三月。

| 夢兆 | 夢見三月，預示著對所期望的變化感到失望。 |

| 解釋 | 三月的花變化很快，三月的花大都要凋謝，所以使人有失落感。 |

四月　夢象　夢見四月。

| 夢兆 | 當心被人愚弄。但就算被愚弄，對你並沒有什麼妨礙。 |

| 解釋 | 因為四月中有愚人節。愚人節被人愚弄，所以對人並無妨害。 |

五月　夢象　夢見五月。

| 夢兆 | 夢見五月，預示著暫時的財政困境。 |

| 解釋 | 五是「無」的諧音，所以預示暫時的財政困難。 |

六月　夢象　夢見六月。

| 夢兆 | 六月，表示一個新的羅曼史。如果不是，你也仍將分享這一快樂。 |

| 解釋 | 六月表示火熱，火熱表示浪漫，所以，在六月你可能有一個羅曼史。 |

七月　夢象　夢見七月。

| 夢兆 | 不是七月卻夢見七月，這是告訴你，不管建議多麼誘人，都需謹慎對待，宜先調查研究。 |

| 解釋 | 七月天氣炎熱，人們受天氣影響，心緒煩躁，所以處理事情不免急躁不謹慎。所以，必須謹慎小心，加強調查研究，才能處理各種事情，包括建議在 |

內。

八月　**夢象**　夢見八月。

夢兆　夢見八月，是你事業成功的象徵。

解釋　八月是收穫的季節，而豐收就是成功，所以說你事業可以獲得成功。

九月　**夢象**　夢見九月。

夢兆　預示著你的事業將有一個新開始。

解釋　「九九歸一」，在中國古代，「九」有回歸到「一」的意思，所以，此夢預示事業有一個新的開始。

十月　**夢象**　夢見十月。

夢兆　夢見十月是要你激發全部自制力的徵兆，目的是抗拒一些欲使你倉促改變計畫的猛烈勸說，因為改變計畫最終將於你不利。要堅定不移，周圍的洩氣話不會長久。

解釋　十月是第四季度的開始，如果改變計畫，沒有自制力就不能完成今年的任務，所以對你將是不利的。

十一月　**夢象**　夢見十一月。

夢兆　夢見十一月，預示著今後生活美滿。

解釋　過了十一月，一年即將結束，一年的辛勤勞動，將換來豐碩的成果，所以可以預示生活的美滿。

十二月　**夢象**　夢見十二月。

夢兆　要謙虛謹慎，不然對你不利。

解釋　十二月是一年的結束，在面臨新一年到來之際，應認真地虛心地總結自己，這樣才能在來年爭取更大成績。

閃光　**夢象**　夢見閃光。

夢兆　夢見無論什麼東西閃出的光亮，你的生活將因你的發明創造而產生重大變化。

解釋　發出光亮的東西，會引人注意，而發明創造像閃光一樣容易引人注意。由從事發明創造帶來的益處，因而也將使你的生活發生重大變化。

北　**夢象**　夢見北。

夢兆　以向北的方向為特徵的夢，預示著生活中你找到了正確方向。

解釋　指南針實際是指北針，箭頭是指向北，指北是永遠正確的，所以預示你找到了正確的方向。

北極　**夢象**　夢見北極。

夢兆　夢見這一冰封地帶，你將實現最大的雄心壯志。

解釋　一片冰封地帶十分壯觀，所以預示你實現你的雄心壯志。

右　**夢象**　夢見右。

夢兆　夢見任何右邊的東西、向右拐彎的行動等，顯示你

的欲望和你的原則正在矛盾之中。最佳的解決方式是：放手讓你的直覺做你行為的嚮導。

解釋　正中是原則，現在向右，所以欲望和原則發生了矛盾，是原則對，還是欲望對，你認為哪樣對就那樣做。

左　夢象　夢見左。

夢兆　如果你的夢以任何東西的左邊為特徵，或者是向左轉，或者是指向左邊，夢在告誡你不要為暫時的困難喪失信心，堅持下去，你將會達到目的。

解釋　左，一向認為是好的，所以可以說最終會成功。

田野　夢象　夢見田野。

夢兆　含義很多，應結合其細節來分析。一般來說：綠油油的或欣欣向榮的田野，顯示個人事業的幸福滿足；凋蔽的或乾涸的田野，意味著挫折的到來；剛剛翻耕過的田野，則顯示你需付出極辛苦的勞動，也許某種犧牲，才能實現你的目標。

解釋　綠油油的欣欣向榮的田野是好的，所以可表示幸福滿足。反之，凋蔽、乾涸的田野就意味著挫折與困難。只有努力才能改變這種狀況，達到目的。

異國他鄉　夢象　夢見異國他鄉。

夢兆　夢到外地或外國，意味著你的心願將要實現，比你原先想像的要快；要堅持住；夢到外地人或外國

人，如果他或她熱情友好，乃爲好事。

解釋 本來想到外地或外鄉去的心願，現在夢中夢到了，所以意味心願將要實現。外地、外國人對你熱情友好當然是好事。

地震 **夢象**　夢見地震。

夢兆 意味著環境的完全改變，這種改變將帶來好處，但需經過辛勤和堅韌的努力。

解釋 夢見地震而不是眞的地震。地震會使環境改變，所以說夢見地震可意味著環境的改變。當然這種改變是需要努力的。

地平線　**夢象**　夢見地平線。

夢兆 遙遠的地平線是不日成功的反映。

解釋 在海洋中看到遙遠的地平線就是看到陸地了，所以說是不日成功的反映。

回聲 **夢象**　夢見回聲。

夢兆 如果是你自己聲音的回聲，你將有一段新奇的經歷；如果回聲就在附近，你將聽到有關別人的消息；如果回聲很遙遠，那麼這個消息將是從遠方來的。

解釋 自己的聲音能有回聲，必定會感到新奇、驚訝的，所以可以預示有一段新奇的經歷。

光 **夢象**　夢見光。

夢兆 日光是恢復希望。一束光，像聚光燈或電弧的光，象徵著長期難題的突然解決。

解釋 日光給人生命、給人希望。長期的難題像黑暗，一見到光就明亮了，難題就解決了。

光環 夢象　夢見光環。

夢兆 夢中看到某人頭頂光環是壞消息的表示；如夢見你自己頭頂光環，則表示出國旅遊；夢見光環繞著一個物體，表示一個值得讚揚的成就。

解釋 用反說法解，頭頂光環是壞消息。自己頭頂光環，由於名氣大，可能有人會請你出國旅遊。一個物體被環繞著光環，說明這個物體很有價值，是一種成就的表示。

時間 夢象　夢見時間。

夢兆 夢中聽到鐘聲或注意到時間，顯示你把精力用在正確的事情上。

解釋 只有集中精力、分秒必爭，為事業而奮鬥的人，才會注意到時間。

旱災 夢象　夢見旱災。

夢兆 預示短暫的苦運，隨後將從困苦中解脫出來。

解釋 遇上旱災是苦運，但旱災很快會過去，所以這種災害是暫時的。

| 泥土 | **夢象** 夢見泥土。

| 夢兆 | 關於泥土的夢預示著光輝燦爛的前程。

| 解釋 | 泥土培育萬物，所以預示著光輝燦爛的前程。

| 泥坑 | **夢象** 夢見泥坑。

| 夢兆 | 不幸的（或者是窘迫的）社會經歷在夢中是透過你在泥坑中被濺汙來表現的。但是，如果你能逃避這種濺汙，預示著你透過別人的幫助能擺脫這困境。

| 解釋 | 跌下泥坑中當然是不幸的。

| 夜間 | **夢象** 夢見夜間。

| 夢兆 | 這個夢的主要含義是障礙和拖延。

| 解釋 | 夜晚辦事不像白天那樣爽快，所以可能有障礙和拖延。

| 河 **夢象** 夢見河。

| 夢兆 | 夢裡落入水中，預示著即將來臨的家庭困境，若是你縱身跳入，提醒你不要貿然行事。

| 解釋 | 不能貿然行事。

| 水沸騰 | **夢象** 夢見水沸騰。

| 夢兆 | 夢見水沸騰，切忌感情用事。

| 解釋 | 水沸騰就不能控制，感情如果像沸騰的水一樣就不好辦，所以切忌感情用事。

| 空氣 | **夢象** 夢見空氣。

夢兆 陽光明媚、空氣清新，家庭幸福美滿、朋友忠誠可靠；如果多雲或陰天，則預示個人關係上有麻煩。

解釋 空氣好，對什麼都好；空氣不好，對什麼都不利，所以預示個人關係上有麻煩。

林間空地 夢象　夢見林間空地。

夢兆 夢到青翠的林間空地，意味著你所擔心的一切將很快消失，你內心的恐懼也是無根據的。

解釋 青翠的林間空地幽靜，使人心曠神怡，使一切擔心、恐懼不復存在。

拍岸浪 夢象　夢見拍岸浪。

夢兆 如果在夢中遇有岸邊激浪，那你的生意或愛情都有長足的發展。

解釋 拍岩浪後浪推前浪，充滿活力，所以象徵生意或愛情上的發展。

珊瑚 夢象　夢見珊瑚。

夢兆 預示你會會見各方朋友。

解釋 珊瑚是群居在一起的，珊瑚代表朋友。

峽灣 夢象　夢見峽灣。

夢兆 夢見這兩面夾山的峽灣，預示生活幸福愉快。

解釋 峽灣風景優美，心情舒暢，預示生活幸福愉快。

星期天 夢象　夢見星期天。

夢兆 夢見星期天預示著居住的變遷與生意上的轉機。

解釋　星期天可以搬家，可以做生意。

春天　夢象　夢見春天。

夢兆　作春天來臨、萬物復甦的夢，對於剛開始一項嶄新事業的人來說，尤其是大好象徵。但春天夢是性欲重新勃發的象徵。

解釋　春天象徵美好，所以夢見春天是好事。

夏天　夢象　夢見夏天。

夢兆　看來你須聽信使你不敢相信的勸告。

解釋　使你不敢相信的勸告，如叫你去醫院檢查有否癌病的勸告等。

秋天　夢象　夢見秋天。

夢兆　秋天裡夢秋天便無意義，若在其他季節夢見，則你一方有求，八方相援。

解釋　秋天是收穫的季節，在收割莊稼中，人們總是互相支援、互相幫助的。

霜　夢象　夢見霜。

夢兆　如果你一味追求曇花一現的享受，你可能會失去生活中最基本的幸福。

解釋　霜，太陽出來就會溶化。追求這種會溶化的享受是靠不住的。

通風口　夢象　夢見通風口。

夢兆　夢見自己坐在或站在通風口，說明你的命運動盪不

安，但你會從中吸取到教訓。

解釋 通風口的風是不安定的，一會兒小，一會兒大，所以象徵命運動盪不安。

美國 **夢象** 夢見美國。

夢兆 夢見去美國，或在美國，或凝視地圖上的美國，則你在事業上有大變化。

解釋 去美國做事，在你事業上肯定會有變化。

巴黎 **夢象** 夢見巴黎。

夢兆 這一美麗的歐洲古城是快樂的象徵，預示著到了大膽進行社會活動的時間了。但要注意不要做你能力所不及的事。

解釋 巴黎是美好的事物的象徵，現在夢見它，說明已到了爭取美好事物的時候，看準了就要大膽地去做，不能有任何猶豫。

希臘 **夢象** 夢見希臘。

夢兆 夢到古希臘是目前的事業成功的標誌。

解釋 希臘是成功的象徵、偉大的象徵，所以可以標誌你事業成功。

非洲 **夢象** 夢見非洲。

夢兆 夢見地圖上的非洲，預示你不久將飛黃騰達。

解釋 非洲物產豐富、叢林密佈，一片興旺的景象，所以象徵你將飛黃騰達。

澳洲

夢象　夢見澳洲。

夢兆　夢見這塊地方，抓住時機，你事業上將有重大變化。

解釋　澳洲幅員遼闊、物產豐富，等待著人們去開發。

流星

夢象　夢見流星。

夢兆　夢中看見一顆流星劃破天空，象徵著突然的成功，這成功極其令人興奮，但曇花一現。

解釋　這夢用反說法解釋。

海灣

夢象　夢見海灣。

夢兆　如果是觀賞海景，則預示有旅行的可能；如果風浪大作，則在一段時間裡你將入不敷出；如風平浪靜，你將在社會上獲得成功。

解釋　旅行才能觀賞到海景。風浪大作，困難很大，所以將入不敷出；風平浪靜，和人關係處得較好，所以可在社會上獲成功。

海灘

夢象　夢見海灘。

夢兆　如在海灘上工作，你將可能需要經濟上的幫助；如躺在海灘上，你將忙於新的冒險。

解釋　在海灘上工作，說明經濟困難，需要人幫助；躺在海灘上，是在想像冒險的事。

破曉

夢象　夢見破曉。

澳洲	**夢象**　夢見澳洲。
夢兆	夢見這塊地方，抓住時機，你事業上將有重大變化。
解釋	澳洲幅員遼闊、物產豐富，等待著人們去開發。
流星	**夢象**　夢見流星。
夢兆	夢中看見一顆流星劃破天空，象徵著突然的成功，這成功極其令人興奮，但曇花一現。
解釋	這夢用反說法解釋。
海灣	**夢象**　夢見海灣。
夢兆	如果是觀賞海景，則預示有旅行的可能；如果風浪大作，則在一段時間裡你將入不敷出；如風平浪靜，你將在社會上獲得成功。
解釋	旅行才能觀賞到海景。風浪大作，困難很大，所以將入不敷出；風平浪靜，和人關係處得較好，所以可在社會上獲成功。
海灘	**夢象**　夢見海灘。
夢兆	如在海灘上工作，你將可能需要經濟上的幫助；如躺在海灘上，你將忙於新的冒險。
解釋	在海灘上工作，說明經濟困難，需要人幫助；躺在海灘上，是在想像冒險的事。
破曉	**夢象**　夢見破曉。

夢兆 天剛破曉，陽光明媚，則你眼前有大好時機；但陰天或有雨，則有困難需要你去克服。

解釋 陽光明媚，當然是大好的時機；陰天或有雨，當然有困難要克服。

綠洲 夢象 夢見綠洲。

夢兆 夢中有綠洲出現，顯示你在新的激勵人心的奮鬥中獲得重大成功。

解釋 綠洲是希望，所以象徵獲得成功。

荒地 夢象 夢見荒地。

夢兆 夢見荒地或荒房，預示物質財富的到來，也許是厚禮、也許是遺產。

解釋 荒地或荒房是壞事，但是反過來講是好事，在廢墟的基礎上建起嶄新的建築，所以預示財富的到來。

雪 夢象 夢見雪。

夢兆 (1)要是在夢中吃雪，那將會挨過一段倒楣的日子。

(2)夢見深雪或暴風雪，證明你需拼命工作，但會意外地收到一個了不起的成功。

(3)春天的雪會為你帶來豐碩的心理滿足。

(4)夏天的雪象徵著近在眼前的好運。

(5)秋天的雪意味著不一般的幸福。

(6)冬天的雪說明經過小小的努力後，你終會取得

成就。

(7)大雪封山的景象會給你帶來極重要的好消息。

解釋　(1)沒有糧食吃，只吃雪，日子十分艱難。

(2)戰勝深雪及暴風雪就能取得成功。

(3)、(4)、(5)、(6)的雪都是預示好兆頭。因為雪潔白、純潔，是幸運的象徵。

(7)大雪封山，保護了山林資源，所以會帶來好消息。

雪崩　*夢象　夢見雪崩。*

夢兆　看見雪崩，說明你生活道路上障礙重重，宜改變計畫。如你葬身其中，則有驚人的收穫。

解釋　雪崩是障礙重重，障礙既多，就應改變計畫。葬在雪崩中是壞事，但反過來是好事，所以有驚人的收穫。

黃昏　*夢象　夢見黃昏。*

夢兆　意味著你將面臨困難。

解釋　因黃昏過去是黑夜，而黑夜就代表困難。

旋風　*夢象　夢見漩風。*

夢兆　生活中發生了突然的變化，你應該迅速做出決定。

解釋　漩風就是突然的變化。

漩渦　*夢象　夢見旋渦。*

夢兆 旋渦表明你在生活中遇到了難以解決的麻煩。請你的朋友們幫助你吧！

解釋 漩渦是無法解決的麻煩。

粘土 夢象 夢見粘土。

夢兆 夢見自己用粘土造形或做別的事，預示你將穩步接近奮鬥目標。

解釋 用粘土造形是逐步完成的。

假日 夢象 夢見假日。

夢兆 如果夢見假日，你將不得不努力工作，不過，你的努力會有所收穫。

解釋 假日是用來休息的，反之，假日就是工作。

晚上 夢象 夢見晚上。

夢兆 天高氣爽的晚上，預言你從中年到晚年都很愜意。

解釋 天高氣爽很愜意。晚上表示中年、晚年（白天表示青年）。

彩虹 夢象 夢見彩虹。

夢兆 夢中見到彩虹是件大好事，這顯示所有的麻煩都快要過去，迎接你的將是巨大的幸福。

解釋 彩虹美妙動人，象徵幸福。

彗星 夢象 夢見彗星。

夢兆	你將遭受挫折。
解釋	夢見彗星不吉,所以預示將遭受挫折。
深淵	**夢象　夢見深淵。**
夢兆	如果避免掉入深淵,便能克服困難;如果掉入深淵,你則要特別當心經營的生意。
解釋	深淵代表困難,沒有掉入深淵,就是能克服困難;掉入深淵就是困難重重,所以要特別當心。
寒冷	**夢象　夢見寒冷。**
夢兆	夢裡氣溫越低,則你的生活情況就越舒服、越安全。
解釋	用反說法解釋。
噴發	**夢象　夢見噴發。**
夢兆	夢見火山噴發或其他這類自然現象,如噴泉,預言事情突然朝好的方向轉變。
解釋	火山噴發出來以後,火山就向不噴發方面轉化了,所以預示朝好的方向轉化。
噴泉	**夢象　夢見噴泉。**
夢兆	泉水噴湧,預言生活幸福美滿;泉水枯竭,你將灰心喪氣一段時期。
解釋	泉水噴湧不斷,所以象徵生活美滿;泉水枯竭是不吉,所以象徵灰心喪氣。
溪流	**夢象　夢見溪流。**

夢兆 倘若你夢中之溪流清澈見底、緩緩流淌，顯示你的生活方式也同此性質；若溪水湍急、曲折向前，顯示你可能要碰到障礙。

解釋 因為溪流是生命流程的象徵。

雷鳴 夢象 夢見雷鳴。

夢兆 假如是連續不斷的隆隆聲，說明你對虛假朋友的疑心不是沒有根據的，也不是多餘的。如果你夢中的雷聲十分尖銳而且響亮，這顯示你目前十分棘手的麻煩將立刻得以完滿的解決。

解釋 雷聲大雨聲小，這是虛假朋友的寫照；尖銳、響亮的雷聲十分乾脆，所以象徵棘手的問題立即得到完滿解決。

鵝卵石 夢象 夢見鵝卵石。

夢兆 (1)撿鵝卵石預示著由於失去朋友或關係破裂造成的一時孤獨鬱悶，不要垂頭喪氣。建立新的聯繫會很快彌補這一缺陷。

(2)坐在或走在鵝卵石上，顯示你會得到意想不到的機會，懲罰對你不敬的人，但行動之前記住：雖一時得勝會給你一時的甜蜜滿足感，但容忍則是永恆的自尊的種子。

解釋 (1)撿鵝卵石是無聊、孤獨、苦悶的表現。

(2)用鵝卵石擊人是報復的機會，但這不足取，還是容忍一點兒好。

黑暗 夢象　夢見黑暗。

夢兆 如果你在黑暗中行走，你可能會得到你已經放棄或失去的東西。

解釋 用反說法解釋。

漂浮 夢象　夢見漂浮。

夢兆 夢見漂浮，若水面清澈平靜，則喜事臨門；若水面混濁有漣漪，你可以被派去處理別人留下的爛攤子。

解釋 水清為好，水濁為不好。

熔岩 夢象　夢見熔岩。

夢兆 夢見火山熔化的岩石，是你的社會交際變得更令人興奮的信號。

解釋 火山熔化的岩石使人興奮。

潮水 夢象　夢見潮水。

夢兆 高潮水預示著機會；迎面而來的潮水顯示資源將增加；低潮水顯示你不願改變既定的生活方式。不要過於謹慎——原來的方式隱藏著停滯不前的因素。

解釋 高潮水比一般潮水高，所以是增加了機會；迎面的潮水是源源而來，所以說是資源的增加；低潮水不會改變原來的海灘，所以喻示為不願改變既定的生

活方式。

| 露水 | 夢象　夢見露水。 |

夢兆　你所有的希望都能實現。

解釋　露水不長久，但反過來卻是長久，所以說：所有的
希望都能得到成功。

二、禽獸、花木、蟲、魚類

禽獸、花木、昆蟲、魚蝦、水果。

| 紫羅蘭 | 夢象　夢見紫羅蘭。 |

夢兆　你將會與人有一段令人不愉快的經歷。

解釋　紫羅蘭是美好的東西，大家都喜歡它。但
夢到它，以反說法來解釋，所以你將會與人有一段
不愉快的經歷。

| 水仙花 | 夢象　夢見水仙花。 |

夢兆　如夢見生長在花園中的水仙花，是吉祥的象
徵；但室內或花盆中生長的水仙花警告你防
止虛榮和狂妄。

解釋　花園中的水仙花生活在自然的環境中，自由自在、
怡然自得，所以是吉祥的象徵；但室內的水仙花，
是一種裝飾品，所以要防止虛榮和狂
妄。

| 鮮花盛開 | 夢象　夢見鮮花盛開。 |

夢兆	表示你的生活幸福、美滿、安逸。
解釋	生活在鮮花中，所以生活美滿、安逸。

冬青樹　夢象　夢見冬青樹。

夢兆	你在金錢和朋友上都會遇到好運。
解釋	冬青樹是常青樹，是歷久不衰的樹，所以在金錢和朋友上都會遇到好運。

楓樹　夢象　夢見楓樹。

夢兆	象徵家庭和睦。
解釋	因為它火紅赤誠，所以象徵家庭和睦。

白蘭花　夢象　夢見白蘭花。

夢兆	顯示你心裡有些失望之感。
解釋	因為它太香了，這是美中不足的，所以讓人感到有些失望。

茉莉花　夢象　夢見茉莉花。

夢兆	是戀愛或個人事務成功的象徵。
解釋	因為它一片潔白、香氣迷人，所以是戀愛或個人事務成功的象徵。

菊花　夢象　夢見菊花。

夢兆	是豐收的象徵。
解釋	因為菊花在秋天開放，而秋天是豐收的季節，所以是豐收的象徵。

柏樹　夢象　夢見柏樹。

| 夢兆 | 將有朋友的不幸消息。 |

| 解釋 | 因為柏樹一般栽種在墓地，所以會傳來朋友不幸的消息。 |

| 柳樹 | **夢象　夢見柳樹** |

| 夢兆 | 表示有失去朋友的悲哀。 |

| 解釋 | 掃墓踏青會採折柳枝，所以可能有失友之痛。 |

| 牽牛花 | **夢象　夢見牽牛花。** |

| 夢兆 | 象徵愉快、友好的人際關係。 |

| 解釋 | 因為它適應性強，到處生長而又互相友好，使人見了愉快，所以它是愉快、友好的人際關係的象徵。 |

| 牡丹花 | **夢象　夢見牡丹花。** |

| 夢兆 | 要注意做什麼事情要有獨立性、要有主見。 |

| 解釋 | 因為它要靠綠葉輔助，不夠獨立自主，所以，要加強獨立性、要有主見。 |

| 大猩猩 | **夢象　夢見大猩猩。** |

| 夢兆 | 預示你將有一個痛苦的誤解。 |

| 解釋 | 因為猩猩不能和人通話，所以必然產生誤會，就有了一個痛苦的誤解。 |

| 小雞 | **夢象　夢見小雞。** |

| 夢兆 | 預示你不要得意忘形。 |

| 解釋 | 因為黃鼠狼還在後面等著小雞呢！ |

大黃蜂 夢象　夢見大黃蜂。

夢兆 夢到被大黃蜂螫疼，顯示你目前的事情將獲得成功。同時也提醒你要當心對你懷有敵意的人。

解釋 疼反而顯示事情的成功，這是反說。黃蜂已經刺傷你，向你發出了進攻的信號，所以你一定要提高警惕。

天鵝 夢象　夢見天鵝。

夢兆 夢見天鵝，顯示經濟緊張在即。漂浮水面的白天鵝是美好愛情、圓滿家庭生活的象徵；飛翔的白天鵝預示著事業進展順利。

解釋 黑色表示恐怖、緊張，所以黑天鵝表示經濟緊張即將來臨；白天鵝表示美好，而美好一般體現在愛情和家庭生活上，所以白天鵝是美好的愛情和圓滿的家庭生活的象徵；飛翔是上升、高升的意思，所以預示著事業進展順利。

烏鴉 夢象　夢見烏鴉。

夢兆 表示你將會不吉利。

解釋 因為烏鴉的顏色難看，叫聲難聽，所以民間都認為不吉。

公雞 夢象　夢見公雞。

夢兆 如果夢中聽到公雞叫，則有喜訊；若是夢到公雞打鬥，則預示家庭不和。

解釋 公雞叫，天將明，人們盼望在新的一天裡能有喜事出現，所以說有喜訊；公雞好鬥，公雞是家禽，所以要當心家庭不和。

長頸鹿　夢象　夢見長頸鹿。

夢兆 告誡你要少管閒事。

解釋 夢見長頸鹿，長頸鹿不會發音，是啞巴，要管閒事也管不起來，所以告誡你少管閒事。

孔雀　夢象　夢見孔雀。

夢兆 警告你不要太自負和太自信。

解釋 孔雀生性趾高氣昂、不可一世，所以警告人們不要太自負和太自信。

老鼠　夢象　夢見老鼠。

夢兆 (1)夢見你把老鼠嚇跑，預示著你能克服困難或戰勝敵人。

(2)如果夢見老鼠在你的衣服上，警告你：你信任的某人在誹謗你。

(3)夢見你把老鼠殺死了，象徵財物的增加。

解釋 (1)老鼠是壞東西，見不得人，牠是和困難或敵人一樣的壞東西，現在你把牠嚇跑了。所以，象徵你能克服困難和戰勝敵人。

(2)老鼠居然爬到人的衣服上，所以是肆無忌憚、膽大妄為的，人前面是這樣，人後更會這樣。而

這些人人前一套，人後一套，在背後就有可能會
誹謗人。

(3)老鼠貪吃，是一個無底洞，現在把老鼠殺死了，
洞口堵住了，所以象徵著財富的增加。

馬 夢象 夢見馬。

夢兆 (1)夢中看見馬，顯示這一階段平安無
事。

(2)騎馬，顯示地位上升。

(3)如果摔下馬背，你將不得不對付一個敵手，他
（她）一心想挫敗你。

(4)被馬踢，是警告你不要自鳴得意。

(5)餵馬，喻示你有一次走運的機會。

(6)看到了馬駒，將有好消息。

(7)催馬疾馳或賽馬，表示迅速成功。

解釋 (1)馬穩健，所以預示平安無事。

(2)騎馬，從平地上升，所以顯示地位上升。

(3)摔下馬來表示挫折，這好像有人在對付你一樣。

(4)不要自以為能騎馬，有時馬也會反抗你、踢你，
不能自滿、不能自鳴得意。

(5)餵馬，馬長得更壯實，參加比賽會獲勝，所以
預示有一次走運的機會。

(6)馬駒天真可愛，所以比喻有好消息。

(7)疾馳、賽馬都可能獲勝，所以表示迅速成功。

布穀鳥 夢象 夢見布穀鳥。

夢兆 牠將給你帶來壞消息，可能是失戀或離婚一類的事情。

解釋 這是從反面來解釋的，所以由壞說成好，而布穀鳥又充滿浪漫氣息，所以可能是失戀和離婚這一類事情。

母雞 夢象 夢見母雞。

夢兆 (1)黑母雞表示壞消息；白母雞表示好消息。

(2)雞肥預言贏利；雞瘦預言得利平平。

(3)咯咯叫的母雞意味著閒言閒語。

(4)啄食的母雞說明你不得不撤退並重新開始。

(5)臥地的雞代表繁榮昌盛。

(6)殺雞預示波折。

(7)拔雞毛預示有人向你要錢。

解釋 (1)黑色代表不吉利，白色代表如意。所以，黑母雞表示壞消息；白母雞表示好消息。

(2)雞肥重一點，贏利多一點；雞瘦輕一點，贏利少一點。

(3)咯咯叫的母雞話多，所以意味閒言閒語。

(4)啄食時的雞要互相爭鬥，鬥不過人家，只能撤

退並重新開始。

(5)臥地的母雞要孵小雞，所以代表繁榮昌盛。

(6)不會殺雞的人殺雞並不容易，所以預示有波折。

(7)雞毛拔了可以賣錢，所以可能有人突然會向你
　　要錢。

羊　夢象　夢見羊。

夢兆　大體說來是好事，但如果羊群中摻雜著幾
隻黑羊或灰羊，這便是奉勸你做事要瞻前
顧後。

解釋　羊是白的，現在有了黑羊和灰羊，就會有人打這些
羊的主意了。所以，要仔細看著牠們。這就預示做
事要瞻前顧後。

百靈鳥　夢象　夢見百靈鳥。

夢兆　預示著很快的成功；聽到百靈鳥的歌聲，象徵著愉
快的消息，而一隻被關住的受傷的，或死了的百靈
鳥則警告你：貪婪導致喪失，你要關心他人。

解釋　飛翔是高升，又有快的意思，所以象徵很快的成
功；百靈鳥的歌聲十分動聽，所以象徵愉快的消
息；貪婪就會像百靈鳥被關住、受傷或死了一樣的
不幸，所以貪婪會喪失一切，克服貪婪的方法是關
心別人。

魚　夢象　夢見魚。

夢兆　(1)魚在清澈的水中悠游，是財富和權力的徵兆。

(2)如果你在清澈的水裡釣魚，並能見到魚在咬食，預示你將會得到你要的東西。

(3)夢見死魚是失望和沮喪。

(4)夢裡抓住魚，是成功的象徵，抓住的魚越大則成功就越大。

(5)夢見鯉魚，則要高升。

(6)如果夢裡出現魚網，空的預示挫折；滿的預示成功；破的預示失敗；但仍然有魚的則預示成功。

解釋　(1)魚在水中游，則如魚得水，所以是財富和權力的徵兆。

(2)魚要上鉤了，這就象徵你能得到你所需要的東西。

(3)死魚已是沒有希望生還，所以象徵失望和沮喪。

(4)抓住魚當然是成功。

(5)鯉魚躍龍門，所以象徵高升。

(6)撒下的魚網，網不著魚，破網也難以網魚，當然是失敗，能網到魚當然是成功。

狗　**夢象**　夢見狗。

夢兆　狗象徵朋友。

(1)若夢見狗對你很友好，意即你與朋友相處融洽；

若狗很兇暴或在狂吠，意味著與朋友不和或朋友不值得依賴；若咬你或攻擊你，則要當心你所信賴的人欺騙你、坑害你。

(2)聽到狗在歡叫，預示社交的成功，若是狂吠，當然有禍事。

(3)看見狗在打架，你可能得去調解朋友的紛爭，宜注意方法。

(4)如果夢見的狗格外大，有權有勢的朋友將會保護你；如果夢見的是小狗，預示有人需要幫助。

解釋 (1)狗象徵朋友，友好就象徵和朋友相處融洽，反之就和朋友相處不好。如狗咬你則是壞事，你朋友會欺騙你、坑害你。

(2)狗歡叫，和朋友相處好，所以說社交成功；若狂吠，則與朋友關係不好，說不定有什麼禍事到來。

(3)狗打架是朋友打架，所以要去調解朋友糾紛。

(4)大狗是強有力的朋友，小狗是弱小的朋友，所以有人會保護你，你也要保護人。

狐狸 **夢象** 夢見狐狸。

夢兆 小心危險。你的敵人就像狐狸一樣狡猾；除非夢的是死狐狸，或者你殺死狐狸，才能揪出你的敵人。

| 解釋 | 狐狸比喻敵人，此例就迎刃而解。 |

貓　夢象　夢見貓。

| 夢兆 | 女性夢見玩耍的小貓預示著一個愉快的浪漫事；對男子則預示愛情上的失意。 |
| 解釋 | 女性愛貓，貓象徵男友，所以會出現浪漫事。貓有時並不溫順，又太調皮，不一定適合男子，所以預示愛情上將失意。 |

大象　夢象　夢見大象。

| 夢兆 | 如果牠在表演，表示朋友和同事對你很有幫助；如果牠在勞作，表示你目前所從事的任何事情都能成功；如果你給大象餵食、澆水或騎坐在大象上面，你將因幸運而獲晉升或有其他進展，或你以為不可避免的壞事突然有了轉機；大象攻擊你或使你受驚，顯示你在前進道路上將遇到暫時的障礙。 |
| 解釋 | 總而言之，夢見大象是好事而不是壞事，因為大象是吉祥的象徵。只有夢見大象攻擊你或使你受驚，你才會有暫時的困難。因為是暫時的，所以這種困難是可以克服的。 |

大袋鼠　夢象　夢見大袋鼠。

| 夢兆 | 如果袋鼠正在跳躍，並且袋中有一個小袋鼠，顯示你將有一個意想不到的 |

令人興奮的收穫。

解釋 袋中有個小袋鼠，這就是一個令人興奮的收穫。

小羊 夢象 夢見小羊。

夢兆 夢見帶著一隻小羊，可以期望一段時間的滿足；小羊預示著上升的經歷；看到小羊在田野裡嬉戲，顯示快樂的家庭事件；吃小羊肉，預示著物質財富的增加；找到一隻丟失的小羊，預示一種有價值的關係的恢復；聽到小羊的叫聲意味著新的、令人愉快的責任。

解釋 羊很容易滿足，所以預示一段時間的滿足。小羊正在生長，而生長就是上升，所以預示上升的經歷；小羊嬉戲很快樂，所以顯示家庭有快樂的事件發生；一般家庭不吃小羊肉，只有有錢人才吃小羊肉，所以預示物質財富的增加；找到丟失的小羊，這是失而復得，預示某一種關係的恢復；小羊的叫聲十分可憐和可愛，對可愛的東西，就有責任去保護它、愛護它。

小昆蟲 夢象 夢見小昆蟲。

夢兆 夢見這些討厭的小昆蟲，預示著朋友或同事的妒忌給你帶來的煩惱；如在夢裡消滅或擺脫牠們，則這些煩惱便會自行消失。

解釋 討厭的小昆蟲會給人帶來煩惱；同樣，對你妒忌的

朋友、同事，也會給你帶來煩惱。煩惱在夢裡消失或擺脫了，說明這些煩惱已經消失了，是因為日有所思，夜有所夢。

牛犢

夢象 夢見牛犢。

夢兆 夢見正在吃奶的小牛，表示你所有的希望都能實現；夢見小牛被宰，則表示希望破滅；夢見活蹦亂跳的小牛，顯示愛情和婚姻的滿意。

解釋 吃奶的小牛會迅速成長，是養牛人的希望。所以此夢可預示希望的實現；小牛被宰，希望破滅了；活蹦亂跳的小牛表示心情愉快，所以可以預示愛情和婚姻的滿意。

鳳尾魚

夢象 夢見鳳尾魚。

夢兆 不論夢見的鳳尾魚是活的還是罐裝的，你將在愛情上一帆風順，事業上也能成功。

解釋 鳳尾魚表示吉祥如意，所以夢見牠什麼都好。

兀鷹

夢象 夢見兀鷹。

夢兆 夢見這隻兇惡的鳥的意義要根據具體夢境來解釋，如果你僅僅看見牠伏在某處，那說明你的敵人或競爭者正在等待著你犯錯誤。

如果在夢中你殺死一隻兀鷹，那就有代表好運氣。

解釋 兀鷹比作敵人或競爭者，所以牠待在一邊是在等待

你犯錯誤，從而想消滅你。消滅了敵人，當然是好事，所以說你會有好運氣。

水貂

夢象　夢見水貂。

夢兆　牠的皮警告你，控制自私和貪婪；它預示著艱苦的工作和較少的休息。

解釋　水貂皮很珍貴，不容易得到，爲了得到它，就會產生自私和貪婪，所以警告你要控制自私和貪婪。捉水貂是很艱苦的工作，所以預示你工作的艱苦和較少休息。

水藻

夢象　夢見水藻。

夢兆　糾纏在一起的水藻顯示你將由於某種勢力的影響，去做一些違背自己原則的事。

解釋　水藻總是糾纏在一起的，各種水藻的力量都互相牽制著，由不得自己做主。所以預示你去做一些違背自己原則的事，因爲你像水藻一樣身不由己。

水獺

夢象　夢見水獺。

夢兆　在夢中不管你見到這種動物是在水中還是在岸上，都暗示著好好貯藏、保管你的資產。

解釋　因爲水獺十分狡猾、兇狠，可以比喻是一個壞人，旣然你碰到壞人，所以就應管好你的資產，不要被壞人搶走、騙走。

八哥

夢象　夢見八哥。

| 夢兆 | 此夢爲憂喜不一，或先憂後樂、或樂極生悲。 |
| 解釋 | 八哥傳話學舌，有時好、有時壞，以聽者爲轉移。 |

丁香花　夢象　夢見丁香花。

| 夢兆 | 不論是開放在門外，還是開放在花瓶中，這些芬芳的花朵預示著中斷的友誼。 |
| 解釋 | 丁香花的花蕾在我國古代含有憂鬱的意思。如李商隱的〈代贈〉詩：「芭蕉不展丁香結，同向春花各自愁。」又如南唐李璟的〈浣溪沙〉：「青鳥不傳雲外信，丁香空結雨中愁。」愁什麼呢？愁的是友誼的中斷，所以夢見丁香花可以預示友誼的中斷。 |

龍蝦　夢象　夢見龍蝦。

| 夢兆 | 夢裡的活龍蝦意味著臨近的困難，這些困難將使你深感苦惱。 |
| 解釋 | 把活的龍蝦作爲困難解釋是從反面來說的。 |

甲殼蟲　夢象　夢見甲殼蟲。

| 夢兆 | 如果你弄死或儘量清除牠，你的困境將是暫時的。 |
| 解釋 | 甲殼蟲的樣子讓人討厭，弄死或清除牠，討厭的心情也就消除了，所以說困境將是暫時的。 |

葉子　夢象　夢見葉子。

| 夢兆 | 表示心事和性關係。如果新鮮、健康，意味著順利、持續和愉悅；如果有蟲蛀、消退、凋零，則預示著爭吵、不滿、分離。 |

解釋 葉子新鮮、健康是好事，所以表示順利、持續和愉悅。反之，葉子有問題，就預示爭吵、不滿、分離。

雜草 **夢象** 夢見雜草。

夢兆 如果你僅在觀察雜草，這個夢就是在警告你不要與他人發生會損害你名譽的關係；但如果你正在清除雜草，你就可以不再擔心了。

解釋 雜草叢生、雜亂無章，是不好的象徵，所以此夢可警告你不要和他人發生不正常的關係；雜草清除了，不好的東西去掉了，所以不用再擔心了。

動物園 **夢象** 夢見動物園。

夢兆 夢到了動物園，那就表示你將在遙遠的地方見到許多未曾見過的人；如果你帶著孩子一起去動物園，你的旅行將使你有所收穫。

解釋 動物園裡有遠方來的你未曾見過的動物，由此象徵未曾見的人；孩子在動物園裡可以增長知識，所以說使你有所收穫。

企鵝 **夢象** 夢見企鵝。

夢兆 如夢見這種滑稽的陸棲鳥的話，是告訴你：問題沒你想的那麼嚴重，若能保持冷靜，問題自然會化解。

解釋　滑稽是輕鬆的，不那麼嚴肅的，所以說問題並不那麼嚴重。

向日葵　夢象　夢見向日葵。

夢兆　對自己的工作要有堅定的信心和信念。

解釋　向日葵對太陽是充滿宇宙和信念的。

百合花　夢象　夢見百合花。

夢兆　百合花預示著地位的突然升高。

解釋　百合花一般生長在山上，而山上是高處，所以預示地位的升高。

芍藥花　夢象　夢見芍藥花。

夢兆　芍藥花是預示不幸的幾種花草之一，它表示煩惱。

解釋　芍藥花根部可以入藥，味苦。苦是苦惱，所以說它表示煩惱。

蟲卵　夢象　夢見蟲卵。

夢兆　夢見任何蟲卵，都表示錢財上的滿意收穫。

解釋　蟲卵是某種動物產生出來的，蟲卵也可以賣錢，所以表示錢財上的滿意收穫。

花卉　夢象　夢見花卉。

夢兆　絢麗的鮮花，不論是長在戶外還是佈置在室內，乃是個人幸福的象徵；如果這些花死了或凋敝了，或者你把它們扔棄，則告誡你不要輕妄自大或滿不在乎，不然會栽筋斗；工藝花卉，預示你將處於一個

不得不違背你的信條辦事的境地，要穩住，別受其影響；野花，喻示一次快樂、興奮的奇遇。

解釋 鮮花象徵幸福；鮮花凋謝了是不好的徵兆，如做事輕妄自大、滿不在乎，就會栽筋斗；工藝花是假的，是裝出來的，所以，不得不違背信條辦事；野花在郊外、在山坡，遊玩的人遇見它，本身就是奇遇。

花園 **夢象** 夢見花園。

夢兆 井井有條卻不長花的花園，顯示生活安逸；有人收拾雜草叢生的花園，顯示苦難；鮮花盛開的花園，預示精神舒暢、享天倫之樂、經濟有保障。

解釋 花園不長花，無人前來玩賞，不受擾，所以表示生活安逸；雜草叢生，象徵不好，不好就是苦難，所以表示苦難；鮮花盛開，一切都好。

花束 **夢象** 夢見花束。

夢兆 繽紛的鮮花表示社會環境很佳；若花朵凋零，則應做健康檢查。

解釋 環境佈滿繽紛的鮮花，當然環境好；花朵凋零，象徵不好，也可能是自己身體有病，所以要做健康檢查。

蘆葦 **夢象** 夢見蘆葦。

夢兆 蘆葦是不穩定友誼的象徵。

| 解釋 | 因為蘆葦生長在水邊、灘地，紮根不牢，隨風擺動。 |

蒼鷹	夢象　夢見蒼鷹。
夢兆	如果夢到這種飛禽，你可能將要受到損失。
解釋	蒼鷹喜迅速下降捕捉走禽，非常兇猛，所以象徵你會受到損失。

杜鵑花	夢象　夢見杜鵑花。
夢兆	有關金錢方面的好消息不期而至。
解釋	杜鵑花為大紅花，可以代表金錢。

獾	夢象　夢見獾。
夢兆	透過你自己的努力可達到富強。
解釋	獾是自己打洞而求得生存的，所以喻示透過自己的努力可達到富強。

河馬	夢象　夢見河馬。
夢兆	如在其棲息地，代表危險的對手或敵對的競爭者；如被捕獲或在動物園裡，則顯示你將有一個時期的沮喪和厭煩。
解釋	河馬在棲息地，很有危險性，所以代表有危險的對手或敵對的競爭者；河馬在動物園裡，並不自由、愉快，所以說明你將會有沮喪和厭煩。

| 蝨子 | 夢象　夢見蝨子。 |
| 夢兆 | 這種齷齪的生物象徵由於他人的愚蠢或固執而帶來 |

的煩惱，除非你弄死或除了牠們，這樣的話，預示
著好運氣。

解釋　有蝨子使人煩惱。

鬱金香　**夢象　夢見鬱金香。**

夢兆　夢見帶花蕾的鬱金香，顯示你心裡有些微失望之
感；見到開花或採集是繁忙將盡的表現。

解釋　鬱金香花開得好看，但香氣不足，所以表示有些微
失望之感；開花和採集是已到鬱金香的末期，所以
說象徵繁忙將盡。

玫瑰　**夢象　夢見玫瑰。**

夢兆　(1)採鮮玫瑰，預示著巨大的快樂。

(2)送此花給人，表示你將真誠地被愛。

(3)收玫瑰，預示著極其重大的社會成功。

(4)人造的玫瑰出現在夢中，預示你的朋友中會產
生欺騙和妒忌。

解釋　(1)、(2)、(3)夢見的玫瑰都是好夢，預示快樂、
愛、成功，因為玫瑰有著特殊的魅力，人人都喜
歡。

(4)人造玫瑰因它是假的，是欺騙行為，所以象徵
你的朋友會欺騙你。

蟲咬　**夢象　夢見蟲咬。**

夢兆　夢見被蟲咬或被動物咬，預示別人不告訴你秘密則

已，若告訴你，你可能保守不住。

解釋 被蟲或動物咬，你都會喊叫出來的，所以說：告訴你秘密你會保守不住的。

香蕉 夢象 夢見香蕉。

夢兆 夢見吃香蕉，你可能在一段時期裡事倍功半；爛香蕉則預示對朋友的失望。

解釋 吃香蕉，效果好，所以可說事倍功半；爛香蕉不能吃，只能失望。

荊棘 夢象 夢見荊棘。

夢兆 如果你被荊棘劃傷，則受到小挫折；如果沒被劃傷，你將比現在幸福得多。

解釋 劃傷就是挫折。沒有劃傷是好事，象徵你將會比現在幸福。

洋槐 夢象 夢見洋槐。

夢兆 夢見洋槐開花，馨香撲鼻，預示最秘密的心願可實現。

解釋 洋槐開花，馨香撲鼻，是從洋槐樹內對外洩露，是秘密的公開，所以預示最秘密的心願可獲實現。

蚱蜢 夢象 夢見蚱蜢。

夢兆 象徵混亂與複雜。

解釋 蚱蜢行動無規律，活蹦亂跳，所以象徵混亂與複雜。

| 草 | 夢象 夢見草。 |

夢兆 (1)枯黃、荒蕪的草，表示你必須努力才能得到。

(2)鮮嫩、整潔的草，預示你事業成功。

(3)割草是壞消息。

(4)吃草意味著感官享受。

(5)修草坪或種草，顯示未來有保障。

解釋 (1)枯黃、荒蕪的草需要努力護理。

(2)鮮嫩的綠草又整潔，是美好的，象徵成功。

(3)雜草長到需要割除的程度，當然是壞消息。

(4)吃草意味著感官的享受，這是從牛馬方面引伸
　　而來的。

(5)修草、種草，這是培植草坪，讓以後的草長得
　　更好。

| 草坪 | 夢象 夢見草坪。 |

夢兆 可愛的、精心修整的綠色草坪，預示著家庭和個人
生活幸福；而失修的、雜草叢生的，或者枯黃的草
坪，象徵著此時你周圍充滿敵意。

解釋 家庭和個人生活要幸福，就要像對待草坪一樣，要
精心修整；失修、雜草叢生、枯黃的草坪都是不好
的象徵，周圍環境對你不利。

| 狩獵 | 夢象 夢見狩獵。 |

夢兆 或許你在尋找某個遺失的東西，或許你在找樂，其

含義都取決於行動的結果。如果你在夢裡成功了，你很快會克服困難；如果失敗了，你還需奮鬥。

解釋 既是成功，當然能克服困難。如果失敗，當然還需奮鬥。

駱駝 *夢象* 夢見駱駝。

夢兆
(1)你將費大氣力以克服重重困難。

(2)如夢見騎在牠背上，則前途無量。

解釋
(1)駱駝要花大力氣才能通過沙漠。

(2)騎在駱駝背上通過沙漠，達到目的地，所以預示前途無量。

樹 *夢象* 夢見樹。

夢兆
(1)夢見種樹是愛情和友誼的預兆。

(2)夢見砍樹說明你正在給自己親手釀造困境。

(3)夢見爬樹不見得就是步步高升的意思，它預示著善舉不得好報。

(4)夢見開花的樹預示著意想不到的樂事。

(5)滾動樹或將樹成排擺好意味著更大的進步。

(6)白楊象徵孤獨。

(7)蘋果樹象徵新的經歷；櫟樹象徵忠誠的愛情。

(8)雲杉象徵健康。

(9)夢見樹根象徵新的變動或新生活的端倪。

解釋 (1)種樹是爲了紀念愛情和友誼,所以種樹是愛情和友誼的象徵。

(2)砍樹可說自己親手在釀造困境。

(3)爬樹本是好事,這是用反說法解釋,所以說善舉不得好報。

(4)樹能開花結果,當然是好事。

(5)滾動樹或將樹成排擺好,這是採伐樹木,有了好收成,所以預示取得了更大的進步。

(6)白楊樹參天聳立,好像與其他樹隔絕,所以說它象徵孤獨。

(7)蘋果年年結果,一年是一個歷程;櫟樹堅固,象徵愛情牢不可破。

(8)雲杉欣欣向榮,所以象徵健康。

(9)樹根可重新發芽生長,所以象徵新生活的開始。

樹葉

夢象 夢見樹葉。

夢兆 (1)綠樹葉象徵富裕、健康、幸福。

(2)枯萎的、乾枯的樹葉暗示你將有一段不幸的遭遇。

(3)落葉象徵著與朋友分手。

(4)風中飄動的葉子預示家庭爭吵。

(5)枝頭掛滿果實或開著鮮花的樹葉是財運亨通的象徵。

解釋 (1)綠色象徵美好，所以說象徵富裕、健康、幸福。

(2)枯萎、乾枯的樹葉表示不幸。

(3)落葉是和樹枝分手，所以說是與朋友分手。

(4)風中飄動的葉子，發出像爭吵一樣大的聲音。

(5)樹上掛滿果實是有收穫，所以說是財運亨通的象徵。

樹皮 **夢象** 夢見樹皮。

夢兆 與異性交往時，須小心謹慎，否則將有麻煩。

解釋 樹皮是不能弄壞或剝去的，否則樹將死亡，而與異性交往要像尊重樹皮一樣尊重對方，要小心謹慎，這樣才不會有麻煩。

樹蔭 **夢象** 夢見樹蔭。

夢兆 低矮樹本的樹蔭暗示你做事遊刃有餘；高大樹木的樹蔭顯示你將在你最感興趣的事業中獨佔鰲頭。

解釋 低矮的樹木樹蔭面積大，活動面積大，所以暗示你做某事遊刃有餘；高大樹木的樹蔭只能占一部分面積，所以你只能在最感興趣的副業上發展。

樹籬 **夢象** 夢見樹籬。

夢兆 (1)躍過樹籬，顯示你將得到一件你一直想要得到的東西。

(2)從樹籬洞中鑽過，預示社交上的懊惱。

(3)綠色的與鮮花盛開的樹籬是幸福與愛情成功的

象徵。

(4)荊棘叢生的樹籬，預示你將遇到野心勃勃、充滿敵意的競爭對手。

解釋 (1)因為你一直想要的東西，你才會躍過樹籬去取。

(2)鑽籬巴並不愉快。

(3)綠色、充滿鮮花代表美好，所以說是幸福與愛情成功的象徵。

(4)荊棘叢生，就是處處充滿著敵意。

檸檬 夢象　夢見檸檬。

夢兆 一個檸檬被吮吸，預示著社交困難或障礙；一個檸檬被榨乾，預示著錢財問題和經濟需求；如果夢見製作、拿著或喝檸檬汁，則象徵著受人歡迎。

解釋 檸檬是酸的，吮吸下去並不太舒服，所以預示社交困難或障礙；榨乾表示沒有，所以象徵對錢財的需求；檸檬經過加工製作，味道鮮美，所以受人歡迎。

豺 夢象　夢見豺。

夢兆 顯示你需要謹防野心勃勃、強人所難的朋友。

解釋 小的豺能吃掉野豬、野駱駝，其野心很大，所以你要提防這種有野心的朋友。

根 夢象　夢見根。

夢兆 無論是樹之根或花之根，只要夢中出現根，你務必使自己更加強大起來，抑制你的對手。

解釋 只有根部強大，才能抑制一切侵害。

海草 **夢象** 夢見海草。

夢兆 為你夢見這種有用的海中植物歡呼吧！你將擁有更快樂的時光。

解釋 海草就是海帶，海帶是有用的海中植物，營養十分豐富。

翅膀 **夢象** 夢見翅膀。

夢兆 (1)夢見自己有翅膀，表示你總是不滿足已取得的成就。

　　　(2)夢見鳥或飛機折斷翅膀，表示你的目標超越了你的能力。

解釋 (1)夢見自己有翅膀，而翅膀是為了高飛的，所以表示你不滿足於自己已取得的成就。

　　　(2)折斷翅膀就沒有能力達到目標。

核桃肉 **夢象** 夢見核桃肉。

夢兆 夢見核桃肉是吉祥的徵兆。除非它被蟲蛀了，被蟲蛀的情況預示著由於欺騙或敵意競爭引起的問題；砸核桃預示著你目前努力的成功；吃核桃肉預示著病痛好轉或身體健康。

解釋 核桃肉營養豐富，所以是吉祥的象徵。核桃肉被蟲

蛀了，已壞了，所以象徵有問題；砸核桃殼吃到核桃肉，所以預示你目前的努力可獲得成功；核桃肉的藥用價值可治病，所以象徵病痛好轉或身體健康。

栗子	**夢象** **夢見栗子。**

夢兆 如果你夢見剝栗子，預示你將解決一個長期解決不了的問題；如果你在炒或煮栗子，則有被你信賴的人欺騙的危險；吃栗子預示與異性有非常的關係。

解釋 栗子很難剝，現在終於剝好了，這就預示一個長期解決不了的問題解決了；炒或煮栗子，還不知栗子的好壞，所以有被騙的可能；吃栗子很香，這表示與異性有非常關係一樣。

蓮花	**夢象** **夢見蓮花。**

夢兆 夢見蓮花表示你想達到的目標超越了你的能力。

解釋 蓮花在中國常與仙人聯想在一起，蓮花表示一種仙境，所以要達到仙境這個目標，自己的能力實在是不夠的。

荷花	**夢象** **夢見荷花。**

夢兆 表示愛情和浪漫事，如能聞到它的清香，你將陶醉在戀愛之中。

解釋 荷花是愛情之花。

梨	**夢象** **夢見梨。**

夢兆　(1)罐頭梨預示一批較大的利潤。

(2)新鮮梨預示你會聽到一些令人驚駭的流言，它們最終會被證明是對你有用的。

(3)果實累累的梨樹預示著廣闊的機會。

解釋　(1)梨做成罐頭比一般梨出售的利潤高。

(2)瓜田梨下，所以會有流言產生。但最終是非會弄清楚，所以最後會對你有用。

(3)果實累累，是豐收，賣出的機會很多。

雪松　**夢象**　夢見雪松。

夢兆　聞到雪松香味，或利用雪松木材，預示事事稱心如意。

解釋　雪松是很好的木材，用途極其廣泛，所以預示稱心如意。

黃蜂　**夢象**　夢見黃蜂。

夢兆　夢中出現黃蜂表示你應該立即中斷與某人的關係。因你一直知道和他（她）的關係有害於你的前程。

解釋　黃蜂刺人，對你有害，所以你應中斷與某人的關係。

鳳梨　**夢象**　夢見鳳梨。

夢兆　自己吃鳳梨或請別人吃鳳梨是事業成功的表示；喝鳳梨汁表示經商的成功。

解釋　鳳梨人人喜歡吃，所以表示成功。

鸛　夢象　夢見鸛。

夢兆　如果有這樣的長腿鳥類出現在你的夢中，你將很快忘記你的煩惱或化險爲夷。

解釋　鸛的記憶力差。

獸穴　夢象　夢見獸穴。

夢兆　(1)夢中出現獸穴，是爭鬥的信號。

(2)如果野獸在獸穴中，你將克服障礙。

(3)如果野獸不在獸穴中，你須找到一條出路。

解釋　(1)野獸的穴在夢中出現，意味著穴中有野獸，必須提防它的攻擊，所以說這是爭鬥的信號。

(2)野獸在穴中，你將有所收穫，所以說你將克服困難。

(3)野獸不在穴中，你捕不到野獸，所以必須另找一條出路。

森林　夢象　夢見森林。

夢兆　森林火災，預報你將得到好消息；躲進森林，你眼前的困難將得到完滿的解決。

解釋　森林失火是好事，這是反說法；躲進森林，無影無蹤，什麼矛盾都解決了。

蛀蟲　夢象　夢見蛀蟲。

夢兆　(1)如果蛀蟲在衣服上或毯子上蛀洞，預示著家庭

的憂愁或困境。

(2)如果你成功地捉住了蛀蟲並消滅了牠，預示著
　　你將戰勝你的敵手。

解釋 (1)衣服、毯子都被蛀蟲蛀成洞，說明家中主人有
　　憂愁、困難。

(2)蛀蟲代表敵方，捉住了蛀蟲就是戰勝了敵手。

野獸 **夢象** 夢見野獸。

夢兆 夢見野獸，顯示困難的問題將困擾
你；如果你趕跑了野獸，則你稍許努
力便能克服困難。

解釋 野獸代表困難，夢見野獸就是遇到了困難，趕跑野
獸就是克服困難。

獵狗 **夢象** 夢見獵狗。

夢兆 夢見被純種獵狗追逐，是建議你別沉
迷於聲色。

解釋 獵狗是打獵用的，所以說別沉迷於聲色犬馬之中。

羚羊 **夢象** 夢見羚羊。

夢兆 夢見在自然環境中看到羚羊，或羚羊
皮做的衣服和小玩意兒，意味著你在
經濟地位上會突然的提高。

解釋 羚羊是珍貴動物，所以象徵經濟地位突然提高。

屠宰場 **夢象** 夢見屠宰場。

夢兆 你夢見動物或人在屠宰場上或類似的地方，說明你對物質的成功轉換是滿足的。

解釋 你連宰殺動物及殺人都不屑一顧，當然對物質的成功轉換感到滿足。

常青藤 夢象 夢見常青藤。

夢兆 生長在戶外的常青藤代表忠實的朋友；盆中的常青藤預指個人的幸福；攀牆而長的常青藤標誌著未來的財富；纏樹而長的常青藤代表健康與活力。

解釋 夢見常青藤都是好兆頭。

常青樹 夢象 夢見常青樹。

夢兆 你在個人生活和經營事務兩方面非常稱心如意。

解釋 常青樹永遠青春常在，所以預示稱心如意。

鹿角 夢象 夢見鹿角。

夢兆 前程宏大的象徵。

解釋 吉祥之物，所以說前程宏大。

葫蘆 夢象 夢見葫蘆。

夢兆 夥伴關係非常美好。

解釋 幾個葫蘆生在一個藤上，所以象徵夥伴關係的美好。

犀牛 夢象 夢見犀牛。

夢兆 如果是一隻捕捉中或動物園中的犀牛，是在提示你將因為你的勇猛而在現實社會中獲

利。

解釋 犀牛是勇猛的珍貴的動物，但如捉住牠就可獲利。

蜂箱 夢象 夢見蜂箱。

夢兆 夢見蜂箱意味著權勢、榮譽和財富；如果蜂箱是空的，你將遇到財政上的困難；如果你弄翻蜂箱，意味著你會自找麻煩。

解釋 夢見蜂箱一般是好夢，所以意味權勢、榮譽和財富；如果蜂箱是空的，財富沒有了，所以說財政上有困難；弄翻蜂箱的情景可以想像，當然是自找麻煩。

龍 夢象 夢見龍。

夢兆 夢此者必為非常之人。

解釋 古時認為龍為群首，所以夢龍為非常之人。

猛虎出山、出深林 夢象 夢見猛虎出山、出深林。

夢兆 夢此能出人頭地；但商旅出行夢此須防道途有危險之事。

解釋 一直埋沒在山中、深林中，現在突然出來，所以象徵出人頭地；而山中或深林中是搶匪出沒之處，所以商旅經此須防道途危險。

獅吼、虎伏 夢象 夢見獅吼、虎伏。

夢兆 夢此者必為女中丈夫，能治家理業、掌握夫權。

解釋 河東獅吼，是指懼內，說明該婦女十分屬害，所以說夢此者必為女中丈夫，能治家理業、掌握夫權。

豺狼圍擾 *夢象* *夢見豺狼圍擾。*

夢兆 居官者恐有黨錮之禍；居家者須防有寇盜之慮；商賈出行，中途有劫掠之禍，須戒備而防。

解釋 豺狼是兇惡之物，所以夢此都不吉。

狼啖人足 *夢象* *夢見狼啖人足。*

夢兆 此夢主出行有阻；居家者宜關門不出；在旅途者宜速整裝而歸。凡事要安守，宜靜不宜動。

解釋 狼啖人足，是不能行，所以一切有關「行」之事都不吉。

狼與狽行 *夢象* *夢見狼與狽行。*

夢兆 貧窮者夢此主得周濟；艱難者夢此而遇扶持；顛沛流離者夢此可得安居樂業；富貴者夢此有人乞哀；貧賤者夢此有人體恤。

解釋 狼與狽是兇惡之物，但對牠們本身來說，卻是能互相幫助的，所以夢狼與狽行，能得人幫助。

鹿 *夢象* *夢見鹿。*

夢兆 夢得鹿者主富貴；夢失鹿者主貧窮；鹿生則存；鹿死則亡。

解釋 鹿諧音祿，祿：富貴福壽，所以得鹿（祿）、失鹿（祿），結果截然不同。

狐涉水　夢象　夢見狐涉水。

夢兆
(1)得此夢者，將帥主遠征長驅席捲；商賈出行輕車熟路；江湖之險如履平地，千里之遙如在眼前。

(2)如夢狐過河一半而回者，主險阻難行之象，無論水陸，皆須預防。

(3)女人夢此宜遠小人，對自己應嚴格要求。

解釋
(1)水上平坦光滑，象徵順利。所以凡出門者，如將帥、商賈都順利。

(2)狐過河一半而回，說明有困難、有險象，所以須提防。

(3)狐是淫蕩之物（狐狸精），所以女人夢此應格外小心。

狐狸在窗外　夢象　夢見狐狸在窗外。

夢兆　男子夢此勿近女色；女子夢此宜去雜念，以避邪祟。

解釋　狐狸象徵鬼祟之物，所以男子、女子夢此不可不戒。

手擒獲　夢象　夢見手擒獲。

夢兆　居官者夢此為萬民歡愉；居家者夢此闔家歡樂；老人夢此為人子養得承歡膝下；賓朋應酬得歡樂堂中。內外歡喜，遠近歡笑，飲食宴樂之吉兆也。

解釋 獾諧音歡，所以能闔家歡樂，承歡膝下，歡樂堂中，內外歡喜等等。一切都和歡有關。

鵲 夢象 夢見鵲。

夢兆 夢中出現鵲是勸說你放棄單相思。

解釋 在鵲橋才能相會，一隻鵲不能相會，只能是單相思。

榆樹 夢象 夢見榆樹。

夢兆 生活無憂無慮，要什麼有什麼，除非被蛀蟲傷害或有其他病疾，則表示偶爾也有不順心的時候。

解釋 榆樹茁壯成長，所以無憂無慮。

貓捕鼠 夢象 夢見貓捕鼠。

夢兆 此夢主得財，須防子媳災；若有姓褚者夢此則為苦哀之象。

解釋 鼠與儲諧音，所以主得財。鼠為生肖「子」，所以須防子媳災；鼠諧音褚，所以為苦哀之象。

貓鼠同眠 夢象 夢見貓鼠同眠。

夢兆 夢此將有不幸之事發生。

解釋 貓不可能和鼠同眠，這是不正常現象。而不正常現象之一就是不幸之事，所以說夢此可能有不幸之事發生。

猩猩鬥獼猴 夢象 夢見猩猩鬥獼猴。

夢兆 此夢主口舌之災，弱不敵強之象。

解釋 猩猩與猢猻鬥，可能是由於口舌，猢猻當然敵不過猩猩。

雌雞啼 夢象　夢見雌雞啼。

夢兆 必有災禍。

解釋 雌雞啼是怪現象，古時認爲怪現象有災禍，所以說必有災禍。

鬥雞 夢象　夢見鬥雞。

夢兆 夢此者須防酒後是非，亦當防備強暴。

解釋 因酒後失言或失態會引起是非。爭鬥是強暴之事，所以要防備、強暴。

雞鴨同遊 夢象　夢見雞鴨同遊。

夢兆 此夢爲畜養衆多之象，貧賤者夢此爲多利之兆；又有和悅之狀。

解釋 畜養雞鴨多，可多聚財，所以說爲多利之兆。雞和鴨在一起能不爭鬥，所以是和悅之狀。

雞孵蛋 夢象　夢見雞孵蛋。

夢兆 病人夢此病即痊癒。

解釋 雞孵蛋是安全的象徵，所以可能病人夢此病即痊癒。

雞飛入井 夢象　夢見雞飛入井。

夢兆 (1)安居者夢此有凶，主兒童有災禍。

(2)身處異鄉者夢此有吉，爲得歸故里之夢。

解釋　(1)小孩可能和雞一樣不懂事而落入井中，所以說主兒童有災禍。

(2)離鄉背井夢見井，所以說是得歸故里。

黃鼠狼偷雞　夢象　夢見黃鼠狼偷雞。

夢兆　夢此者必有可醜之事，女人夢此在婚姻上不滿意。

解釋　偷是醜陋，所以說有可醜之事。女人夢此偷摸之事，可能該女有外遇，所以反映出她在婚姻上的不滿意。

雞被犬咬　夢象　夢見雞被犬咬。

夢兆　安居在家者夢此，須防備不虞。

解釋　突然被犬咬，是不測之事，所以要防備不虞。

身變豬形　夢象　夢見身變豬形。

夢兆　夢身變豬形不得善終。

解釋　因豬都不是老死，而是被人宰殺，所以說不得善終。

殺豬　夢象　夢見殺豬。

夢兆　此夢爲不祥之兆，將有殃災，骨肉分離。

解釋　夢見殺東西，故不祥。

人饋活豬活羊　夢象　夢見人饋活豬活羊。

夢兆　凡夢人饋活豬活羊的人，有喜事將到。

這個喜事的範圍包括聘、允、謝等禮儀方面。可能收到某種聘禮、婚事應允、自己的某項計畫被許可、與朋友親屬之間的酬謝答禮等等。

解釋 活豬活羊緣爲生物，喻意生生，即重生，現人贈送，所以無不吉。

母豬 **夢象** 夢見母豬。

夢兆 表示財物將積少成多。

解釋 因爲母豬會繁殖小豬，小豬又可以換錢，所以表示財物積少成多。

牛耕茂林中 **夢象** 夢見牛耕茂林中。

夢兆 得此夢者遇困難能解脫，禍中能生福。

解釋 牛在茂林中耕田，土地肥沃，可以有所收穫，所以說遇到困難能解脫，禍中能生福。

牛折一足 **夢象** 夢見牛折一足。

夢兆 將遇有求不能得之事，將會不得已在危處安身。

解釋 牛折一足不能行，象徵有求不能得。因不能行，只能在原處，如在危處也只能安身於此。

牛頭流血 **夢象** 夢見牛頭流血。

夢兆 將有喜事來臨。

解釋 血表示流血，而紅色象徵喜事。

牛止於穴下 **夢象** 夢見牛止於穴下。

夢兆 夢此者必有牢獄之事。凡做事有凶無吉。但如夢此

者有智謀而且又正直的話，必能知自己的短處，知道了自己的短處就改，事情就會變好。

解釋 牛在穴下，是個牢字，所以說必有牢獄之事，做其他事當然也有凶無吉。

群牛下山 夢象 夢見群牛下山。

夢兆 此夢主其夢者因晚年而得榮華之兆；夢者涉遠無危，涉險得濟，做事無往而不利。

解釋 群牛放牧飽食而下山，這象徵著吉利。下山一般指晚年。所以說晚年得榮華，做事無往而不利。

牛在高山頂上 夢象 夢見牛在高山頂上。

夢兆 夢此者將在凶處得吉，遇危險會轉危為安；又主有音信之事。

解釋 古代認為登高山為吉，所以說能逢凶化吉。登高山望得遠，所以說有音信之事。

驢騾 夢象 夢見驢騾。

夢兆 夢此則多勞而無逸。

解釋 驢騾一生勞累而無安逸，所以夢此者多勞。

跨鵬飛上天 夢象 夢見跨鵬飛上天。

夢兆 主聲譽大振，名聲遠播。

解釋 鵬程萬里，所以名振四方。

白鶴 夢象 夢見白鶴。

夢兆　高沽之物，夢此者逾百歲。

解釋　白鶴長壽，所以說壽逾百歲。

玄鶴黃鶴　夢象　夢見玄鶴黃鶴。

夢兆　夢此者，爲高年長壽。

解釋　古時認爲鶴五百歲而黃，千歲而玄，所以夢此者長壽。

駕鶴沖天　夢象　夢見駕鶴沖天。

夢兆　主有仙緣。

解釋　古時認爲仙人乘鶴沖天而去，所以夢此有仙緣。

鶴飛去　夢象　夢見鶴飛去。

夢兆　家內將有女子暴卒。

解釋　鶴爲婦女的象徵，飛去，就是沒了，即死亡。所以說有女子暴卒。

鷲在河中壩上　夢象　夢見鷲在河中壩上。

夢兆　夢此者，主有人得寵，富貴而驕奢，君子遭讒，貶斥而疏遠。只有冷靜觀望，淡泊明志，則吉。

解釋　鷲，禿鷹，以魚爲食。在河中壩上，壩上捕魚的設置，鷲在壩上既能吃魚又能遊樂，所以顯出小人得志的樣子，而君子就只能遭到排斥、疏遠了。

孔雀銜花　夢象　夢見孔雀銜花。

夢兆　夢孔雀銜花，美麗而榮貴。

解釋　花，美麗之物；孔雀，非凡之鳥，所以美麗榮貴。

鴻雁來庭院　　夢象　夢見鴻雁來庭院。

夢兆　主出儀遠至，有賓客來訪；深閨寂寞，夢此聊遣愁懷；寒舍淒清，夢此將生談笑；未嫁娶者夢此，主佳期將至。

解釋　鴻雁代表出儀，而出儀可以「遣愁懷」、「生談笑」、「佳期將至」。

黃鵠高飛　　夢象　夢見黃鵠高飛。

夢兆　得此夢者，為奮揚沖舉之兆；文人飛黃騰達；武士勤勞遠征；婦女懷孕夢之，生男必有大志。

解釋　古時認為黃鵠有大志，高飛是騰飛、遠飛，所以有飛黃騰達、遠征、生男有大志之語。

群鳥聚集　　夢象　夢見群鳥聚集。

夢兆　夢鳥集屋上，主寇盜發生；夢鳥集庭中，主官司爭訟；夢鳥集林木，仇欲報怨；夢鳥集曠野，出行防剽掠，凡事謹慎為上。

解釋　群鳥集有爭鬥，所以將有寇盜發生，官司爭論、仇欲抱怨、剽掠，一切均由爭鬥而起。

烏鴉銜物於庭前　　夢象　夢見烏鴉銜物於庭前。

夢兆　銜物於庭前，這是預報其家必有禍。

解釋　烏鴉為不祥之物，故有此解。

| 鵲成巢 | 夢象 | 夢見鵲成巢。 |

夢兆 得此夢者主締結姻親良緣，家室豐盈、琴瑟和鳴。

解釋 喜鵲到，有喜事，鵲成巢，可結良緣。同時又可象徵家庭富足、夫妻和樂。

| 鴇鳥 | 夢象 | 夢見鴇鳥。 |

夢兆 此夢主田疇荒廢；婦人夢此有私情之事；婚姻者夢此不成，其婦不貞良。

解釋 鴇鳥，古時認爲是凶鳥、淫鳥，所以有私情、不貞良之解；而田疇荒廢則是貪淫而疏於耕作所造成。

| 貓頭鷹 | 夢象 | 夢見貓頭鷹。 |

夢兆 夢此者聞其聲，主死喪之事；見其形，主有殤折之禍。

解釋 古時認爲貓頭鷹是凶物，所以不論聞其聲、見其形，都不吉。

| 鷸蚌相持 | 夢象 | 夢見鷸蚌相持。 |

夢兆 此夢主名利兼得之兆。

解釋 鷸蚌相爭，漁翁得利，由此引伸爲名利兼得之兆。

| 鯉魚 | 夢象 | 夢見鯉魚。 |

夢兆 夢此則飛黃騰達有日。

解釋 鯉魚躍龍門，象徵出頭有日。

| 釣得大魚 | 夢象 | 夢見釣得大魚。 |

夢兆 嫁女必得富裕人家；求財定能稱心；謀生自然如

意。

解釋 大魚，吉利之物，所以夢此諸事如意。

人賜魚 夢象 夢見人賜魚。

夢兆 夢得活魚得錢帛；乾魚得盈餘之利。

解釋 活魚可換錢，所以可得財帛；乾魚是剩餘的魚曬乾，所以說可得盈餘之利。

魚食稻禾 夢象 夢見魚食稻禾。

夢兆 老百姓夢此有饑；農夫夢此妨礙農事。

解釋 這是大水災，所以魚能食稻禾，因為大水災，所以造成荒歉，饑餓就發生了。

鱉 夢象 夢見鱉。

夢兆 夢此做事退卻而不前；惟家居夢此則主骨肉團聚。

解釋 因鱉行走緩慢畏縮，所以說夢此做事退卻而不前。鱉不外出，無禍，所以主骨肉團聚。

大熊貓 夢象 夢見大熊貓。

夢兆 夢到大熊貓是在告訴你，如你不再想那些煩人的事，它們就會悄悄地離開你。

解釋 大熊貓和藹可親，看到牠會忘記煩人的事，所以說煩人的事會悄悄地離開你。

蒼蠅 夢象 夢見蒼蠅。

夢兆 表示周圍人的嫉妒使你心煩意亂；如果你打死或趕

跑蒼蠅，你很快便能抓到惹事生非的人。

解釋 嫉妒像蒼蠅一樣嗡嗡亂飛，所以使你心煩意亂；蒼蠅打死或趕跑了，這表示在前面造謠的人沒有了，那麼惹事生非的幕後人物也就可以被揪出來了。

夜鷹 *夢象　夢見夜鶯。*

夢兆 如果你是單身，夜鶯的歌聲或目光象徵美好的愛情；如果已婚，則象徵著社會地位的提高。

解釋 單身人渴望愛情，而夜鶯就代表愛情，所以夢見夜鶯，就是夢見愛情。夜鶯是代表高尚、神聖、純潔的，人們尊敬牠，所以象徵社會地位的提高。

刺蝟 *夢象　夢見刺蝟。*

夢兆 夢到這種小動物，你能有收穫和進步，但卻失去一個朋友。

解釋 得到了一種動物，當然有收穫和進步，但由於刺蝟有刺，因此可能會刺傷你的朋友而失去這個朋友。

金絲雀 *夢象　夢見金絲雀。*

夢兆 幸福歡樂就在前頭，不要為眼前的煩惱鬱鬱寡歡。

解釋 金絲雀十分可愛，見到金絲雀是見到了歡樂，所以不要鬱鬱寡歡。

釣魚 *夢象　夢見釣魚。*

夢兆 你宜抵制有悖道德的誘惑。

| 解釋 | 釣魚是誘人上鉤，所以要抵制有悖道德的誘惑。 |

| 龍蝦 | **夢象**　夢見龍蝦。 |

夢兆　這將預示著一段美好的生活。

| 解釋 | 在龍蝦沒有被捕捉之前，自由自在地在水中生活，所以預示著有一段美好的生活。 |

| 海豚 | **夢象**　夢見海豚。 |

夢兆　你將以你的聰明才智獲得成功。

| 解釋 | 因爲海豚很聰明。 |

| 海豹 | **夢象**　夢見海豹。 |

夢兆　要是你夢中沒殺死牠，那很吉利；要是殺了牠，你今後有段日子會很艱難的。

| 解釋 | 海豹會幫助人類做很多有益的事，如救人等。所以你不殺牠，是吉利的；要是殺了牠，牠就無法幫你做事，那你遇到困難就無法解決了，這象徵今後日子的艱難。 |

| 臭蟲 | **夢象**　夢見臭蟲。 |

夢兆　若看見臭蟲，將有不愉快的消息；如果你弄死牠們，或清除牠們，你的處境將有改變。

| 解釋 | 臭蟲是醜惡之物，所以說將有不愉快的消息；去除牠們，當然情況會有所改變。 |

| 鯊魚 | **夢象**　夢見鯊魚。 |

夢兆　這個不友好的游水者預示著危險，尤

其要當心經濟上的疏忽。

解釋　鯊魚十分兇殘、危險。

蝗蟲　*夢象　夢見蝗蟲。*

夢兆　嚴重警告你不要冒險投機。

解釋　蝗蟲是害蟲，危害極大，所以，警告你不要冒險投機做壞事。

蝴蝶　*夢象　夢見蝴蝶。*

夢兆　事業、愛情、家庭幸福成功的象徵。

解釋　蝴蝶花花綠綠，非常迷人，所以象徵成功。

蝙蝠　*夢象　夢見蝙蝠。*

夢兆　宜避免與人談論你的私事。

解釋　蝙蝠在黑夜活動，而私事一般在夜裡談，可是蝙蝠又讓人害怕，所以，不宜與別人談你的私事。

蠍子　*夢象　夢見蠍子。*

夢兆　(1)夢見毒蠍是危險的警告。

(2)但如果蠍子咬了你，反而顯示你最終會戰勝敵對的影響。

解釋　見到蠍子十分危險。

櫻桃　*夢象　夢見櫻桃。*

夢兆　(1)長在樹上，預示生意上遇到麻煩，宜在新的商業冒險中慎重其事。

(2)不結果的櫻桃樹，是健康、幸福的象徵。

(3)碗裡的熟櫻桃喻示情場得意。

(4)但是生的或爛的,則暗示傷心、失意,所以別把最近的事情當真。

解釋 (1)、(2)、(3)都用反說法解釋。

(4)生的、爛的不能吃,所以暗示傷心失意。

椰子 **夢象** 夢見椰子。

夢兆 不論是吃、是聞、是看見、是打開,均預示有意外禮物,可能是錢。

解釋 成熟的椰子從天而降,所以說有意外禮物。

翠鳥 **夢象** 夢見翠鳥。

夢兆 這種美麗的藍色鳥,從牠令人喜愛的顏色中得到象徵意義,牠預示著特別的好運。

解釋 美麗的藍色鳥象徵著美好,所以牠預示特別的好運。

蜥蜴 **夢象** 夢見蜥蜴。

夢兆 夢見這種爬行的動物,是警告你:在你的周圍有一個虛偽的朋友。

解釋 蜥蜴經常以假象(不動)欺騙人。

蘑菇 **夢象** 夢見蘑菇。

夢兆 夢見蘑菇生長預示著透過有才能的經營,能積累財富;採蘑菇預示著繁榮與有保障;吃蘑菇象徵著透過有影響的社會關係,地位會得到提高。

解釋　蘑菇，由於它能長期生長，而且營養價值高，所以夢見蘑菇，什麼都好。

鯨　夢象　夢見鯨。

夢兆　這個龐大的動物象徵有強大的力量保護著你。

解釋　鯨的力量就是大。

橡樹　夢象　夢見橡樹。

夢兆　夢中出現橡木傢俱、木器、桁條、嵌板或門窗等，是生活各個方面強力的象徵，預示獨身者感情安泰；已婚者可靠無憂；個人事業節節向上，以及舒適愜意、健康長壽。

解釋　橡樹堅固，所以見到橡樹各方面都好。

繁殖　夢象　繁殖。

夢兆　夢見動物繁殖。在考慮新的工作前宜將現有的事務處理完畢。

解釋　繁殖是增多，反過來就是減少，所以要把目前的事務處理完，不要像繁殖動物一樣，越來越多，以致雜亂無章。

嚎叫　夢象　夢見嚎叫。

夢兆　無論是人還是動物的嚎叫，都是壞消息的象徵。

解釋　嚎叫就是壞消息。

鷹　夢象　夢見鷹。

夢兆	(1)夢見牠在翱翔，則生意興隆；夢見牠恰好歇到高處，則名利雙收；夢見牠立在山頂，則壯志可酬。
	(2)如果牠攻擊你或使你受驚，則需克服巨大困難才能達到你的目標。
解釋	(1)夢見鷹都是好夢。
	(2)攻擊你、使你受驚，這就是困難。但攻擊你、使你受驚，只是暫時的，所以你最後還是能達到目標。

麋鹿	**夢象　夢見麋鹿。**
夢兆	性的象徵。你不必為自己對異性的魅力和能力擔心。
解釋	麋鹿是小鹿，令人愛憐，所以能吸引人，不必擔心自己能否找到朋友。

蟾蜍	**夢象　夢見蟾蜍。**
夢兆	不管你心中想的是生意還是愛情，蟾蜍在夢中出現必非好事，除非你踩死或殺死一隻蟾蜍，這樣一來你便可挫敗來自你周圍的任何欺騙行徑。
解釋	蟾蜍難看又有毒，所以夢見牠不吉。

| 灌木 | **夢象　夢見灌木。** |
| 夢兆 | 濃綠的灌木叢是心境清靜、悠遠的象徵；枯黃的灌木叢則意味著你由於行為欠考慮已帶來了不良後 |

果。

解釋 濃綠的灌木叢使人心曠神怡；枯黃的灌木叢是衰敗的象徵，所以會帶來不良後果。

三、食品、煙酒、糕點類

食品、糕點、糖、煙、酒、油、果醬、調味品

牛肉 *夢象　夢見牛肉。*

夢兆 (1)如果夢見吃生的或血淋淋的牛肉，你能嚴守個人生活的秘密。

(2)如果別人請你吃牛肉，你拒絕了，你將有求於人，或仰仗朋友；如果你吃了，而且吃得津津有味，你在事業上將有轉機。

解釋 (1)吃生牛肉或吃血淋淋的牛肉，這是野蠻的行為，是不能告訴人的。所以象徵能嚴守個人生活的秘密。

(2)請你吃牛肉，你拒絕了，運用反說法，所以你將有求於人。在事業上能夠精益求精、勤勤懇懇，像吃牛肉一樣有滋有味，當然在事業上會有所轉機。

喝茅臺酒 *夢象　夢見喝茅臺酒。*

夢兆 要克制自己的暴躁脾氣，這樣才能搞好你和同事、朋友之間的關係。

解釋　茅臺酒是烈性酒，所以象徵暴躁脾氣。

吃大蒜　**夢象**　夢見吃大蒜。

夢兆　你將會有小小的不愉快。

解釋　因為吃了大蒜會有氣味，別人反感，所以就產生了小小不愉快。

吃水果　**夢象**　夢見吃水果。

夢兆　水果是成熟的，則是如意的象徵；如果不熟、苦澀或腐爛，則不如意；放在果盤裡的水果，表示不勞而獲。

解釋　成熟的是好的，所以是如意的；如果不熟、苦澀、腐爛、不好吃，就不能如自己的意。

罐頭　**夢象**　夢見罐頭。

夢兆　(1)夢見許多罐頭，並且是滿滿的，將有喜訊到來；夢見開罐頭，將發現非常有用的秘密；夢見吃罐頭，喜慶事不期而至。

(2)如果是空罐頭，或你把它扔了，或你被它劃破，將面臨經濟困難。

解釋　(1)都是好夢，是好的象徵。

(2)都是壞事，所以說面臨經濟困難。

漢堡　**夢象**　夢見漢堡。

夢兆　預示你將會發生經濟困難。

解釋　經常吃漢堡，會使你經濟困難。

肯德基　夢象　夢見肯德基。

夢兆　你所辦的事情，雖然目前沒有成功，但不要灰心喪氣。

解釋　肯德基在67歲時，才使世人接受他開發的肯德基炸雞。所以事不成，不要灰心喪氣，總有一天會成功的。

火腿　夢象　夢見火腿。

夢兆　夢見火腿是好的象徵，夢見吃火腿是顯示生活富裕。

解釋　吃火腿是一種享受，而只有富裕家庭才吃得起，所以說夢見吃火腿是好的象徵，表示生活富裕。

肉汁　夢象　夢見吃肉汁。

夢兆　吃肉汁或以肉汁待客，是警告你不要把精力放在無意義的活動上，並可能坐失良機。

解釋　吃肉汁是不要花什麼力氣的，但也沒有必要將肉打成汁再吃，這是一種無意義的事，所以說是警告你不要把精力放在無意義的活動上。因為精力放在無意義的活動上了，有好的機會也會錯過的。

西瓜　夢象　夢見西瓜。

夢兆　如果西瓜仍在藤上，警告你交朋友要當心；如果不在藤上，表示你將有計畫外的旅行。

解釋 西瓜藤糾纏不清，預示交朋友不要像西瓜藤一樣弄不清，應分清知心朋友和一般朋友；西瓜不在蘸上了，已成熟了，不在收穫的打算之內，需要出門賣西瓜了，所以將有不在計畫內的出門。

番茄 **夢象** 夢見番茄。

夢兆 你若有幸在夢中吃到番茄、用番茄做菜或者吮吸番茄汁等，這將預示你取得成功或某方面的滿足。

解釋 番茄營養豐富，所以預示你取得成功或某方面的滿足。

煎餅 **夢象** 夢見煎餅。

夢兆 夢中自己製作或端出這種食物，預示著你會在社交能力上有長足的進步；自己吃煎餅則預示著你當前的工作會有很大進展。

解釋 夢煎餅是好夢，因為它會給人享受。

沙丁魚 **夢象** 夢見吃沙丁魚。

夢兆 告誡你警惕周圍有一股妒忌你的勢力；打開沙丁魚罐頭，表示你正在壓抑自己的感情，此時，你最好向朋友傾訴一下心境。

解釋 沙丁魚味道鮮美，十分好吃，而別人吃不到，所以妒忌你。

棗子 **夢象** 夢見吃棗子。

夢兆 吃棗子預示結婚，不一定是你自己，但與你有關

係；夢見栽種棗子或採收棗子，預示能較快地成功。

解釋 吃棗子一般有喜事，所以吃棗預示結婚。

栽種棗子、採收棗子都將有收穫，所以預示較快的成功。

咀嚼 　**夢象**　夢見咀嚼。

夢兆 夢見自己在咀嚼東西，預示你將因做蠢事而失意；夢見別人在咀嚼，你將會被邀請參加社會性的活動。

解釋 咀嚼是無意義的事，可是你連夢中都還想到它，把它當作一種重要的事，這可以說是一種愚蠢的行為。因為愚蠢，別人看不起你，所以就可能使你失意。

別人在咀嚼，可能他在舉行宴會，可能會邀請你，所以你將參加社會性的活動。

酒杯 　**夢象**　夢見酒杯。

夢兆 夢見滿酒杯是財富增長的象徵；如果是空酒杯，則預示受挫。

解釋 酒杯滿了，象徵富足，所以是財富增長；空酒杯裡沒有東西，預示不富足，這可能是因為受挫的緣故，所以說預示受挫。

肥肉 　**夢象**　夢見吃肥肉。

| 夢兆 | 夢見肥肉顯示戀愛順利。 |

| 解釋 | 吃肥肉表示吃豐厚的食物，可以補腦子，肯用腦子談戀愛，所以戀愛順利。 |

| 果醬 | **夢象　夢見果醬。** |

| 夢兆 | 吃果醬或用果醬待客，預示家庭生活幸福。 |

| 解釋 | 果醬是甜的，所以預示家庭生活甜美幸福。 |

| 麵條 | **夢象　夢見麵條。** |

| 夢兆 | 夢見煮麵條吃，預示著進步。 |

| 解釋 | 麵條是需慢慢吃的，所以預示著不斷的進步。 |

| 香腸 | **夢象　夢見香腸。** |

| 夢兆 | 要是你夢見櫥窗裡、貨攤上擺著各式各樣的香腸，這顯示你在事業或金錢方面將時來運轉。

如果你在吃香腸，那你可能成為一樁破裂婚姻或失敗戀愛的罪魁禍首。 |

| 解釋 | 到處都是香腸，說明貨源充足，這給你在事業或金錢方面的轉機提供了條件。

香腸因是醃製的，裡面有致癌物質，有礙健康，因香腸是家庭中常用食品，所以就能預示婚姻或戀愛失敗。 |

| 香檳酒 | **夢象　夢見香檳酒。** |

| 夢兆 | 夢見香檳酒，切忌揮霍過度；若是在一個 |

婚禮上，則預示稱心如意。

解釋 舉行香檳酒會，是一種排場、是一種揮霍，所以說切忌揮霍過度；在婚禮上喝香檳酒是一種慶祝、一種祝願，所以預示稱心如意。

韭菜 **夢象** 夢見韭菜。

夢兆 夢見烹調這種植物，預示你地位的迅速提高。

解釋 韭菜長得快，所以預示地位的迅速提高。

南瓜 **夢象** 夢見南瓜。

夢兆 預示你有一個幸福、舒適的家庭生活。

解釋 南瓜又大又肥，民間作爲長壽的象徵，所以說預示幸福的家庭生活。

餅乾 **夢象** 夢見餅乾。

夢兆 夢見吃餅乾，則預示家庭和愛情不和；夢見骯髒或細碎的餅乾，比如被坐、被踩、被壓或打掃餅乾，則預示會有朋友方面的麻煩。

解釋 現在家中連做飯的人都沒有了，只能吃餅乾了，所以說是家庭和愛情的不和；骯髒和細碎的餅乾是要被拋棄的，這好像對待朋友一樣，不好的朋友也要拋棄，但被你拋棄的朋友卻認爲你不夠朋友，將會對你產生種種不利，所以說會有交友方面的麻煩。

食欲 **夢象** 夢見食欲。

夢兆 如果你在夢中覺得餓了，或食欲不振，應做一次體

檢，可能你胃生病；夢中胃口大開，提醒你別胡亂花錢，否則你經濟上將會一塌糊塗。

解釋 在前面已經說過，夢可以預兆疾病，所以要做一次體檢；大吃大喝就是胡亂花錢，而胡亂花錢，就會使你經濟上不可收拾。

鹹豬肉 夢象 夢見鹹豬肉。

夢兆 夢見吃鹹豬肉，意味你生活中一帆風順；在夢裡烹製鹹豬肉，喻示你將得一件禮物，或遇到一件高興的事。

解釋 鹹豬肉不容易壞，可以長期保持肉香，所以意味生活中一帆風順。

烹製鹹豬肉有些是自己吃、有些是用來送人。送了人，別人也可能會回送你一件禮物，或在某方面對你有幫助，這預示你將得到一件禮物或遇到一件高興的事。

鹽 夢象 夢見鹽。

夢兆 夢見鹽是好的象徵，即使碰翻了鹽罐，也預示著你擺脫困境的時機已到。

解釋 鹽因為人人需要，所以是好的象徵，即使把鹽罐打翻了，鹽還是存在，所以說過去的困境可以擺脫了。

宴席 夢象 夢見宴席。

夢兆 夢見豐盛的宴席，你的家庭和睦幸福、富足安逸；如果這宴席使你有任何不快，或席間有空位，你應避免與人爭吵。

解釋 宴席是和諧、快樂的，所以預示你的家庭將和睦幸福、富足安逸。

宴席上如有不快，或者有人不願出席（空位），可能會使人發生爭吵。

蛋 夢象 夢見吃蛋。

夢兆 夢見吃蛋，顯示身體健康；夢見的蛋如果破裂、打碎、變質，說明你由於輕信而致失望；彩蛋，預示將有值得慶賀的事。

解釋 吃了蛋有營養，所以身體能健康；蛋壞了，卻輕信它是好的，結果只能是失望；送彩蛋就是有慶賀之事。

辣椒 夢象 夢見辣椒。

夢兆 夢見食用辣椒，是告誡你要冷靜些，節制要比後悔強得多。

解釋 吃了辣椒火氣大，所以要冷靜些。

大塊肉片 夢象 夢見大塊肉片。

夢兆 夢中有烹製的大塊肉片，用肉片招待朋友，顯示有意使自己的社會行為一反常態；如夢中吃大肉片，則象徵你的工資可能提升。

解釋 肉片很大，這是反常的，而且是招待朋友，所以說社會行為違反常態了；吃大肉片，需要有錢，所以象徵工資可能會提升。

爪子 夢象　夢見爪子。

夢兆 夢見動物爪子，意味著你可能會有失身分，原因是作風太馬馬虎虎。

解釋 做事的作風馬馬虎虎，像爪子一樣亂抓，這樣有失紳士的風度。

山泉水 夢象　夢見飲山泉水。

夢兆 生活雖困難，但無憂、無愁、無煩惱。

解釋 與世無爭，所以才能做到無憂無慮。

江湖之水 夢象　夢見飲江湖之水。

夢兆 此夢預示心寬體胖、發榮滋長、福壽綿長。

解釋 江湖水清澈明亮、源遠流長，萬物由此而增長，飲此水所以心曠神怡、發榮滋長。

溝渠之水 夢象　夢飲溝渠之水。

夢兆 病人飲，病情加重；訟事有刑罰；外出經商無望。

解釋 因溝渠水為不潔之水，所以諸事不會順利。

汲井水而飲 夢象　夢見汲井水而飲。

夢兆 在家不外出夢此，水清潔者得財帛，水污濁者事難成；在異鄉夢此，自己打水自己飲，即將歸鄉；他人打水自飲，有音信至。

解釋 「離鄉背井」這一成語說明「井」對人們生活的重要性。所以，飲清潔的井水，能得財帛；水污濁者辦不成事；喝到井水，即生歸鄉心，所以說要歸鄉；別人給井水喝，因井和家鄉有關，所以，可能有家鄉的消息傳采。

清茶淡飯 夢象 夢見清茶淡飯。

夢兆 家居夢此，門庭清潔；訴訟夢此，官府清廉。

解釋 因安於貧苦生活，不計較名利，所以，一切平安，即使有什麼訴訟，也會得到公正的判決。

酒 夢象 夢見酒。

夢兆 夢到醇醪，主榮華而安樂；夢得糟粕，主窘迫而窮困；夢馨香而甘美，主喜事來臨；夢齷齪冷淡，主險難多故；夢味酸，主嗟歎悲傷；夢味澀，主貧杯鄙吝；夢味苦，主勞動。

解釋 酒能成事也能誤事、能治病也能增病，根據這個看法，凡飲味好的酒（醇醪馨香、甘美）主喜事；反之，則壞事來臨。

酒泉 夢象 夢見酒泉。

夢兆 出外做事一路順風；在家萬事如意；但夢飲醉者不祥。

解釋 酒泉是飲而不竭之泉，所以夢它順風、如意；但如

過度則不宜，所以飲酒醉則不祥。

把酒邀月 　夢象　夢見把酒邀月。

夢兆 參加考試必高中；有情人夢此能喜結良緣；詩人夢此詩興大發。

解釋 「把酒邀明月」是李白詩句，學者既然熟知詩句，知識必豐富，所以考試能高中。

月下卿卿我我，明月作證人，所以能喜結良緣。

酒和明月都能引發詩興，所以說詩興大發。

壺中酒一飲而盡 　夢象　夢見壺中酒一飲而盡。

夢兆 年高者夢此有險；病久者夢此則病危。

解釋 一飲而盡的「盡」和亡盡的「盡」諧音，所以年高者夢此有險；病者夢此病危。

飲酒無肴 　夢象　夢見飲酒無肴。

夢兆 夢此主做事不遂，只有閉門謝客，謹守為吉；造酒者夢此主得大利。

解釋 有酒無菜是不適意之兆，所以做事就不會順利；造酒者所以能得到大吉，這是因為有酒無菜，飲酒者只喝酒，能助銷路更暢。

酒淘飯 　夢象　夢見酒淘飯。

夢兆 士人學問有餘；商賈財貨充足。

解釋 這是醉飽之兆、豐餘之兆，所以，讀書人學問有餘；做生意人財貨充足。

生薑湯　夢象　夢見生薑湯。

夢兆　夢飲此者，有主禦寒氣、去穢惡、治嘔吐、起死回生之功效。

解釋　這是從生薑湯的藥用功能來說的，所以有禦寒氣、去穢惡等功用。

薄荷湯　夢象　夢見薄荷湯。

夢兆　夢飲此湯者主除煩熱、解焦躁、定驚悸、止消渴；中暑霍亂之症可立癒。

解釋　這也是從薄荷的藥用價值來說的。

蜜湯　夢象　夢見蜜湯。

夢兆　凡夢此者，門庭喜慶、家室安寧、父慈子孝、夫和妻柔，無論疏遠皆親密。

解釋　蜜象徵甜甜蜜蜜，所以全家幸福。

湯如明鏡　夢象　夢見湯如明鏡。

夢兆　主其人修身慎行，萬事十分小心。

解釋　一言一行在明鏡的監視之中，所以應十分小心，不然就會出現問題。

乳汁　夢象　夢見飲乳。

夢兆　必得養生之妙術，少壯者主延年益壽；年高者主返老還童。

解釋　乳爲養生之物，所以對人有益。

鹽鹵　夢象　夢見飲鹽鹵。

夢兆　凡事無益而有害。求榮而反辱；疾病有危；出行有覆舟之患。

解釋　鹽鹵，是苦澀的東西，所以求榮反辱；生病有危；行船有覆舟之患。

食穀　**夢象**　夢見食穀。

夢兆　常人夢此有餘糧、有積蓄；農民夢此禾苗成熟，豐收成有餘。

解釋　俗話說五穀豐登，所以夢見食穀有餘糧、有積蓄，收成好。

食米　**夢象**　夢見食米。

夢兆　凶，主死亡之兆。

解釋　古時認為「米」字由八木組成，而棺材也是由八塊木組成。米為食糧，古時死人要含飯入殮，所以食米為凶，主死亡之兆。

綠豆粥　**夢象**　夢見食綠豆粥。

夢兆　夢食此者，血脈和調、膚色光瑩，無煩熱之疾；夏天夢此為應時，餘月不利。

解釋　這是從綠豆粥的藥用價值說的，但過了夏天作用就不大了，所以說其餘月份不利。

乞粥食　**夢象**　夢見乞粥食。

夢兆　貴者失其貴；富者失其富；老者不得安；少者不得全；唯病人夢此有可生之機。

解釋 乞粥者是饑荒之兆、貧乏之象，所以遇此情況人人都不利；而病人乞粥食反倒適宜，能吃粥是有救了，所以說有可生之機。

食餅 夢象 夢見食餅。

夢兆 婚姻夢此得成就；交易夢此主兼併；病患者夢此有良藥，凡事皆利。

解釋 餅是圓的，為圓合、順利之象，所以夢此萬事順利。

食圓子 夢象 夢見食圓子。

夢兆 久別者夢此骨肉重聚、恩情愈篤；家居者夢此，娣侄盈室、兒孫滿堂；鰥寡者夢此，得配偶。

解釋 圓子，叫糊子，是團聚之兆，所以一切如意。

饅頭 夢象 夢食饅頭。

夢兆 夢他人食者，主喜慶事；夢自己食者，主口舌散；夢人援之而不食者，主慍怒憂悶。

解釋 饅頭一般是喜慶事用，所以說主喜慶事；吃饅頭需嚼而後食，所以說口舌散；給你而你不吃，一定是有氣或憂悶之事。

炒豆 夢象 夢見炒豆。

夢兆 或因做事失計、或因財物相爭、或有訴訟不平，必分惠以結衆心，則無悔。

解釋 炒豆是被人攻克、欺詐之意，所以做事不順心。為

了求全，只有拿錢出來籠絡人心。

糟糠 夢象　夢見食糟糠。

夢兆 夢食此者，求名利必有機會；占疾病主得癒安。

解釋 糟同遭，糠同康，遭遇康安，所以可順利。

水芹菜 夢象　夢見食水芹菜。

夢兆 夢食水芹菜，主治家節儉；夢別人給自己水芹菜，有意想不到之財；夢我給人水芹菜，主和人交往講信用。

解釋 水芹菜潔白有節，浪費很少，所以治家能節儉。古時水芹菜作祭祀用，在祈禱時會祈求發財，所以說有意想不到之財；水芹菜潔白坦誠，所以象徵講信用。

食薑 夢象　夢見食薑。

夢兆 夢食薑有祭享之事、有療疾之方、有溫和之氣、心安神靜、運通時泰、災消病除；商旅夢此，南行大利。

解釋 古時祭享時用薑，故食薑有祭享之事；薑能治病，所以能災消病除；南方吉利之方，所以南行大利。

食蔥 夢象　夢見食蔥。

夢兆 耳聾的人得聞聲，產下的孩子必聰明；又主有倉促事，急於遠行；經營商販，財利棄盈。

解釋 蔥為聰的諧音，耳聾成了耳聰，所以生下孩子就聰

明了；蔥諧音匆，所以說有倉促事要急於遠行；蔥
諧音充，所以財利充盈。

茴香 　**夢象**　夢見食茴香。

夢兆　主行人不久歸家，失物復還；遠離他鄉者也一定將
要歸來。

解釋　茴香諧音回鄉。以上夢兆，以此解即通。

山藥 　**夢象**　夢見食山藥。

夢兆　少壯者夢此添精益髓；年老者夢此祛病延年；若虛
損之症夢此，其疾即癒。

解釋　這是從山藥的藥療作用來解釋的。

黃瓜 　**夢象**　夢見吃黃瓜。

夢兆　夢見吃黃瓜主病癒，眼睛復明。

解釋　這也是從黃瓜的藥療作用來解釋的。

蒸梨 　**夢象**　夢見蒸梨。

夢兆　主夫妻反目分離，財物失脫而難覓；病人反覆而未
癒；行人羈留而未至。唯耕種、畜牧者夢此大利。

解釋　梨諧音離，分離。蒸梨，加速分離，所以夫妻反目
分離，財帛失脫而難覓；病人、行人都不吉；而耕
種者及畜牧者夢此大利，因梨諧音犁，利，由犁地
而獲利。

人贈棗 　**夢象**　夢見人贈棗。

夢兆　求名夢此早有譽於天下；求利夢此財百倍而稱心；

疾患夢此災穢除而康寧。唯逃竄者夢此無路可走；
官事夢此，主受刑。

解釋 棗為吉利之兆，所以求名、求利、求除病均吉。棗
又諧音糟，所以逃竄者無路可走；官事夢此，主受
刑，都是糟透了的意思。

杏仁 **夢象** 夢見杏仁。

夢兆 主聰明、老而強壯。

解釋 杏仁有滋用，所以吃了人聰明、老而強壯。

石榴 **夢象** 夢見石榴。

夢兆 文人夢此有奇才；武人夢此有秘策；商販夢此獲重
寶。師當復留；行人未歸；囚者未出。

解釋 石榴結子奇特，所以說有奇才、秘策、重寶；榴與
留諧音，所以師當復留；行人未歸（留）；囚者未
出（留）。

藕 **夢象** 夢見藕。

夢兆 士人夢此心竅開通；女子夢此品性高尚、潔白。

解釋 藕中孔開通，所以象徵心竅開通；藕肉潔白，所以
象徵女子品性高尚、潔白。

家鴿 **夢象** 夢見食家鴿。

夢兆 婚姻和合，朋友融洽，耕種通力合作，經營合本生
利，行人音信即至。

解釋 鴿和「合」諧音，所以凡「合」者皆吉。鴿子可傳

送資訊，所以說行人音信即至。

| 鴉肉 | **夢象**　*夢見食鴉肉。* |

夢兆　主災消禍解，疾病癒；官訟散，是非口舌和解，不祥之事遠去，沒有任何侵擾。

解釋　鴉，古代認爲是不吉之物，現在把牠吃了，所以一切均吉。

| 犬肉 | **夢象**　*夢見食犬肉。* |

夢兆　食兩口主有哭泣之事；食一點，主得大財。

解釋　犬字上加兩口，成爲哭字，所以有哭泣之事。犬字去一點，成爲大字，所以主得大財。

| 虎肉 | **夢象**　*夢見食虎肉。* |

夢兆　凡事必須辛勤勞動，才能建立功業。

解釋　要食虎肉，不經過艱苦勞動，那是不可能成功的。所以，凡事必須辛勤勞動，才能建立功業。

| 豺狼 | **夢象**　*夢見食豺狼。* |

夢兆　預示將建立奇功；婦女夢此生子不祥。

解釋　食豺狼是去強除暴之象，所以能建立奇功；豺狼是不祥的東西，所以夢此生子不祥。

| 狐狸肉 | **夢象**　*夢見食狐狸肉。* |

夢兆　曠夫不再會貪淫，怒女不至於失節，更無蛇傷犬咬之害。

解釋　狐狸在古人看來表示邪媚、表示奸惡，現在食狐狸

肉，所以可除貪淫、除失節、一切奸惡（蛇傷犬咬）都可以去除。

馬牛肉　夢象　夢見食馬牛肉。

夢兆　有軍旅之勞，或當遠行。

解釋　古時，馬牛是軍隊乘坐、運輸工具，也是遠行的工具，所以說有軍旅之勞，或當遠行。

海參　夢象　夢見食海參。

夢兆　主心廣體胖、四肢輕健、脈調氣和、年壽永久。

解釋　海參是高等滋補品，所以它對人體健康有很大幫助。

蜂蜜　夢象　夢見食蜂蜜。

夢兆　夢此主災消福至，與周圍的人和睦共處、親親密密。

解釋　蜂蜜象徵甜蜜，所以一切都吉祥如意。

野草　夢象　夢見食野草。

夢兆　此夢主當今有歉收，五穀難登，食草以充饑。

解釋　食野草當然是歉收。

生麵糰　夢象　夢見生麵糰。

夢兆　夢到揉生麵糰或看見生麵糰，則你身體健康、事業成功發達。

解釋　生麵糰可以利用發酵做成各種麵點，所以對身體健康有益。同時，也可象徵事業發達成功。

發黴 *夢象 夢見發黴。*

夢兆 夢中發現衣服上、傢俱上、紙上或書上有黴點，象徵著愛情上失意或是對一位忠誠的朋友感到失望；食物上發現黴點，象徵著幸運地從危險中逃脫。

解釋 有黴點就是有問題，所以象徵失意和失望；食物上有黴點，食物已變質，現在發現了，避免了食物中毒，所以說幸運地從危險中逃脫。

白蘭地酒 *夢象 夢見白蘭地酒。*

夢兆 夢見飲白蘭地酒，則表示因為過於功利主義而失去良師良友。

解釋 飲白蘭地酒過度，會使人喪失理智，只顧自己，不顧別人，所以會失去良師、益友。

紅辣椒 *夢象 夢見紅辣椒。*

夢兆 如果在夢中出現，則是在警告你要節制；如果你不想中年早逝的話，那麼就克制自己，不要過度放縱。

解釋 紅辣椒刺激性大，所以要節制，不要過度放縱，不然對你不利。

吃 *夢象 夢見吃。*

夢兆 一般來說，和客人一道吃飯是好的象徵；獨自吃飯則要當心喪失地位或有地位的朋友。

解釋 和客人一道吃飯，說明能與人交往，所以是好的象

徵；獨自吃飯是不善交往的表現，所以要當心喪失
地位或朋友。

湯糰　**夢象**　夢見湯糰。

夢兆　做湯糰或吃湯糰，喻示你將擺脫苦惱。

解釋　湯糰是圓的，而圓表示好，所以說你將擺脫苦惱。

油　**夢象**　夢見油。

夢兆　(1)夢見油田或開採油井，以及夢見自己身體或衣
　　　　服上有油跡，都是錢財來臨的象徵。

　　　　(2)給機器上油象徵著你對自己奮鬥的領域或社交
　　　　團體的重視。

　　　　(3)購買汽油預示愛情（或家庭）問題將有可喜的
　　　　進展。

　　　　(4)在廚房燒油或用油烹飪，揭示你懷疑的某個人
　　　　實際上是可靠的；喝油是你自己或你關係近的人
　　　　健康改善的徵兆。

解釋　(1)有油就是有油水，所以象徵錢財來臨。

　　　　(2)給機器上油，說明你在不斷地努力工作、奮鬥，
　　　　所以受到大家的重視。

　　　　(3)購買汽油是給愛情或家庭增添了動力，所以說
　　　　有了可喜的進展。

　　　　(4)油是可以燒菜的，懷疑不能燒是不對的；喝油，
　　　　增強營養，對人健康就有好處，所以象徵健康的

改善。

| 油煎 | **夢象** 夢見油煎。 |

夢兆 夢裡油煎東西，表示愛情不幸。

解釋 油煎東西是不好的，所以表示愛情不幸。

| 軟糖 | **夢象** 夢見軟糖。 |

夢兆 夢見自己做軟糖或吃軟糖，宜節約資金、切忌鋪張浪費；夢見買軟糖或別人給你軟糖，預言你在愛情方面有曲折。

解釋 軟糖是糖果中比較好的糖，價格也貴一些，所以宜節約資金，切忌鋪張浪費；用糖來與你交往，而不是用心來與你交往，這樣的愛情就會有波折。

| 品嘗 | **夢象** 夢見品嘗。 |

夢兆 如果味道不錯，便是好的象徵；如果味道不好，則有爭吵。

解釋 好是好象徵；不好就是不好的象徵。

| 餅 | **夢象** 夢見餅。 |

夢兆 夢見吃、給、得到餅，將有小爭執。

解釋 餅的分配不均，就會產生小爭執。

| 果酒 | **夢象** 夢見果酒。 |

夢兆 這是健康、歡樂的徵兆。

解釋 喝果酒對健康、歡樂有益。

| 酒吧 | **夢象** 夢見酒吧。 |

| 夢兆 | 如果夢見你進入一家酒吧，你可能會做出一些不名譽的事情。 |

| 解釋 | 進酒吧喝酒，如喝多了，就會做出一些不名譽的事情來。 |

| 酒精 | **夢象　夢見酒精。** |

| 夢兆 | 作為飲料，含量很低，則預示成功；若含量過高，你也許在某個地方遇到尷尬，而且還不得不當面道歉。作為化學實驗用品，或在醫療上用，乃為好事。 |

| 解釋 | 含量很低的飲料無害，所以預示成功；如過度飲酒，酒精中毒，會失態，做出非禮之事來；作為化工實驗和醫療是很有價值的。 |

| 團圓酒 | **夢象　夢見喝團圓酒。** |

| 夢兆 | 將有生離死別的危險。 |

| 解釋 | 用反說法解釋。 |

| 剝皮 | **夢象　夢見剝皮。** |

| 夢兆 | 若夢到你在剝果皮，則你會發現將被證明是對你有用的消息；夢到剝蔬菜皮，預示有遠方朋友悲哀或不幸的消息。 |

| 解釋 | 果皮能剝，消息也有用；蔬菜皮不能剝，一剝蔬菜就會死亡，所以預示有不幸或悲哀的消息來。 |

| 烤製 | **夢象　夢見烤製。** |

| 夢兆 | 夢見自己動手烤製任何東西，你將在地位上有大提高；如夢見麵包烘房或麵包師，則一年裡很順達。 |

| 解釋 | 自己動手烤製，說明自己能具有獨立性，而不是依賴於別人，所以說將在地位上有提高；麵包烘房或麵包師是能保證烤製好食品的，所以預示一年很順達。 |

烤全牲 夢象 夢見烤全牲。

| 夢兆 | 如夢見燒烤全豬、全羊等牲畜，你很可能被朋友或親戚欺騙、利用。 |

| 解釋 | 烤全牲在中國是用來祭祀的，實際上只是做做樣子，所以預示被人欺騙、利用。 |

菜譜 夢象 夢見菜譜。

| 夢兆 | 夢見的菜譜，如果既不是奢侈的，也不是簡陋的，預示長時間的舒適生活。 |

| 解釋 | 不奢侈、不簡陋，既不浪費又不太節儉，過著正常人的生活，所以預示長時間的舒適的生活。 |

番茄醬 夢象 夢見番茄醬。

| 夢兆 | 預示你將有一位有魅力的朋友。 |

| 解釋 | 它是一種很好吃又有吸引力的佐料，像你的朋友。 |

戒酒 夢象 夢見戒酒。

| 夢兆 | 夢見自己戒酒，則你能成功地把握自己的事務而不受他人擺佈；夢見別人戒酒，你可能不得不求助於 |

朋友。別猶豫。

解釋 自己能戒酒，說明自制力很強，所以說能成功地把握住自己；別人戒酒，而自己沒有決心戒酒，所以要求助手別人（朋友）。

禁食 夢象 夢見禁食。

夢兆 表示你需要將功補過，越早越好。

解釋 禁食是爲了補救不足之處，所以象徵將功補過。

喝 夢象 夢見喝。

夢兆 (1)喝濁水、髒水，預示環境不幸而地位或金錢受損。

(2)喝冷水、涼水，預示透過知識而獲得榮譽和成就。

(3)喝牛奶顯示成功即將到來的吉兆。

(4)喝飲料，比如可口可樂等，意味著幸福就在前頭。

(5)喝很甜的東西，如糖漿，喻示將有熱烈的戀愛。

解釋 (1)濁水、髒水是環境不好，而環境使地位或金錢的受損。

(2)冷水、涼水表示艱苦奮鬥，由於艱苦奮鬥才能獲得知識，得到榮譽和成就。

(3)喝牛奶營養豐富，所以說是吉兆。

(4)喝可口可樂是享受，所以意味著幸福。

(5)戀愛喝甜水、糖水。

酸 *夢象* 夢見酸。

夢兆 夢見一切與酸有關的東西，則是要你當心：別輕易許諾，也不能太信別人的許諾。

解釋 酸由醋來，醋是表示嫉妒的，別人既然嫉妒你，所以就不能與他交往，更不能有所許諾。

釀造 *夢象* 夢見釀造。

夢兆 夢見釀酒、調飲料、煎藥等，預示經過長時期的處心積慮最後才能得到滿意。

解釋 經過長時期的辛勞才能把酒等釀成。

舔 *夢象* 夢見舔。

夢兆 (1)被動物舔，預示著不久有人請你去勸慰一位朋友或親屬，盡可能地提供幫助，但要避免自身捲入。

(2)被嬰兒舔，預示著你現有的問題完滿解決。

(3)如果夢中你自己在舔某種東西，預示著你過一些時候在某些小事上感到滿意。

解釋 (1)動物舔你是表示親密，是牠需要幫助，如餵東西給牠吃，所以預示你去幫助人。

(2)嬰兒天眞無邪，象徵美好，所以象徵問題的圓滿解決。

(3)自己在舔某種東西，說明你喜歡吃那樣東西，

對那樣東西滿意，所以預示你對某些小事感到滿
意。

醉酒　**夢象**　夢見醉酒。

夢兆　夢見自己喝醉酒，則當心因低收入高消費而導致沉
淪；夢見別人喝醉酒，意味著借出去的錢收不回
來，不過放心，你不在乎這點兒錢。

解釋　經常喝酒是高消費，別人喝醉酒花費太大，所以借
的錢還不出來了。

噎住　**夢象**　夢見噎住。

夢兆　杞人憂天的象徵。

解釋　噎住的問題是不大的，不必太擔心。

醋　**夢象**　夢見醋。

夢兆　和醋有關的夢，向你預示有一段辛勤勞動的日子。
但你不會白忙一場，只是有點事倍功半。

解釋　吃醋的滋味並不好過，所以預示辛勤的日子。

糖　**夢象**　夢見糖。

夢兆　無疑，這是幸福和成功的象徵。

解釋　糖是甜的，給人甜蜜的感受，所以是幸福和成功的
象徵。

糖果　**夢象**　夢見糖果。

夢兆　不論你做糖果還是吃糖果、得到還是給予，你將稱
心如意；但有一例外，即糖果粘手，宜少管閒事，

因為有的時候好心卻無好報。

解釋 吃糖是喜事臨門，所以是稱心如意；如糖果粘手，表示糖果已化，不好吃了，所以說少管閒事。因管了閒事，粘在手上，無法擺脫了。

四、傢俱、住宅、雜物類

傢俱、住宅、飯店、旅館、建築、油漆、垃圾、家務。

大門 **夢象** 夢見大門。

夢兆 如果門敞開意味著有機會給你；如果關閉的門則意味有障礙；鎖住的門表示有難以克服的困難。如果你能爬過去，或在附近又找一條通路，則表示困難只是暫時的。

解釋 這些有關大門的夢，都可用「直解法」解釋，因為它的夢象和生活中的現象一致。門開著，人當然能有機會進去；門關著人不能進去，所以有了障礙；鎖住的大門更難進去了，所以困難更大。

水龍頭 **夢象** 夢見水龍頭。

夢兆 流水的水龍頭象徵漸漸消退的憂愁；噴水的水龍頭意味著未來的富有。

解釋 「問君能有幾多愁，恰似一江春水向東流」。所以流水代表憂愁。因水龍頭由人控制，所以說可漸漸

消去；噴水的水龍頭潛力很大，有無限的蘊量，所
以意味著未來很富有。

大廈｜ **夢象** 夢見大廈。

夢兆 如果夢見大廈很豪華，你得準備接受一些你不喜歡
的變化；如果大廈空空蕩蕩或條件惡劣，你可以期
待一些好的轉變，儘管開始並不如此。

解釋 大廈很豪華，可能你不習慣，所以說你得準備接受
一些你不喜歡的變化；如果大廈空蕩蕩或條件不
好，你可以加以改變，所以說可以期待一些轉變。

小房間｜ **夢象** 夢見小房間。

夢兆 如夢見自己被關在一個小房間裡，切忌不
守信義，否則會失去朋友。

解釋 如夢見關在小房間裡，朋友來解救你，你也答應了
他的要求。可是後來你不講信義，所以就失去了朋
友。

天井｜ **夢象** 夢見天井。

夢兆 如夢見漂亮的小天井，它預示著令人興奮的社會交
往。

解釋 天井很漂亮，別有洞天，吸引著人們，所以它預示
著令人興奮的新的社會交往。

天花板｜ **夢象** 夢見天花板。

夢兆 若天花板有裂縫或殘損，應提防你的同事可能欺騙

你；若保持完好或修繕得力，則你和同事的關係更好。

解釋 天花板上有裂紋或殘損，同事沒告訴你，所以說應提防你的同事可能欺騙你。

若天花板完好或修理好了，那麼或許能比原來的天花板更好，所以你和你的同事的關係將更好。

公寓 **夢象** 夢見公寓。

夢兆 如果公寓小，很不舒適，應避免家庭不和；如果公寓很寬敞，而且豪華，你將在財富上有穩定增長。

解釋 如果公寓較小，不舒服，家人住在一起容易引起矛盾，所以說宜避免家庭不和。

如果公寓寬敞、豪華，住在裡面心情舒暢，則有助於事業上的發展，財富也可增長，所以說將在財富上有穩定增長。

長凳 **夢象** 夢見長凳。

夢兆 如坐在長凳上，則有重要的消息；長滿苔蘚的長凳表示小小的損失；石凳表示在贏利；木凳表示小贏利。

解釋 坐在長凳上，表示有重要的事商談，所以說有重要的消息。

長滿苔蘚的長凳不能用了，所以表示小小的損失。

石凳牢靠、堅固、永久，所以象徵大贏利；木凳能

坐不牢固，所以象徵小得利。

門閂　夢象　夢見門閂。

夢兆　如果你被閂在門裡，你可能遷居；若閂在門外，則有自釀的苦果。除非是砸斷門閂，則困難可以被克服。

解釋　被關在門裡，處境不好，所以預示你可能遷居；若關在門外，則是內部不和，如夫妻吵架所造成，而這可能是由於自己不好造成的，所以說會有自釀的苦果。砸斷門閂，進出自由了、困難解決了，所以困難可以被克服。

書桌　夢象　夢見書桌。

夢兆　關著抽屜的書桌表示失望，可能是生意上或社交方面的。

開著抽屜的書桌，無論是否坐在那裡、是否伏案工作，表示你將稱心如意。翻找或清理書桌，你將結識一些新的有影響力的朋友。

解釋　關是關閉，和外界關閉了，不通暢，則意味著生意上或社交方面的失望。

開表示暢通，不論你怎樣工作，都表示你稱心如意。

翻找或清理書桌，接受新的任務或調動工作，所以說將可能結交一些有影響力的朋友。有影響的朋友

可能是你的部門主管。

平房　　夢象　夢見平房。

夢兆　一生安逸舒適的象徵；如果是一座被荒棄的小屋，則有一段時間個人生活上會稱心如意。

解釋　平房四平八穩，沒有危險，更不怕地震，所以象徵安逸舒適。

荒棄的小屋，以反說法解釋就是稱心如意。

地板　　夢象　夢見地板。

夢兆　不管你是在油漆、打掃，擦洗、擦亮地板，還是做別的，只要是使地板潔淨的美觀，都預言事業成功；如果坐、躺、倚在地板上，預示你在個人生活上順利。

解釋　地板是基礎，使基礎潔淨、美觀，所以預言事業成功；坐、躺、倚在基礎上很牢靠，不會栽筋斗，所以預示個人生活上順利。

衣櫥　　夢象　夢見衣櫥。

夢兆　空的衣櫥警告你可能會負債，或者在工作中沒有盡到責任；滿的衣櫥則表示你經濟富裕或工作頗有成績。

解釋　衣櫥半空了，衣服沒有了，可能賣了，所以說可能會負債。衣櫥是空的，說明由於你工作不努力，收入少了。

滿的衣櫥，說明購的衣服多，表示經濟富裕。工作有成績，收入多，所以衣櫥才會滿，所以說工作頗有成果。

陽臺　**夢象**　夢見陽臺。

夢兆　只要你泰然處之，定能克服障礙；如果陽臺開裂或有險情，你將會得到遠處朋友的不幸消息。

解釋　站在陽臺上，眺望遠方，心裡開朗。一切困難和障礙都不在話下，所以只要泰然處之，定能克服障礙。

因為站在陽臺上看得遠，而陽臺開裂是壞消息，所以說，可能有遠處朋友的壞消息。

床　**夢象**　夢見床。

夢兆　一張陌生的床，預示你將有轉機；你自己睡的床，則表示安全；借床是有不速之客來訪。

解釋　睡在一張陌生的床上，表示你換了一個環境，因此可能有新的轉機；睡在自己家裡的床上，所以表示安全；有不請而來的客人，所以要借床。

房子　**夢象**　夢見房子。

夢兆　舊房子暗指一個老關係的恢復或團聚；新房子預示經濟有保障。

蓋房子或看到一所建設中的房子預示一個意外收

穫，有可能是遺產。

買房子說明有熱烈的愛情；賣房子意味沉重的負擔的解除。

房子被拆毀，或空空蕩蕩，是暗示你在爲一個新的損失、破裂的關係或失去的機會而傷心。你不必絕望，時間會醫治一切。

解釋 房子舊了，鄰居也熟悉了，有一定的關係了，後來你搬走了，老關係也中斷了。現在你夢到它，所以象徵一個老關係恢復或團聚；能有新房子住，經濟條件肯定不錯。

蓋房子一般人蓋不起，有些是得了意外之財的人才能做到，所以說預示一個意外收穫。

買房子使對象十分高興，所以象徵有熱烈的愛情；賣了房子有錢了，沉重的負擔可以解除了。

房子被拆毀、傢俱被搬走，這象徵破壞和損失，當然使人傷心。

貯藏室 夢象 夢見貯藏室。

夢兆 堆滿貨物的貯藏室是財運亨通的象徵，半空或全空的貯藏室則是表示緩慢但確實的財富增長。

貨物多，就是財富多，所以象徵著財運亨通。

解釋 貯藏室空或半空，這意味著可以把貨物一點點地放進去，所以象徵著緩慢但確實的財富增長。

屋頂

夢象 夢見屋頂。

夢兆 夢中的屋頂預示迅速的成功。

草屋頂則警告你私下議論人不會有好結果。

爬上屋頂或立其上的夢，顯示你的處境會有大改觀。

著火的屋頂告知你的煩惱是杞人憂天。

修理屋頂告訴你會有一個新的收入來源。

從屋頂上掉下來告訴你將有曇花一現的成功。

解釋 屋頂在房屋中是最高的部位，它象徵高升，所以預示迅速的成功。

草屋頂不隔音，說人壞話被人聽見了，所以不會有好結果。

爬上屋頂或立在其上，地位會有所改觀。

屋頂都著火了，一切都燒光了，所以什麼煩惱也是多餘的了，因此說是杞人憂天。

能修理屋頂也是一種賺錢的方式，所以說會有一個新的收入來源。

從屋頂上掉下來，就像從天上掉下來，而天上掉下來的東西都是靠不住的，所以說只是曇花一現的成功。

閣樓

夢象 夢見閣樓。

夢兆 夢見爬上任何式樣的閣樓，都是社會地位上升的象

徵。

解釋　因為爬上閣樓就是高升，而高升就是地位的上升。

屏障　**夢象**　夢見屏障。

夢兆　夢中如你設法通過門、窗、牆等屏障，則暗示你得克服障礙而達到目的。

解釋　夢是歪曲的反映，所以通不過，就是能通過障礙而達到目的。

傢俱　**夢象**　夢見傢俱。

夢兆　夢見破的傢俱，表示家庭和愛情出現問題。

如果夢見的傢俱比你實際上使用的要好得多，預示你今後事事如意。

夢見佈滿書籍的書架，預示你自我奮鬥的實現。

解釋　如果喜新厭舊，舊傢俱比喻妻子和戀人，嫌棄妻子和戀人，那麼將表示家庭和愛情出現問題。

窗戶　**夢象**　夢見窗戶。

夢兆　打開窗戶，表示輕易的成功。

關上窗戶，表示逃脫了危險。

爬出窗戶，表示你雖然遇到了麻煩，但是你有辦法解決。

爬進窗戶，表示新的機會正在向你招手。

解釋　打開窗戶，清風徐來，使人感到喜悅，所以說表示

輕易的成功。

關上窗戶，和外界隔絕，沒有參與任何危險的事，所以說表示逃脫了危險。

爬出窗戶是說屋子裡發生的麻煩事你能躲過，所以說你有辦法解決。

開門的鑰匙丟在家裡，只能爬窗戶進去取，然後再開門，這是進門的另一種方式、另一種機會，所以說新的機會在向你招手。

椅子　夢象　夢見椅子。

夢兆　空椅子意味著有意想不到的消息。

坐在一張舒適的椅子上，預示生活的舒適。

安樂椅喻示不勞而獲。

解釋　空椅子什麼人都可以坐，說不定會有意想不到的人和你坐在一起，所以說會有意想不到的消息。

舒適的椅子當然舒適，所以預示生活舒適。

坐安樂椅子是一種享受，是不需要勞動的，所以喻示不勞而獲。

小木屋　夢象　夢見小木屋。

夢兆　如夢見林中或海灘上的小木屋，預示家庭和睦。

解釋　如果家庭不和睦，就不會在離人群的林中或海灘上造木屋了，小木屋是為了休閒的。

四方形　夢象　夢見四方形。

夢兆　要是你夢到這種幾何形狀如四合院等，你將爲現有的困難找到滿意的解決方法。

解釋　四方形如四合院，四平八穩，給人滿意的感覺，所以象徵給困難找到滿意的解決辦法。

租金　夢象　夢見租金。

夢兆　夢見你正在收租金，顯示你會進入一段財力緊縮的日子；如果你付租金，可能你要心境不佳一陣；要是夢見按期交租金，欣喜之事就要發生。

解釋　夢見收租金，反過來可以解釋成收不到租，這樣就會使財力陷於緊張；如你付租金，因爲自己沒有房子苦惱，所以心境不會佳；無力按期交租是不好的事，但反過來可以解釋是好事，所以預示欣喜之事就要發生。

入口　夢象　夢見入口。

夢兆　夢見引人注目或富麗堂皇的大樓入口，說明你非常希望得到更大的生活保障。

解釋　富麗堂皇的大樓，一般都是高貴、豪華的地方，沒有一定的地位和足夠的財富，是不可能進去的。現在你見到了入口，想進去，這就反映了你對生活有了更高的企求，想獲得更大的生活保障。

紅木傢俱　夢象　夢見紅木傢俱。

夢兆 夢見紅木傢俱預示著你的居住條件的改善，可能是因爲繼承了遺產。

解釋 居住條件好的地方才有紅木傢俱。紅木傢俱以中國現狀來講，一般都是祖上傳下來的，所以說是繼承了遺產。

地毯 **夢象** 夢見地毯。

夢兆 夢見地毯是好的象徵；如果陳舊或被弄破，則不宜欠債。

解釋 地毯把地面打扮漂亮，所以是好的象徵；地毯陳舊的或被弄壞了，這就是壞事，所以欠債就不利。

地下室 **夢象** 夢見地下室。

夢兆 應拒絕你本來就不感興趣的計畫。

解釋 在地下室裡使人不愉快，空間又太小，沒有發展前途，所以要拒絕本來就不感興趣的計畫。

後宮 **夢象** 夢見後宮。

夢兆 女性夢見自己身處後宮，男性夢見自己擁有後宮，都顯示將有一個與異性頻繁交往的時期。你要適可而止。

解釋 後宮宮女多。

陰溝 **夢象** 夢見陰溝。

夢兆 預示你體力衰弱，最好去醫院檢查一下，同時得驗

驗血。

解釋　陰溝表示不祥，而陰溝是流通的，所以得驗驗血。

百葉窗　*夢象*　*夢見百葉窗。*

夢兆　此夢警告你要檢點與異性的關係。

解釋　百葉窗是透亮的，從外面可看到裡面，所以警告你要檢點，不然別人會發現。

帳篷　*夢象*　*夢見帳篷。*

夢兆　夢見帳篷會招致個人的、錢財方面的不測；如你夢見的是紮帳篷，你將很快解脫煩惱；如夢見了倒塌的帳篷或其他方式毀壞的帳篷，這種夢分明是在警告你是否可以重新修訂一下個人的、不為人知的計畫。

解釋　帳篷是住人、放錢財的，可能人有覬覦它，所以要預防不測；紮帳篷是解除無地方住的煩惱，所以說很快解脫煩惱；倒塌、毀壞的帳篷顯示這些帳篷已不可能用了，所以警告你要重新修改計畫。

別墅　*夢象*　*夢見別墅。*

夢兆　夢見夏天或冬天的別墅，暗示你新的一段羅曼史。

解釋　別墅是享受的地方，而且充滿羅曼情調，所以可說有一段羅曼史。

角落　*夢象*　*夢見角落。*

夢兆　夢見任何一個角落，不宜強行做任何事

情；如果夢見翻騰角落，將有讓你吃驚的好事。

解釋　角落是不通的，所以任何事情不能在這裡做；翻騰角落，可能會翻出什麼好東西，讓你吃驚。

盤子　**夢象**　夢見盤子。

夢兆　預示愉快的社交活動即將來臨。

解釋　盤子是放食物的，而食物可用來招待賓客，所以說愉快的社交活動即將來臨。

釘子　**夢象**　夢見釘子。

夢兆　夢見釘釘子預示著經過艱苦的努力，你將取得意想不到的成就；看見光滑的或新的釘子，預示著出乎意料的好消息；彎曲的、生銹的釘子，則象徵著很慢的進步。

解釋　看見好的釘子是好的；彎曲的、生銹的釘子雖能用，但釘起來很緩慢，所以象徵很慢的進步。

飯店　**夢象**　夢見飯店。

夢兆　如夢中的飯店十分豪華，這是警告得節約開支；如果飯店是你平常屈尊而就的一類，這顯示你將介入一段和商業有關的愉快的社會交易之中；如果夢中飯店條件極其簡陋，你的收入很快就要增長了。

解釋　豪華的反面就應節約；平時屈尊而就是不愉快的，但反過來就是愉快的；簡陋的反面是豐富，所以說

收入增長。

走廊　夢象　夢見走廊。

夢兆　如夢見一家劇院、教堂或大樓的走廊，應格外留心你將不得不做出的重要決定。

解釋　走進劇院、教堂、大樓的走廊是否進去辦事，就應在走廊中決定，所以此夢預示你做出決定。

油灰　夢象　夢見油灰。

夢兆　夢見油灰，警告你不要在一些稍縱即逝的小樂趣上花費時間和金錢。

解釋　油灰能把窗戶玻璃粘牢，這是小玩意兒、小樂趣，所以不要在一些小樂趣上花費時間和金錢，因為不值得。

油漆　夢象　夢見油漆。

夢兆　夢見漆刷房間表示有好消息就要到來；如果夢見自己漆東西（如傢俱、木製品等），是暗示你在私底下絞盡腦汁地策畫某些行動——在付諸行動之前請你仔細斟酌。

解釋　漆刷房間，使房間煥然一新，本身就是好消息；自己漆東西，更應慎重又慎重，所以做什麼事應仔細斟酌。

頂樓　夢象　夢見頂樓。

夢兆　若夢中居住在豪華富麗的頂樓裡，是警告

你開銷過大。

解釋 太豪華富麗，開銷一定過大。

垃圾 **夢象** 夢見垃圾。

夢兆 預言一個你現在料想不到的成功。

解釋 垃圾是不好的，但用反說法來解釋就是好的，所以說有一個料想不到的成功。

城堡 **夢象** 夢見城堡。

夢兆 夢見參觀或居住在城堡裡，則預示今後有一段日子裡將過得非常舒服；若是夢見一座荒廢的城堡，則應約束自己的感情和脾氣。

解釋 在城堡裡生活受保護，所以說有一段舒適的日子；如廢棄的城堡，則不能悲觀失望，應約束自己的感情和脾氣。

鐘樓 **夢象** 夢見鐘樓。

夢兆 如果鐘樓很高又很堅固，將有喜訊傳來；如果已被毀壞或難修繕，則有可能陷入困境。

解釋 好鐘樓表示喜；壞鐘樓表示憂。

修理 **夢象** 夢見修理。

夢兆 夢見修繕房屋，預示著你將在住房或生活條件方面遇到意想不到的困難，最好的解決方法是搬個新居。

解釋 房屋壞了，要修繕，說明困難很大。

盆 夢象　夢見盆。

夢兆 若盆裡盛滿東西，你可能情場失意，或家庭失和；若盆是空的，你的成功將得以證實。

解釋 這是用反說法來解釋的。

鉤 夢象　夢見鉤。

夢兆 (1)如自己被鉤住，則有煩人的困難出現。

(2)如果你擺脫了，那麼你的擔心將是暫時的。

(3)自己去鉤某物，一個久藏的秘密將揭開。

(4)別人鉤東西，則說明有意外收入或禮物。

解釋 (1)被鉤住了，當然使人煩惱。

(2)掙脫了，困難自然是暫時的。

(3)自己去鉤一樣東西，那樣東西肯定是自己喜歡的，所以久藏的秘密就會被揭開。

(4)別人鉤東西，那東西本來是不可能再得了，現在鉤住了，這就說明了有意外的收入或禮物。

宮殿 夢象　夢見宮殿。

夢兆 在夢裡從外面看見宮殿，可以期待生活有改善；但如果夢見自己在宮殿裡，則是向你警告你的虛榮心會招致一些敵意，要收斂鋒芒，少說多聽。

解釋 從外面看宮殿，見宮殿富麗堂皇，使自己對宮殿的看法有改觀，所以說象徵生活的改善；自己住在宮

殿裡面，自以為了不起，產生了虛榮心，而虛榮心是害人的東西。

欄杆 **夢象** 夢見欄杆。

夢兆 順欄杆下來，你可能由於錢財等原因而輕率從事；沿欄杆而上則可能透過自身的努力而達到目的；如果欄杆斷裂或殘缺，那麼，你目前的計畫將嚴重受挫。

解釋 順欄杆下來，容易產生輕率的思想，認為賺錢比較容易，結果達不到賺錢的目的，反之，沿著欄杆往上爬，這是自己在努力，反而會達到目的；欄杆斷裂、殘缺是不利，所以你目前的計畫會受挫。

旋轉門 **夢象** 夢見旋轉門。

夢兆 夢中的旋轉門告訴你，眼前你的所作所為達不到你的既定目標。需要改變你的成見，重新考慮一個新的開始。

解釋 旋轉門是轉動的門，暗示你的精力不集中，所以達不到你的既定目標。

鐵柵 **夢象** 夢見鐵柵。

夢兆 夢見窗戶鐵柵或其他裝飾性的鐵格子，顯示你正在計畫一件不可告人的事情，宜三思而後行。

解釋 在鐵柵或鐵格子中商量的是秘密的事，所以顯示你正在計畫一件不可告人的事情。

木屑	夢象　夢見木屑。
夢兆	木屑表示煩惱。
解釋	人衣服上沾上木屑當然煩惱。
磚塊	夢象　夢見磚塊。
夢兆	喻示由於突變而致的混亂局面；如果你自己鋪磚，或看到別人鋪磚，你的境況將會有緩慢穩步的改善。
解釋	突然把磚頭從汽車上倒下來，就形成了混亂的局面；鋪磚是緩慢地改善。
瓷磚瓦片	夢象　夢見瓷磚瓦片。
夢兆	夢見自己打碎瓷磚瓦片，顯示你不可在近期內從事任何投機行為，同時你也不必為時下的不利局勢承擔風險或義務。
解釋	打碎瓷磚瓦片表示不成功，所以喻示你不要從事任何投機行為。因為沒有成功，所以也不必承擔風險或義務。
涼亭	夢象　夢見涼亭。
夢兆	對文藝界人士是好的象徵。
解釋	文藝界人士可以在涼亭裡作詩畫畫。
煙囪	夢象　夢見煙囪。
夢兆	(1)若很高，預示非凡成就。 (2)若一般高，預示平安無事。

(3)若冒煙，預報喜訊。

(4)若失修或破裂，暗示麻煩將至。

(5)若斷裂或倒塌，你將有值得慶賀的事情。

解釋 (1)煙囪越高，表示成就越高。

(2)一般高，沒有危險。

(3)煙囪冒煙是開始生產，所以預報有喜訊。

(4)失修、破裂，當然有麻煩到來。

(5)斷裂、倒塌需重砌，壞事變成好事，所以預示
　　將有值得慶賀的事情來臨。

圓柱 **夢象　夢見圓柱。**

夢兆 夢見無論什麼樣的圓柱，你將因為得到
有權有勢的朋友的幫助而嶄露頭角。

解釋 圓柱是權力的象徵，所以說你將得到有權有勢的朋
友的幫助。

浴室 **夢象　夢見浴室。**

夢兆 (1)浴室裡無人，宜忌意氣用事，輕率
　　做出決定或採取行動。

(2)如沐浴的水過冷或過熱，宜重新審查你非常欣
　　賞的計畫。

(3)如水溫恰到好處，則你目前的期望可獲實現。

解釋 (1)不能因為浴室內無人而胡作非為。

(2)過冷過熱都不正常，所以要重新審查計畫。

(3)因為恰到好處，所以你的期望才能實現。

桶　*夢象　夢見桶。*

夢兆　空桶揭示心滿意足；而滿的桶是成功的徵兆；踢翻了桶或是將桶裡的東西灑出來，是警告你要留意錢財。

解釋　空桶是不缺乏、不滿足，反過來就可解釋為心滿意足；滿桶是裝有東西，所以是成功的象徵；踢翻了桶或將桶裡東西灑出來，是沒有照料好的結果，所以警告你要留意錢財。

鏟　*夢象　夢見鏟。*

夢兆　若夢見與鏟子有關，你近期內工作量會增加。

解釋　需鏟的東西多，才需要用鏟子，所以暗示你工作量會增加。

清洗　*夢象　夢見清洗。*

夢兆　清洗活動越快越累，就越是告誡你，別被捲入任何不正當的事情，不論這些事有多愉快、多有利。

解釋　骯髒的東西越多，越是麻煩，而骯髒的東西代表不正當的事情，所以告誡你不要捲入不正當的事情中去。

腳手架　*夢象　夢見腳手架。*

夢兆　一個好夢，將帶給你新的機會，是你社會地位提高

的象徵。

解釋 腳手架是用來攀高的,所以象徵社會地位的提高。

櫃檯 夢象　夢見櫃檯。

夢兆 此主有所收藏,以致命遂志吉。

解釋 櫃檯本是收薄之用,收藏多了,自己也滿意了,所以是命遂志吉。

席 夢象　夢見席。

夢兆 (1)夢見將席鋪桌上,主有賓客來。

(2)夢見洗滌席者,主遠親來。

(3)夢見鋪張滿地席,主婚姻喜慶。

(4)夢見頂負席而走,主遠行不利。

(5)夢見背負席而坐,主疾病至。

(6)夢見斜席掛在門首、牆壁等處,主風雨至。

解釋 (1)將席鋪在桌上,表示尊敬,所以說有賓客來。

(2)把席子洗乾淨,以迎接遠方的親人。

(3)滿地鋪席,古時舉行婚姻大事的習俗,所以主婚姻喜慶。

(4)頂負席而出門,無固定住處,所以遠行不利。

(5)窮途潦倒,無處能坐,疾病就將至。

(6)用席掛門首、牆壁處擋風雨,所以說風雨將至。

帷幕 夢象　夢見帷幕。

夢兆 帷幕越精,財富就越多;若是褪了色、或破舊、或

質地很差，則由於不關心自己的切身利益而遭受損失。

解釋 有錢才能購精緻的帷幕；不關心切身利益才會用舊的破的帷幕，舊的、破的帷幕表示不好，所以說遭受損失。

酒具

夢象 夢見酒具。

夢兆
(1)夢見酒具自外取入，主得佳飲。

(2)夢見酒具取出將去，主朋友之交。

(3)夢見酒具毀碎，主有是非。

(4)夢見酒具堆積者，主約遇良朋。

(5)夢見酒具漂浮於江湖河海之濱，主災消福至。

解釋
(1)自外取入是別人送來，送來一般是好酒，所以說有佳飲。

(2)酒足飯飽，酒具移去，朋友相繼告辭，所以說有朋友之交。

(3)酒具毀碎，必有是非口舌，或爭吵、或鬥毆。

(4)好酒豐盛，吸引好友前來共飲。

(5)嗜酒會引起爭端、災禍，現在把它們統統拋棄，所以災消福至。

茶具

夢象 夢見茶具。

夢兆
(1)書生夢此，主心火不寧。

(2)平民夢此，主有客至。

(3)病患者夢此，主疾病癒、災禍除。

(4)夢見茶具碎且傾側者，主失利無清福。

解釋　(1)書生應專心攻讀，現在卻以品茶度日，所以說

是心緒不寧，煩悶所致。

(2)平民夢見準備茶具，那是有客人來。

(3)病患者已有閒情逸致品茶，可見病已痊癒，災

已消去。

(4)茶具破碎且傾側，本來品茶是享清福的，現在

卻被破壞了，所以不利。

繩索　夢象　夢見繩索。

夢兆　(1)夢見以繩索授人，對人坦白誠懇。

(2)夢見別人給我繩索，別人對我坦白誠懇。

(3)夢見握持繩索，交往關係密切。

(4)夢見繩斷絕，是無恒之故。

解釋　古時認為繩索為正直、誠懇、無私的表現，所以：

(1)以繩索給人為坦白誠懇。

(2)也是如此。

(3)對人坦白誠懇，關係容易搞好，所以握持繩索，

交往就密切。

(4)繩斷則不牢，不牢則無法繼續使用下去，所以

是無恒。

篩　夢象　夢見篩。

夢兆 (1)學者夢此，主遇明師。

(2)富人夢此，養身德。

(3)病人夢此，疾病去。

解釋 古時認為篩、扁是吉祥之物。

(1)像篩子一樣把一些不好的老師辭去了，只留下一些好的老師，所以說遇明師。

(2)富人各方面問題極多，要加強修養身心。

(3)篩就是吉祥之物，所以能去疾病。

墨斗 **夢象** 夢見墨斗。

夢兆 夢此者處世有方。

解釋 一切按規矩辦事，所以處世有方。

鋸 **夢象** 夢見鋸。

夢兆 夢此者，萬事如意。

解釋 鋸子齒牙銳利，頭頭是道，所向披靡，所以說萬事如意。

鑽子 **夢象** 夢見鑽子。

夢兆 (1)夢見鑽子，主做事不可泛之，須著力鑽研，方得透徹，不可以力撒而中止，不可以始勤而終怠。

(2)夢見鑽木未破，事皆不宜進前。

(3)夢見鑽破其木，諸事俱成。

(4)夢見他人牽鑽，見效雖同，人勞我逸。

(5)夢見鑽上有繩，是易力者之兆。

(6)夢見鑽上無繩，空費機謀，徒勞妄想，縱然馳神，無濟於事。

解釋 (1)這是用鑽子比喻怎樣做事，道理明白易懂。

(2)指做事不宜盲目前進。

(3)指做事能夠成功，傲木已鑽破。

(4)要注意善用他人。

(5)做事要注意省力（易力）。

(6)鑽上無繩不可能再鑽，不能鑽，所以無濟於事。

鎖　夢象　夢見鎖。

夢兆 (1)夢見上了鎖的門，成功道路上障礙全被消除。

(2)夢見購買鎖，會富有。

(3)夢見撬鎖，生命和財產會受到威脅。

(4)夢見撬開了門，事業會成功。

(5)女人夢見鎖上了自己的錢櫃，意味著要添置新首飾。

(6)慣犯夢見鎖，會被關進監牢。

解釋 (1)大門鎖上，萬無一失，算是成功，所以說障礙已被掃除了。

(2)購鎖是為了保藏好財富，積累多了，所以會富有。

(3)鎖被撬開，東西會被偷，所以生命和財產會受到威脅。

(4)成功好像是一扇大門，不打開它不能登堂入室，所以撬開了門，事業才會成功。

(5)鎖上錢櫃是爲了要東西。

(6)慣犯夢見錢，還想偷竊，所以再會被關進監牢。

| 網 | 夢象　夢見網。 |

夢兆　(1)夢見網，會交上一位虛僞的朋友。

(2)夢見漁網，災難臨頭。

(3)夢見織網，能戰勝敵人。

(4)夢見剪斷網，一切困難都能克服。

解釋　(1)把臉網著，不見眞面目，所以會交上虛僞的朋友。

(2)漁網捉魚，自由的魚兒無處逃遁，只能等待死亡，由此象徵災難臨頭。

(3)織網捉雀、捉魚、捉獸，這些象徵是敵人，所以說能戰勝敵人。

(4)網好比困難，網破了，困難也就克服了。

| 刀子 | 夢象　夢見刀子。 |

夢兆　(1)一把尖刀，象徵著個人的衝突。

(2)一把鏽刀，象徵著家庭的矛盾。

(3)一把斷刀，預示著在愛情上的失敗。

(4)一把打開的彈簧刀或是單開小刀，預示著法律上的麻煩。

(5)一把鈍刀，預示著報酬很少的艱苦工作。

(6)用刀子割你自己是發出警告，有人會向你逼債。

解釋 (1)尖刀很銳利，會傷人，所以容易引起衝突。

(2)鏽刀不用不擦，突顯家庭矛盾，關係不好。

(3)斷刀不能再用，愛情不能繼續下去了。

(4)彈簧刀、小刀是兇器，用來刺人，就會引起法律上的麻煩。

(5)鈍刀使用時費力，且收效不高，所以說工作艱苦、報酬少。

(6)逼債像割肉一樣，所以割肉是有人逼債。

木槌 **夢象**　夢見木槌。

夢兆 夢見木槌，預示著一件不公正之事得到糾正。

解釋 木槌是為了敲正不正的東西，所以說一件不正之事得到糾正。

燈 **夢象**　夢見燈。

夢兆 (1)無論是煤油燈、氣燈、電燈，點亮燈就象徵成功。

(2)熄燈是建議你休假或採取其他形式的休息。

(3)一只沒有點亮的燈，意味著失望。

(4)一只昏暗的或搖曳的燈帶來疾病的消息。

(5)門外或窗口掛一只指示燈，預示著好運氣的到來。

(6)打碎一只燈，預示著缺乏信任而帶來的困難。

(7)許多閃亮的燈或裝飾燈，是喜慶的信號。

(8)紅燈是警告你，由於控制不住感情或脾氣而招致危險。

(9)夢中出現路燈，是家庭出現麻煩的象徵。

解釋 (1)燈，特別是點亮燈，象徵著光明，所以說能象徵成功。

(2)熄燈是叫人們休息，所以建議你休假或其他形式的休息。

(3)燈沒點亮，什麼事都不能做，所以只能失望。

(4)昏暗、搖曳的燈是不祥之光，一副淒涼景象，所以說將會帶來疾病的消息。

(5)指示燈是指示方向的，也是點燈者一種願望的反映，而所有願望中最重要的一種願望就是好運氣來臨，所以說預示好運氣的到來。

(6)把燈打碎了，必然會產生困難。

(7)喜慶之日都掛許多裝飾燈。

(8)紅燈表示危險，如十字路口的紅綠燈。要克制自己、要忍耐，如一定要闖紅燈，就會有危險。

(9)路燈是孤獨的象徵，在深夜它孤零零地亮著。
而一個家庭如果就像路燈這樣，就會出現麻煩，
甚至會有離婚的可能。

碗櫥　**夢象**　夢見碗櫥。

夢兆　若是空的，預示日子不好過；若是滿的，預示收入很多。

解釋　裡面沒有東西，這是無錢購買，所以日子不好過；收入很多，才能購買許多東西。

棚屋　**夢象**　夢見棚屋。

夢兆　棚屋越低，你的未來就越有保障。

解釋　棚屋不牢固，所以越低越安全、越有保障。

街溝　**夢象**　夢見街溝。

夢兆　打掃街溝是你目前的事業成功的前兆；在街溝中發現有價值的東西，則意味著收入相對增加；掉進街溝或躺在街溝裡，則是告誡你，由於你自己的愚蠢行為將造成地位的喪失或苦難。

解釋　打掃街溝是疏通、是通達，所以預示成功；發現有價值的東西，就有獎勵，所以說收入相對的增加；掉進溝裡是下降、下跌，所以表示地位的喪失或苦難。

牆　**夢象**　夢見牆。

夢兆　夢中的牆象徵著障礙。

解釋　牆就是障礙。

牆紙　*夢象　夢見牆紙。*

夢兆　不論是夢見自己貼牆紙還是觀看別人貼牆紙，這個夢都表示你的社會地位正在發生變化。

解釋　貼了牆紙，牆就發生了變化，所以預示地位的變化。

橫樑　*夢象　夢見橫樑。*

夢兆　喻示你將碰到負擔。

解釋　橫樑就是承受負擔的。

盥洗室　*夢象　夢見盥洗室。*

夢兆　夢見走進盥洗室，預示著目前成敗未定的事業能夠取得令人滿意的成果。

解釋　在盥洗室洗得乾乾淨淨，令人滿意。

壁爐　*夢象　夢見壁爐。*

夢兆　火勢適度，預示生活的安寧和舒適；但如果溫度偏低，則預示著情場失意。

解釋　適度就是安寧、舒適；溫度偏低是降溫，所以預示情場失意。

五、金銀、裝飾、顏色類

金銀、財寶、首飾、香水、色彩、顏色。

小銀幣　*夢象　夢見小銀幣。*

夢兆 夢見嶄新、閃亮的小銀幣，是你信得過的人背叛了你的象徵；夢見給你小銀幣，象徵你將要發財；但接受小銀幣則表示經濟不佳。

解釋 見到嶄新、閃亮的東西本來是好事，可是從反面來說，這也可能是壞事，所以說可能有人會背叛你，甚至是你的好朋友；有人給你小銀幣，象徵發財，如經營好，收入就好；如果是接受他人的施捨，這當然是經濟遭到損失。

財寶 夢象 夢見財寶。

夢兆 (1)發現財寶，顯示你事業初級階段的順利。

(2)挖掘財寶，預示身體狀況轉佳的表現。

(3)掩埋財寶，預示接受貴重的禮物。

解釋 (1)發現財寶是好事，但不是挖掘財寶，而只是發現財寶，所以說是初級階段的順利。

(2)有力氣爬山去挖掘財寶，身體情況當然很好。

戒指 夢象 夢見戒指。

夢兆 (1)夢見丟失或打碎戒指，是成功的象徵。

(2)如果你夢見收到一個作為禮物的戒指，顯示你將有新的重要友誼。

解釋 戒指作為禮物，當然象徵友誼的重要。

金櫃 夢象 夢見金櫃。

夢兆　得此夢，財氣耗竭。

解釋　古時櫃同匱，匱者，乏也。即匱乏之意。

金鋼鑽　**夢象**　**夢見金鋼鑽。**

夢兆　有志者事竟成。

解釋　像金鋼鑽那樣有鑽勁，萬事可成，所以說有志者事竟成。

首飾　**夢象**　**夢見首飾。**

夢兆　(1)男人夢見首飾，家庭消費巨增。

(2)男人配戴首飾，妻子或情侶會離開人世。

(3)女人夢見一個或幾個首飾，丈夫會富有。

(4)已婚女人戴金首飾，丈夫會應邀參加親戚或朋友婚禮。

(5)少女夢見戴首飾，會嫁給有錢的人家。

(6)夢見別人偷首飾，發財是不可能的。

解釋　(1)購買首飾，消費當然增加。

(2)死人入殮要配戴首飾，所以有人會離開人世。

(3)戴幾個首飾的女人，是丈夫富有。

(4)戴首飾是為了赴婚禮的宴會。

(5)有錢人家才會有首飾。

(6)偷首飾屬竊盜罪，只會坐監獄，發財當然是不可能的。

裝飾　**夢象**　**夢見裝飾。**

夢兆 (1)夢見裝飾自己的住宅或房間，則困難的日子將
　　　 要來臨。

(2)如果拒絕裝飾，則能克服困難。

解釋 (1)裝飾自己的住宅或房間，代表住宅或房間已經
　　　 破舊，這就暗示困難的日子將要來臨。

(2)拒絕裝飾，說明住宅或房間的問題不大，所以
　　　 預示克服困難。

支票　**夢象**　夢見支票。

夢兆 (1)夢到你用空頭支票去騙朋友，表示你為了實現
　　　 自己的計畫，將不擇手段。

(2)夢到接受支票，帳款都能收回來。

解釋 (1)用空頭支票騙人，當然是不擇手段。

(2)能收到支票，當然帳款能收回來。

鑽石　**夢象**　夢見鑽石。

夢兆 (1)現實中你真有鑽石，意味著你可能
　　　 會失去它。

(2)你的經濟地位不允許你有鑽石，而它出現在你
　　　 夢裡，則可能有不大的收益。

解釋 (1)時時擔心鑽石失去，所以在夢中出現，這就會
　　　 有真的失去鑽石的可能性。

(2)一直夢想有鑽石，但要真正得到鑽石是不可能
　　　 的。可是略有一點收益還是可能的，所以說有不

太大的收益。

遺產 夢象 夢見遺產。

夢兆 夢見一筆遺產，通常暗示著遺產即將到手。

解釋 夢見遺產是不常發生的，只有在確有遺產可以繼承的情況下才發生，所以說遺產即將到手。

藍寶石 夢象 夢見藍寶石。

夢兆 你的愛情生活將非常幸福美滿；如果丟掉了藍寶石，愛情將會發生變化。

解釋 藍寶石是純潔、愛情的象徵，所以說愛情生活幸福美滿；丟掉藍寶石就大不同了。

手鐲 夢象 夢見手鐲。

夢兆 男人夢見自己手腕上戴上手鐲，是很快被送進監獄的預兆或危險。

解釋 手鐲像手銬，所以預示有被送進監獄的危險。

彩票 夢象 夢見彩票。

夢兆 (1)夢見參加搖獎，生意會不順利。

(2)男人夢見抽獎，會心情懊喪、鬱鬱寡歡。

(3)女人夢見抽獎，丈夫會失去經濟來源。

解釋 (1)搖獎是沒有把握的，中獎的可能性極小，所以把它放在做生意上就會不順利。

(2)參加抽獎得不到獎，心情就會懊喪、不樂。

(3)在中國，一般婦女不參加抽獎，現在夢見抽獎

是希望得獎，這說明家庭經濟不寬裕，才會萌發發意外之財的夢想，由此可說明丈夫的經濟來源成問題。

獎金 　**夢象**　夢見獎金。

夢兆　(1)男人夢見得獎，會遭受損失。

(2)女人夢見得獎，會是一個能幹的家庭主婦。

(3)學生夢見得獎，考試會落第。

(4)商人夢見得獎，漂洋過海做生意能發財。

(5)男人夢見自己發獎金，威信大振。

(6)女人夢見自己發獎金，會得到父母的錢財。

解釋　(1)得獎的反面是損失，所以說會遭受損失。

(2)女人能得獎當然是因為這個女人能幹。

(3)學生一心想得獎，不用功，所以考試會落第。

(4)商人能得獎，說明這個商人很有辦法，所以能發財。

(5)自己能給別人發獎金，不是一般的人，所以威信大振。

(6)女人能給別人發獎金，父母喜歡，所以會給錢財。

紅利 　**夢象**　夢見紅利。

夢兆　(1)夢見你獲巨額紅利，意味著你的投資成功，而且收穫很大。

(2)如你夢見你期望很久的紅利泡湯，預言你在事業的管理方面做得不好，或是愛情會產生裂痕。

解釋 (1)獲巨額紅利，當然是好事。

(2)紅利泡湯，是事業管理不好，或在愛情上發生問題。

收入 **夢象** 夢見收入。

夢兆 (1)夢見你的財產由於收入流進來而不斷地累積，表示在現實生活中，你將欺騙某個人，並因此而惹來麻煩。

(2)夢見把工資遺失了，這表示你會過不如意的生活。

(3)夢見自己入不敷出，象徵你的親友會破費。

(4)夢見你收入的一部分能存起來，表示在短暫的時期內會非常成功。

解釋 (1)財產能不斷地流進來，一般的方法不可能速度這樣快，所以採用的可能是欺騙的手段，所以會帶來麻煩。

(2)把工資遺失了，當然會過著不如意的生活。

(3)自己入不敷出，就會向親友借貸，所以親友會破費。

(4)能有短期儲蓄，所以短期內在累積錢財方面會獲得成功。

寶藏	**夢象**　夢見寶藏。

夢兆 (1)夢見你找到了藏寶藏的地方，意味著你會受到意想不到的富豪的幫助。

(2)假如你找不到寶藏，那你別做生意，因為你將會吃大虧。

解釋 (1)找到寶藏，人人想投資，所以會有富豪的幫助。

(2)找不到寶藏，說明遭遇不佳，無論做什麼都不適合，做生意當然也是如此。

工資	**夢象**　夢見工資。

夢兆 (1)夢見收到工資，不久將會有預期不到的好運。

(2)夢見收不到工資，說明你的心情不佳。

解釋 (1)收到工資，說明正常生活能順利進行，所以說會有好運。

(2)發不出工資，生活成了問題，當然心情不佳。

水晶	**夢象**　夢見水晶。

夢兆 夢見水晶，這時能呈現出七彩的斜方晶，預示一切問題都將迎刃而解；如夢見水晶工藝品，則意味著社交上的成功。

解釋 透亮的水晶呈現七彩，七彩是美好的象徵，所以能預示一切問題都將迎刃而解；水晶工藝品，如水晶

項鏈，用來與人交往，所以暗示著社交上將獲得成功。

白玉

夢象　夢見白玉。

夢兆　夢見白玉，在金錢方面有收穫。

夢見白玉有微瑕，如果是你自己注意到的，預示你將代人受過；如果是別人指出的，則宜與有對立情緒的朋友或同事和好，否則便不可收拾。

解釋　白玉值錢，所以預示金錢方面的收穫。

白玉有微瑕，別人沒有注意到，而你注意到了，別人以為是你弄壞的，而事實並不是如此，所以預示你將代人受過。

如果是別人指出的，這微瑕就象徵是和朋友之間存在著矛盾或隔閡，應該和好如初。

古玩

夢象　夢見古玩。

夢兆　(1)表示你家庭生活幸福美滿。

(2)如你買古玩，說明你經濟上依然拮据。

(3)如果你賣古玩，不宜向別人借錢，也不宜借錢給別人。

解釋　(1)有興趣購買或欣賞古玩，只有家庭生活幸福美滿才有這樣的閒情逸致。

(2)反說法解釋。

(3)賣出古玩，所以不要向別人借錢了。如把賣古

玩的錢借給別人，也不適宜，因為你沒有錢才賣
出古玩的。

紅寶石　夢象　夢見紅寶石。

夢兆　夢到紅寶石，說明你愛得十分投入。

解釋　紅色表示熱烈，寶石表示貴重，紅寶石是送給戀人
的，所以說夢見紅寶石，說明愛得十分投入。

耳環　夢象　夢見耳環。

夢兆　對於婦女，耳環表示切忌搬弄是非。

解釋　戴上耳環，別人可能會有所議論。如果聽到這些議
論對你不利，也應正確對待，不能再搬弄是非。

項鏈　夢象　夢見項鏈。

夢兆　如果夢見項鏈，則象徵著獲得愛情；如果折斷或跌
落項鏈，那將預示家庭爭吵或愛情失意。

解釋　項鏈一般是獻給戀人的，所以夢見項鏈則象徵著獲
得愛情。

金子　夢象　夢見金子。

夢兆　(1)夢到金條、金塊等，意味著錢財來得容易去得
快。

(2)夢見金布、金衣、金鏽花以及金鑲邊，是榮譽
和聲望的象徵。

(3)尋找黃金，說明透過自己的積極努力，能夠成
功地改變不滿意的環境。

(4)探金、煉金提醒你，「發亮的東西不一定是金子」，你必須防止以貌取人的傾向。

(5)藏金意味著你不好好地保護自己的利益，你應採取積極行動。

(6)偷金或清點黃金是警告你，「金錢乃萬惡之源」，它是要付出代價的。

(7)如夢見金製品如餐具、珠寶、勳章、金幣等，預示著穩定的經濟收入。

解釋 (1)夢中得到金條、金塊，醒來就沒有了，當然意味著錢財來得容易去得快。

(2)金布、金衣是一種賞賜，金繡花以及金鑲邊一般是放在榮譽證書上的，以上這些東西都是榮譽、聲望的表示。

(3)尋找黃金，可能得到黃金，所以說透過努力能夠改變不滿意的環境。

(4)金子的外表好看，所以說必須防止以貌取人的傾向。

(5)怕金子被偷或被搶，所以要好好收藏起來，以此類比自己的利益也應這樣。

(6)黃金就是金錢，如果不務正業想要偷金錢，那麼，一旦被發現後果就不堪設想。所以說，它是要付出代價的。

(7)有這些金製品，那麼收入可觀，所以說預示著
　　有穩定的經濟收入。

|珍珠|　**夢象　夢見珍珠。**

|夢兆|　(1)夢見珍珠，預示社會地位和財富增長。

(2)珍珠丟了或珠鏈斷了，則即將倒運。

(3)如果珍珠失而復得重新串了起來，那麼損失將
　　會很小。

|解釋|　(1)戴珍珠的都是地位較高、財富較多的人，所以
　　夢見珍珠，預示社會地位和財富急劇增長。

(2)

(3)因為失而復得，或重新串起來，損失當然很小。

|銀元|　**夢象　夢見銀元。**

|夢兆|　夢見銀元，說明你將在眼前利益中走好
運。

|解釋|　將銀元賣出買入，只是在目前利益中有一些好處
（走好運）。

|綠寶石|　**夢象　夢見綠寶石。**

|夢兆|　是幸運的象徵。

|解釋|　綠色表示幸運，所以說是幸運的象徵。

|象牙|　**夢象　夢見象牙。**

|夢兆|　不論什麼樣的象牙，都是預示著你密切關心的事情
有好兆頭。

解釋　象牙是純潔的象徵，所以夢見它將會有好的兆頭。

髮夾　*夢象　夢見髮卡。*

夢兆　夢見髮夾，喻示未來幸福。

解釋　髮夾是美麗的裝飾品，使戴上它的人更加美麗，所以喻示未來幸福。

仿冒品　*夢象　夢見仿冒品。*

夢兆　如果仿冒的是別人，你正在考慮或進行一項不太光明正大的計畫或行動,宜慎重考慮，以免招致難堪;如果仿冒的是你自己，則切忌沈默不語，應找個可靠的朋友，和他（她）談談你的心事。

解釋　你能識別別人的仿冒，因為你自己可能仿冒過，所以說你在進行一項不太光明正大的計畫；如你自己仿冒，是有難言之隱，所以要找朋友談談。

合金　*夢象　夢見合金。*

夢兆　尤其是金、銀和其他金屬熔合的合金，預示你的婚姻美滿。

解釋　夫妻關係的融洽像合金一樣不能分開，所以預示婚姻美滿長久。

瑪瑙　*夢象　夢見瑪瑙。*

夢兆　瑪瑙若閃閃發亮或呈珠寶狀，則提醒別介入朋友間的不和。

| 解釋 | 爲爭瑪瑙，會引起人們之間的不和。 |

| 貝殼 | **夢象 夢見貝殼。** |

| 夢兆 | 你會有一個意外的驚喜。 |

| 解釋 | 拾到珍貴的貝殼就是一個意外的驚喜。 |

| 墜子 | **夢象 夢見墜子。** |

| 夢兆 | 夢到戴墜子、買墜子，或見到墜子，將有一段熱烈的戀愛。 |

| 解釋 | 墜子送給戀人。 |

| 傳家寶 | **夢象 夢見傳家寶。** |

| 夢兆 | 夢見傳家寶，顯示你在親屬中受尊敬、在社交界有威望、在商界同行眼中誠實可信。 |

| 解釋 | 在家、在社交界、在商界都有祖傳的法寶（本領），所以會普遍受到各界的尊敬。 |

| 奢華 | **夢象 夢見奢華。** |

| 夢兆 | 反意的夢。警告你，你的懶惰可能使別人富裕。夢中越奢華，警告越嚴重。 |

| 解釋 | 有錢才能奢華。 |

| 彩旗 | **夢象 夢見彩旗。** |

| 夢兆 | 表示成就或受到異性的青睞。 |

| 解釋 | 開慶祝會、慶功會才使用彩旗，所以彩旗可象徵成就。彩旗，女性喜歡，所以說受到異性青睞。 |

| 裝潢 | **夢象 夢見裝潢。** |

夢兆 無論裝潢什麼東西，無論在室內還是在戶外，都值得慶賀。

解釋 裝潢使東西面目一新，所以值得慶賀。

琥珀 夢象　夢見琥珀。

夢兆 夢中別人或自己收到琥珀，是有大筆橫財，或已有的損失得以彌補的象徵。

解釋 夢見琥珀是好事，所以說有大筆橫財或損失得到彌補。

編織 夢象　夢見紡織。

夢兆 (1)如果你夢見編織，你是有福氣的，家庭和樂，內心安詳。

(2)但如果你編織中漏針了，或者不得不拆散，則預示著家庭衝突。

(3)夢見非常有趣的編織物，如美麗的小鳥，或花邊類型的，預示著一個老關係的恢復，或一個新的、不尋常的關係的獲得。如果你習慣於編織，或者你是一個熟練的編織手，這種夢就沒有象徵性。

解釋 (1)編織是好夢，因編織可以編織出任何好東西。

(2)漏針、拆散，不是好兆。

(3)有趣的編織物，是各種關係綜合在一起，所以說老關係的恢複，新關係的獲得。

財產	夢象　夢見財產。
夢兆	在夢裡爭得越多，現實中得到的就越有限。
解釋	用反說法來解釋。

票	夢象　夢見票。
夢兆	無論你夢見任何一種票證，如各種彩票、請柬、入場卷等，這都是催你為自己想爭取到的東西而努力。
解釋	各種票都需要自己努力才能爭取到。

白色	夢象　夢見白色。
夢兆	這是好的象徵。
解釋	白色代表光明、和平，所以夢見白色是好的。

染色	夢象　夢見染髮，則事業成功；
夢兆	夢見染衣服或其他東西，則在社會性事務方面成功；但有一個例外，即把任何東西染成黑色，卻意味著你將因與某人脫離關係而感到傷心。
解釋	染髮、染衣服達到了滿足自己的願望，所以象徵成功；黑色表示不祥，所以說表示傷心。

黑色	夢象　夢見黑色。
夢兆	夢見任何黑色的東西，切忌言多必失、禍從口出；除非是在葬禮上看到，則預示成功。
解釋	黑色不祥，而不祥都由於禍從口出；葬禮是使死人

安葬，所以說是成功。

黃色　**夢象**　夢見黃色。

夢兆　黃色意味著從煩惱中解脫出來。

解釋　在古代黃色為吉祥色，如皇帝穿黃袍，所以可以解脫煩惱。

棕色　**夢象**　夢見棕色。

夢兆　棕色象徵錢運亨通。

解釋　古代錢幣大都是棕色，所以象徵錢運亨通。

朱紅色　**夢象**　夢見朱紅色。

夢兆　朱紅色提醒你別發脾氣。

解釋　朱紅色代表急躁，所以提醒你別發脾氣。

深紅色　**夢象**　夢見深紅色。

夢兆　深紅色預示好消息不期而至。

解釋　深紅色表示喜慶，所以表示有好消息來。

綠色　**夢象**　夢見深綠色。

夢兆　綠色預示旅行，或有消息自遠方來。

解釋　綠色表示田野，所以預示旅行，或有消息來自遠方。

灰色　**夢象**　夢見灰色。

夢兆　灰色表示有一段時間的停頓不前。

解釋　灰色表示滯呆，所以象徵停止不前。

紫色　**夢象**　夢見紫色。

夢兆	紫色暗示不得意和不愉快。
解釋	紫色表示不開朗，所以暗示不得意和不愉快。
橙色	**夢象　夢見橙色。**
夢兆	橙色暗示你想改變環境，但遲遲改變不了。
解釋	橙色表示含糊、不堅定，所以暗示遲遲改變不了環境。
粉紅色	**夢象　夢見粉紅色。**
夢兆	粉紅色象徵極大成功。
解釋	粉紅色吸引人，所以象徵極大成功。
怪色	**夢象　夢見怪色。**
夢兆	夢見怪色，那你可能消化不良。
解釋	怪色是亂七八糟的顏色，使人噁心，吃不下飯，所以說你消化不良。

六、醫藥、疾病、生死類

醫藥、清潔、衛生、疾病、手術、生死

屍體	**夢象　夢見屍體。**
夢兆	若是一具陌生人的屍體，意味著你將幸福美滿；若是一具熟人的屍體，則意味著你戀愛中的疏遠和不幸。
解釋	根據反說法，屍體代表不幸，那麼反過來解釋就是幸福。熟人比喻親近的人，屍體是冰冷的，親近人

對你冰冷，所以意味著疏遠與不幸。

| 火葬 | 夢象　夢見火葬。 |

夢兆 夢見自己被火葬，切忌受人擺佈，大事還得靠自己來判定；夢見別人被火葬，則有可能得到遺產。

解釋 死人在火葬時總是被人擺佈的，現在你夢到它，所以暗示你不能這樣，遇事要自己拿主張。

夢見別人被火葬，這「別人」可能是你的親屬，所以可能得到遺產。

| 訃聞 | 夢象　夢見訃聞。 |

夢兆 說明好消息已到門口。

解釋 此夢要從反面來解釋，所以說好消息已到了門口。

| 頭暈 | 夢象　夢見頭暈。 |

夢兆 先量一下血壓，如果正常，可能是突然迷戀上新認識的某人。

解釋 量一下血壓是表示不是高血壓引起的頭暈，因為迷戀上某人，所以想得頭發暈。

| 嘔吐 | 夢象　夢見嘔吐。 |

夢兆 不論是自己還是看到別人嘔吐，預示短期內你將遇到不太順心的事情。

解釋 嘔吐，短期內人會感到不舒服，不舒服就是不順心。

| 發燒 | 夢象　夢見發燒。 |

夢兆	(1)意即你最擔心的事情可能永遠不會發生。

夢兆 　(1)意即你最擔心的事情可能永遠不會發生。
　　　(2)夢見別人發燒,預示將有一件好事發生。
　　　(3)夢見小孩發燒,則預言你目前的願望得以實現。

解釋 　(1)發燒使頭腦昏沉或神智不清,這樣就會忘記一
　　　　切,擔心的事情也記不清了,所以意味著擔心的
　　　　事情永遠不會發生。
　　　(2)夢見別人發燒,總希望別人早日退燒和康復,
　　　　而康復是好事,所以預示將有一件好事發生。
　　　(3)一般來說,小孩發燒容易好,所以預言目前的
　　　　願望得以實現。

支氣管炎　夢象　夢見支氣管炎。

夢兆 　如果夢裡很快痊癒,則透過自身努力即可克服困難
　　　險阻。
　　　如果夢裡一直沒有康復,則趕緊去醫院檢查身體。

解釋 　支氣管炎很快痊癒了,這是好事,所以說可以透過
　　　自身努力即可克服困難險阻。
　　　沒有康復,則應去找醫生。因為夢中常見的病沒有
　　　好,則可能另有其他的毛病。

過敏　夢象　夢見過敏。

夢兆 　如夢見自己過敏,你將得到一些好消息;如夢見別
　　　人過敏,則你目前的計畫將取得豐碩成果。

解釋 　夢見自己過敏,過敏是不好的消息,但以反說法來

解釋，所以是好消息。

別人過敏，對別人是不好的，但身為另一方面的你卻是好的，所以說你目前的計畫將取得豐碩成果。

耳聾

夢象 夢見耳聾。

夢兆
(1)夢到自己失去聽覺，預示經濟上有巨大的收穫。

(2)夢見別人失去聽覺或是聾子，則你眼前的問題將得到圓滿的解決。

(3)如夢見自己千方百計去和一個聾子交流，你將在實現目的之前有一段時期的失意。

解釋
(1)和聾子是無法交流的，只有失意的人因為心裡苦悶才會這樣做，所以說有一段時期的失意。

自殺

夢象 夢見自殺。

夢兆
(1)夢見自殺，預示身體健康。

(2)夢見別人自殺，會憂慮重重。

(3)夢見妻子自殺，家庭幸福。

(4)夢見丈夫自殺，會與丈夫長期分離。

(5)夢見朋友自殺，困難時期會得不到朋友的幫助。

(6)夢見仇人自殺，仇人的勢力在增長。

(7)病人夢見自殺，身體會很快健康。

解釋
(1)用反面解釋。

(2)別人自殺，心裡難受，所以會憂慮重重。

(3)反面解釋。

(4)丈夫死了，所以會和丈夫長期分離。

(5)朋友死了，得不到朋友的幫助了。

(6)仇人自殺而沒有死，勢力反而增大了。

(7)反面解釋。

死亡 **夢象** 夢見死亡。

夢兆 (1)夢見自己死了，你將從一切煩惱中解脫出來，或大病痊癒。

(2)夢見自己跟死去的人說話，你將得到特好消息。

(3)夢到有人死去，你將得到有人出生的消息。

解釋 此三夢都用反說法來解釋。

死裡逃生 **夢象** 夢見死裡逃生。

夢兆 (1)從監獄或類似的囚禁中逃亡，你的生活將有一個大進步。

(2)從火中或水中脫險，經過一個時期的不安之後可獲成功。

(3)從辨不清的危險或威脅中逃脫，你將在社交場上或情場上春風得意。

(4)如果你在夢裡逃脫不了，則必須準備過一段令人沮喪的時期。

(5)如果你試著逃脫，但又被捕獲，那麼你將因為思考不慎而自討苦吃。

解釋 (1)(2)(3)都用直解法解釋，因為「逃亡」、「脫

險」、「逃脫」後就可以預示「進步」、「成功」、「得意」。

(4)旣然逃脫不了，那麼日子當然不好過，必然有一個令人沮喪的時期。

(5)一會兒逃了，一會兒又被捕了，這當然會自討苦吃。而這是沒有認眞思考的結果，所以說思考不愼而自討苦吃。

殺害 夢象 夢見殺害。

夢兆 (1)如果你夢見殺害某人，不管是有預謀的還是偶然的，都象徵著你正承受著幾種感情的壓力，在這種壓力下，你必須做出很大努力控制你的情緒。

(2)如果夢見你是一個殺害場面的目擊者，則表示一個你不太喜歡的變化。

(3)如果夢中看見其他人殺害昆蟲或動物，表示你將得到朋友的幫助。

(4)如果你自己殺害昆蟲或動物，則表示你透過自己的努力克服了某種障礙。

解釋 夢見殺害某人，這是仇恨某人的表示。

傷害 夢象 夢見傷害。

夢兆 (1)若是你受到傷害，預示你的經濟狀況將得到改善。

(2)若是別人受到傷害，則是提醒你當心被虛情假
　　義所傷害。

解釋　(1)用反說法解釋。

(2)別人受到傷害，受害者可能是被虛情假義者所
　　傷，而這時對他人也是一種教訓，所以說是提醒
　　你當心被虛情假義的人傷害。

墳墓　夢象　夢見墳墓。

夢兆　(1)一座堆積著鮮花的新墓，預示著諾言的背棄。

(2)荒蕪的墓，意味著傷心。

(3)掉進墓裡，是失去友誼的跡象。

(4)掘墓或夢到自己的墓，則是告誡你，暗伏的敵
　　手想挫敗你。

解釋　(1)堆積著鮮花的新墓，是有戀人或新婚者死去，
　　而一個走了一個活著，昔日的山盟海誓都拋之九
　　霄雲外，所以說預示諾言的背棄。

昏迷不醒　夢象　夢見昏迷不醒。

夢兆　看到別人昏迷不醒的夢，預示著你將
聽到疾病的消息；若你自己在夢裡昏
迷過去，最好檢查一下身體。

解釋　因為有病才昏迷不醒，昏迷不醒是有病的表現，所
以要去檢查身體。

毒藥　夢象　夢見毒藥。

夢兆
(1)夢中見到服毒藥，預示著你由於不願和解而導致與別人關係緊張。

(2)如果夢見給人毒藥，則暗示著你和朋友斷交或和戀人分手。

(3)夢見別人服毒藥，預示著儘管有競爭對手，最終你會成功。

(4)夢見扔掉毒藥，暗示著你會碰到一個騙子，使你遭受損失。

解釋
(1)不願和解，與別人關係緊張，以致想不開，在夢裡服起毒藥來了。

(2)給人毒藥，對人恨之入骨，所以暗示你和朋友或戀人的斷交或分手。

(3)對手服毒藥，即將滅亡，所以預示你戰勝對手，獲得成功。

(4)扔掉毒藥，是好事，但這並不吉利，反而會碰到騙子，遭受損失。

疤痕　夢象　夢見疤痕。

夢兆
(1)見到別人身上的疤痕，顯示你在一段時期內，情緒的上下波動很大。

(2)自己的疤痕在夢中出現，那是你良心在萌動，你將會自覺停止做一件自己認為羞恥的事。

解釋
(1)疤痕是痛苦的記錄，看到別人的傷疤，就想起

自己的痛苦，所以說在一段時期內，情緒將上下
波動很大。

(2)夢見自己的疤痕，就是夢見自己的痛處，夢見
使自己良心不安之處，所以可能會使你自覺停止
做一件自己認為羞恥的事。

疼痛　**夢象**　夢見疼痛。

夢兆　若有微痛，應去找大夫；若是劇痛，則
指將有一大事發生，並使你從中得益；
頭痛，則建議你別向任何人吐露私事。

解釋　微痛，應去找醫生，可能身上某一部位有病。

劇痛，不是身上有病的徵兆，如病已到了劇痛的地
步，那是平時早已知道的事了。這裡的劇痛是指很
大的痛苦，如事業上的創傷等。這是大事，所以說
「將有大事發生」。

劇痛是沒有好處的，但反過來卻是有好處，所以說
「你能從中得益」。

自己已經頭痛了，何必再叫人頭痛，所以別向任何
人吐露私事。

燒傷　**夢象**　夢見燒傷。

夢兆　夢見自己被燒傷，尤其是手、腿部分，你將春風得
意，但不要得意忘形。

解釋　自己被燒傷是壞事，特別是手、腿部分更是壞事，

但反而不說卻是壞事，所以說你將春風得意。

脫臼

夢象 夢見脫臼。

夢兆 如果夢到自己關節脫臼，則在考慮工作、居住地變動之前，宜精心調查研究之後再做決定。

解釋 脫臼就是脫節，這是告誡人們做事要注意不要脫節、不要不協調，所以說要精心調查研究。

減肥

夢象 夢見減肥。

夢兆 要是你在夢裡見到自己減肥成功，那你一定會在現實中有一次新的撼動人心的戀愛。

解釋 減肥一般是中年人、老年人，減肥成功了，確是一件喜事。因為苗條了，恢復青春，可能會重新談戀愛，所以說會有一次撼動人心的戀愛。

喉炎

夢象 夢見喉炎。

夢兆 夢見由於喉炎而失聲，是警告你不要冒不必要的風險。

解釋 失聲是說暫時喪失了說話能力，既然這樣，做事應小心謹慎，所以不能冒不必要的風險。

精神病

夢象 夢見精神病。

夢兆 夢見自己患精神病，意味著好消息；如果他人患病，則你將有一個不愉快的意外事情。

解釋 都可用反說法解釋。

瞎眼　夢象　夢見瞎眼。

夢兆　無論夢見是你自己或別人瞎眼，將暗示你所信任的人會欺騙你。

解釋　眼睛瞎了，看不見了，就有人會欺騙你，這包括你所信任的人在內。

癌症　夢象　夢見癌症。

夢兆　預示長壽，宜生活節制。

解釋　由反說法解釋。

開刀　夢象　夢見開刀。

夢兆　這個夢對外科醫生來說是無意義的，但是如果你不是外科醫生而夢見自己主刀，那麼，你可能遇到一些法律上的糾紛，你應把資料整理清楚。

解釋　開刀意味著遇上了麻煩，而解決麻煩或糾紛最好的辦法是打官司，所以要把資料整理好，準備打官司。

氣喘　夢象　夢見氣喘。

夢兆　夢見氣喘病，切忌大意失荊州。

解釋　氣喘病不能忽視，嚴重的會致人死命，所以不能大意。

心口發熱　夢象　夢見心口發熱。

夢兆　這個令人不悅的感覺是勸告你，不要胡亂花錢，要

有節制。

解釋　因爲心口發熱，自己不能控制，所以有可能亂花錢。

出血　夢象　夢見出血。

夢兆　夢見你自己或別人出血，說明你正處於精神或身體的極度疲勞之中，你需要休息。

解釋　出血使人極度疲勞，所以需要休息。

打呃　夢象　夢見打呃。

夢兆　這種夢通常是由於身體或器官上的不適，它告誡你不要飲酒過度。

解釋　飲酒過度會引起打呃。

打鼾　夢象　夢見打鼾。

夢兆　聽見別人打鼾，意味著與異性窘迫或不快的經驗。

解釋　打鼾會使異性難堪和不愉快。

打噴嚏　夢象　夢見打噴嚏。

夢兆　你的好朋友要和你斷交。

解釋　中國人見到打噴嚏的人就說有人掛念你，而在夢中見到打噴嚏，則從反面解釋爲好朋友要和你斷交。

外科醫生　夢象　夢見外科醫生。

夢兆　夢見外科醫生，你的職業將有所變動。

解釋　自己不是外科醫生而夢見外科醫生，說明你內心不想從事本職工作，而想從事別的

工作，如外科醫生，所以說預示你的職業有所變動。

| 白癡 | **夢象** 夢見白癡。 |

夢兆 不論夢見自己還是別人是白癡，顯示透過自己的才智，你在所有的事業上都將獲得成功。

解釋 白癡是沒有才智的，是不可能做任何事業的，但反過來解釋這個夢，就可以意味著你的才智，而且在事業上會取得成功。

| 甲狀腺腫大 | **夢象** 夢見甲狀腺腫大。 |

夢兆 自己或他人患此病，顯示你在爲明日的不必要擔憂而抑制今日的快樂。

解釋 甲狀腺腫大是可以徹底治好的，甚至第二天一早起來就好了。因此，不必要因擔憂而抑制歡樂。

| 可加因 | **夢象** 夢見可加因。 |

夢兆 夢見可卡因是醫用，則生意興旺；若是吸毒，則有痛苦的事情。

解釋 可卡因用於醫用是正當的用途，所以生意可興旺。如是吸毒，那是犯法的，所以會有痛苦的事情發生。

| 普拿疼 | **夢象** 夢見普拿疼。 |

夢兆 夢見使用這種止痛藥，預示著長期的難題突然解決。

解釋　止痛藥止住了痛，治好了痛，所以長期的難題突然解決了。

關節炎　夢象　夢見關節炎。

夢兆　顯示你的神經非常正常。

解釋　關節炎是神經受損傷，反過來，解釋為神經非常正常。

西藥　夢象　夢見西藥。

夢兆　自己服西藥，顯示你的麻煩事實上是無關緊要的；如果你給其他人服西藥，你得準備在成功之前付出艱苦的努力。

解釋　吃了藥，病就好了，病就是麻煩的東西，所以可說無關緊要；給他人服藥，需要努力工作，所以說在成功之前需付出艱苦的努力。

灰塵　夢象　夢見灰塵。

夢兆　意味著你將有一段時期的苦惱、爭吵和尷尬；如果你設法撣去，則很快消除；夢見灰塵飛揚，顯示你將面臨新的問題，只要你付出雙倍的努力，則能夠克服。

解釋　夢見灰塵染上身總是感到不愉快的，但只要努力，灰塵容易撣去，不愉快很快就會除去的。

污泥　夢象　夢見污泥。

夢兆　夢見自己身上或衣服上有污泥，預示疾病，應去醫

院檢查一下；夢見自己踩踏或掉入污泥之中，預示
處境改善。

解釋 身上、衣服上有污泥，即有不好的東西在自己身
上，這種不好的東西可能就是疾病；踩踏或掉入污
泥，說明環境不好，反過來說環境會變好。

汙跡 **夢象** 夢見汙跡。

夢兆 一般來說，任何汙跡象徵煩惱。

解釋 汙跡是不愉快的，所以象徵煩惱。

陽痿 **夢象** 夢見陽痿。

夢兆 顯示你在愛情及其他感興趣的事情上必定成功。

解釋 這是從反面來說的。

療養院 **夢象** 夢見療養院。

夢兆 自己住進療養院的夢告誡你，當心自己的身體；但
去探望療養院病人的夢，表明你現在的煩惱是無所
謂的；但如果是在療養院進行身體檢查，那會有好
的結果。

解釋 住進療養院是保養身體，所以要當心自己的身體；
去療養院探視病人，為病人而煩惱，去後病人的病
好了，所以煩惱是無所謂的；在療養院進行體檢，
發現毛病即可治好，所以說會有好結
果。

醫院 **夢象** 夢見醫院。

夢兆 夢見自己被送進醫院或住院是告訴你，你可能被某個你試圖獨自負擔的重負所壓倒，你應當尋求幫助；參觀一所醫院或在醫院供職，是吃驚的消息將要來到的象徵。

解釋 承受不住重負而生病住院，所以應尋求幫助；在醫院裡耳聞目睹的都是吃驚的消息：急救、死人等。

凍瘡 夢象 夢見凍瘡。

夢兆 預示一些讓你大為光火的事情悄然遁逝。

解釋 凍瘡，使人煩惱的事也就沒有了。

停屍間 夢象 夢見停屍間。

夢兆 夢見停屍間，預示著困難或艱巨，夢見你自己的屍體在停屍間，警告你最好關心你的身體，做全身檢查證明是有益的。

解釋 停屍間是不好的地方，所以預示困難或艱巨。因為身體有病，才會想到死，想到屍體，想到停屍間，所以做全身檢查是有益的。

狂犬病 夢象 夢見狂犬病。

夢兆 這個可怕的夢警告你，身旁存在著一個意想不到的敵人，所以摘下你玫瑰色的眼鏡，好好審視一下你四周的熟人朋友。

解釋 帶有狂犬病毒的狗雖在你身旁，但你不知道，所以存在一個意想不到的敵人。而狗是人們的朋友，因

此，就要好好審視一下你周圍的熟人朋友。

護理 　夢象　夢見護理。

夢兆 護理孩子或病人都預示著好消息。

解釋 孩子或病人身體康復了，這就是好消患。

聽診器 　夢象　夢見聽診器。

夢兆 夢見聽診器，顯示你將享受或和親密朋友一起享受你的成功帶來的巨大快樂。

解釋 使用聽診器是因為身體有毛病，本來不是好事，但反過來說，卻可以是好事，是快樂的事。

蘇打 　夢象　夢見蘇打。

夢兆 蘇打水出現在夢中，預示著透過努力工作而換回的滿足與充實。

解釋 蘇打水能使發酵時去除麥味和酸味，所以表示滿足與充實。

油漬 　夢象　夢見油漬。

夢兆 如果夢到身上或衣服上有油漬，說明你正在做某件可能會鑄成大錯的事，請你三思，別受外界壓力的影響；如果夢到油漬斑斑的盤子或罐子等，則是警告你少管閒事，即使別人請你幫忙，也別插手，宜保持中立。

解釋 身上或衣服上有油漬這是小事，但用反說法解釋就可以解釋為大事，所以說明你可能在從事鑄成大錯

的事；油漬斑斑的盤子或罐子，已不可收拾，你管也管不了，所以你要少管閒事。

喪親 夢象 夢見喪親。

夢兆 將有出生、訂婚、結婚的消息傳來。

解釋 這是用反說法來解釋的。

細菌群 夢象 夢見細菌群。

夢兆 與細菌有關的夢，說明精力充沛。

解釋 細菌沒有被殺死，相反，牠更加精力充沛。

腫脹 夢象 夢見腫脹。

夢兆 看見別人發腫，則走運；自己發腫，則有使你生氣的消息。

解釋 發腫不是好事，但反過來是好事，所以說會走運；因為生氣的消息才使自己生病而發腫的。

枴杖 夢象 夢見枴杖。

夢兆 如果放棄枴杖，則能克服重重困難；如果放不開，則你將在生活中經歷長期的奮鬥。

解釋 克服重重困難後，已經可以不用枴杖了，所以說放棄枴杖就是克服重重困難；如果離不開枴杖，那只能繼續奮鬥下去，直到能放棄枴杖為止。

斬首 夢象 夢見斬首。

夢兆 夢見自己被斬首，則成功有望；若是別人被斬首，

則成功的希望不大。

解釋　斬首的反面可解釋為成功；別人斬首，成功在別人，所以你成功希望不大。

醫生　**夢象**　夢見醫生。

夢兆　意味著你一生得以順利發展的一種象徵信號。

解釋　醫生是一種令人羨慕的職業，是好的象徵。

怯懦　**夢象**　夢見怯懦。

夢兆　你將經得起對你性格的任何考驗。

解釋　怯懦是經不起考驗，但反過來就是經得起考驗。

擔心　**夢象**　夢見擔心。

夢兆　你已經認清困難，並有勇氣克服這些困難。

解釋　擔心的人考慮得很多，所以他能認清困難，並有勇氣克服這些困難。

苦惱　**夢象**　夢見苦惱。

夢兆　苦惱越大，生活中的你將越有成功的可能。

解釋　苦惱越大，就越能想出辦法來對付苦惱，所以越有成功的可能。

貧血症　**夢象**　夢見貧血症。

夢兆　相反，你非常健康。

解釋　用反說法解釋。

注射器　**夢象**　夢見注射器。

夢兆 說明你的能力有增無減，生活充滿精力，靈感時而有之，這些都會給你帶來欣喜與滿足。

解釋 注射器是注射營養或藥物等有用的東西的，所以會給人帶來靈感、欣喜和滿足。

種牛痘 夢象 夢見種牛痘。

夢兆 預示著有好事在等著去辦。

解釋 種了牛痘不會出天花，這就是好事。

駝背 夢象 夢見駝背。

夢兆 夢見駝背是運氣的象徵。

解釋 駝背是不幸、是運氣不好，但反過來可說運氣好。

便秘 夢象 夢見便秘。

夢兆 夢見自己或別人便秘，切忌自私自利，宜多為他人著想。

解釋 便秘是阻塞、不通，為人處事不能這樣阻塞、不通，應多與人交往，不能自私自利。

急救箱 夢象 夢見急救箱。

夢兆 夢見急救箱或急救包，預言個人威信的增長。

解釋 用急救箱把別人救活，別人因此會尊敬你，由此預言個人威信的增長。

哆嗦 夢象 夢見哆嗦。

夢兆 此夢後你可獲得良好的健康狀況。

解釋 哆嗦是發抖，是有病的表現，而有病的反面是健

康，所以此夢可說你將獲得良好的健康狀況。

肺炎 **夢象** 夢見肺炎。

夢兆 夢到自己患肺炎，說明你身體不好，最好去醫院進行檢查。

解釋 患肺炎，身體不好，在夢中反映，所以要去檢查。

啞巴 **夢象** 夢見啞巴。

夢兆 夢見自己或別人是啞巴，這個時期不宜與別人談生意。

解釋 因為啞巴與人談生意有困難。

殘疾人 **夢象** 夢見殘疾人。

夢兆 夢見殘疾人，預示可能親戚或同事有求於你，宜予以幫助，猶如雪中送炭；夢見你自己成了殘疾人，宜接受任何幫助。

解釋 對殘疾人應該幫助。

藥草 **夢象** 夢見藥草。

夢兆 (1)夢見生長在花園中的藥草，尤其開著花的藥草，預示著你的生活中充滿和平與滿足。

(2)散發著芳香的藥草，預言有一個新的富有刺激性的冒險，有可能是到國外去旅行。

解釋 (1)藥草能治好病，所以預示生活的和平與滿足。

(2)散發著誘人芳香的藥草，富有刺激性，所以可能有一個新的冒險，而冒險最有刺激性的莫過於

去國外。

痂 夢象 夢見痂。

夢兆 無論你自己、別人或動物的痂出現在你夢中，都是好消息。

解釋 痂，表示傷口已癒合，這當然是好消息。

流行病 夢象 夢見流行病。

夢兆 顯示你精神上有某種不安，可能是因為身體不適造成的，該去看看醫生。

解釋 因為身體不行才造成精神不安的。

埋葬 夢象 夢見埋葬。

夢兆 毫無疑問，你將得到某人結婚的消息、或應邀參加婚禮、或聽到某人生孩子；如果夢見活埋，切忌做任何不道德的事情。

解釋 埋葬的反面是好事，所以象徵結婚、參加婚禮、生孩子；活埋是不道德的、兇殘的行為，所以不能做任何不道德的事情。

病人 夢象 夢見病人。

夢兆 自己成了病人，說明成功將推遲到來；別人是病人，你可以指望從一位朋友或親戚那兒得到幫助。

解釋 病人不能辦成功事情，所以預示成功將推遲到來；夢見別人是病人，而病人是可以得到

朋友或親戚幫助的。

| 柩車 | 夢象　夢見柩車。 |

夢兆　(1)如果僅僅夢見柩車，顯示你的負擔減輕。

(2)如夢見自己乘坐或駕駛柩車，說明責任增大。

(3)夢見自己在柩車內，則很快有一個變化將影響你的未來。

解釋　(1)柩車是送死者去火化安葬的，人死安葬了，活著的人負擔也就減輕了。

(2)護送或駕駛柩車，責任重大，所以說責任增大。

(3)自己在柩車內，說明自己死了，死而能復生，這就是新生，所以這種變化會影響你的未來。

| 破傷風 | 夢象　夢見破傷風。 |

夢兆　明確警告，你說話隨便的作風會給你招惹大麻煩。要記住，審慎比名噪一時更令人羨慕。

解釋　破傷風是受了傷，沒有及時去就醫的結果，也是隨隨便便不把破傷風當一回事的結果。因此，預示你說話不能太隨便，不然會招惹大麻煩。

| 消毒 | 夢象　夢見消毒。 |

夢兆　夢到消毒或消毒劑，即使大禍臨頭，你也有轉危為安之法。

解釋　消毒能消除細菌，所以象徵轉危為安。

| 消化不良 | 夢象　夢見消化不良。 |

夢兆　此夢通常都因縱情過度而致，節制點兒。如果還繼續這個夢，你就該去看醫生。

解釋　縱情過度是指酗酒，消化不良是病，應去看醫生。

痔　夢象　夢見痔。

夢兆　做這種痛苦難熬的夢，原因可能是由於你內分泌失調，你應當去看病。

解釋　痔是麻煩的病，必須去看醫生。

癢　夢象　夢見癢。

夢兆　這個夢說明你是個自尋煩惱的人，你別悶悶不樂，要振作起來，那麼你心情就舒暢了。

解釋　癢時自己抓自己，也就是自己找自己的麻煩。

眼科醫生　夢象　夢見眼科醫生。

夢兆　夢見有眼科大夫顯現，是你的潛意識向你發出明確警報，你未看清某一重大事件的實質。反省一下是否可能在自我欺騙，然後採取對策。

解釋　看不清事情的實質，只是因為眼睛有病。

淋浴　夢象　夢見淋浴。

夢兆　一個好夢，過去的勞動也許已被你忘卻，但對它的報酬卻突然意外地來臨。

解釋　把全身洗得乾乾淨淨，所以有好事來臨，如報酬。

繃帶　夢象　夢見繃帶。

夢兆	你周圍的人事對你將有好的影響。
解釋	繃帶對受傷者極有用，所以象徵你周圍的人事對你將有好的影響。
粘液	**夢象　夢見粘液。**
夢兆	這種討厭的分泌液是反意的預兆，象徵身體健康；如果從你的鼻子中流出，則預示著隨後的物質財富將會增加。
解釋	這都是用反說法解釋的。
閹割	**夢象　夢見閹割。**
夢兆	夢見不論是你自己或別人，還是動物被閹割，意味著你最終將排除萬難而實現目標。
解釋	閹割是失去東西，但反過來卻是得到東西，所以說能實現目標。
接種	**夢象　夢見接種。**
夢兆	夢到你接種預防疾病疫苗，意味著你目前手頭拮据，你的債權人是同情你才能與你合作的。
解釋	接種是預防疾病的好事，但反過來卻是不好，所以象徵你手頭拮据、經濟困難。
窒息	**夢象　夢見窒息。**
夢兆	夢裡感覺窒息，則你可能患氣喘病，應去看醫生。
解釋	窒息是病態，所以要去看醫生。

燙傷 夢象 夢見燙傷。

夢兆 提醒你不要在高興之餘忘乎所以，相隨而來的將是一系列的小麻煩。

解釋 燙傷以後是有小麻煩的。

救護車 夢象 夢見救護車。

夢兆 很可能會因在男女關係上不檢點而犯生活錯誤。

解釋 因為男女關係不好，出了危險所以才要救護車。

麻木 夢象 夢見麻木。

夢兆 麻木的感覺總是起源於身體外部的條件，如太緊的睡衣或是躺在有障礙位置上等；但也可能某些器官出了問題，最好去檢查身體。

解釋 麻木是病兆，所以要去檢查身體。

麻醉劑 夢象 夢見麻醉劑。

夢兆 夢見自己被麻醉得不省人事或行動不便，要當心周圍有人嫉妒你，這個人雖還不曾揪住你的錯誤，但他（她）正拼命使你犯錯。

解釋 有人嫉妒你、恨你，才希望你去麻醉開刀。

痲瘋病人 夢象 夢見痲瘋病人。

夢兆 如果夢涉及到痲瘋病人，顯示你將經歷一段困苦和挫折時期。

解釋 痲瘋病是不治之症，痲瘋病人是痛苦的。

X光　夢象　夢見X光。

夢兆　(1)它告訴你不必為自己的健康擔心。

(2)如果你夢見自己正在看自己的X光片，你就可以明白自己過去為什麼對某件事情持審慎的態度。

解釋　(1)X光能查出你的病情。如有病就可以治療，所以你不必為自己的健康擔心。

(2)因為自己的眼光像X光一樣能透視一切。

痛風　夢象　夢見痛風。

夢兆　夢中遭到這種痛苦，應去做一次體檢。

解釋　痛風是骨骼方面的病，所以要做體檢。

痢疾　夢象　夢見痢疾。

夢兆　夢見自己得痢疾，你將獲得有價值的情報；夢見別人得痢疾，你不久即將有值得慶賀的事情。

解釋　痢疾是把一切不好的東西瀉掉，所以是好夢。

割包皮　夢象　夢見割包皮。

夢兆　無論是你自己或是一個嬰孩，預示你將透過新認識的朋友而獲發展。

解釋　多餘的割去就成了新的，對人有好處，所以預示透過新認識的朋友而獲發展。

闌尾炎　夢象　夢見闌尾炎。

夢兆　預示別太過於輕信！

解釋　不要輕信闌尾炎不割不要緊。

歇斯底里　夢象　夢見歇斯底里。

夢兆　夢見他人歇斯底里，顯示你應抵制外界壓力，按照自己的判斷行事；如果你本人歇斯底里，則意味著你將從值得信賴的朋友的忠告中獲益匪淺。

解釋　別人歇斯底里發了瘋，你就不能聽他的，要有主見；你自己歇斯底里，應聽別人的勸告。

感冒　夢象　夢見感冒。

夢兆　無論是你自己或別人，感冒或著涼，宜節約開支。

解釋　因為不注意保重自己、不注意節制自己，所以才感冒的，由此引伸到經濟問題上，就應節約開支。

解毒藥　夢象　夢見解毒藥。

夢兆　夢見服用解毒藥，暗示可能會因行為不檢點而招致難堪，在個人交往上應更加謹慎。

解釋　因為行為不檢點而招致難堪，才想到服毒，才想到解毒藥的。

礦　夢象　夢見礦。

夢兆　白色或褐色的礦，顯示你的麻煩是自己造成的，稍做積極的努力便能消除。

解釋　缺礦的麻煩是自己造成的。

葬禮　夢象　夢見葬禮。

夢兆　看到或參加葬禮，顯示你有什麼喜慶的事情，可能是某人訂婚或結婚的消息；若是參加自己的葬禮，則顯示你從煩惱得到解脫。

解釋　都是用反說法解釋的。

催眠術　夢象　夢見催眠術。

夢兆　如果你被催眠，是警告你別因為過去的一個錯誤再去惹事生非。

解釋　被催眠的人一般都是有生理或心理方面問題的人，是不太正常的，所以說不要再去惹事生非。

酵母(發酵物)　夢象　夢見酵母。

夢兆　夢見此物是從意外的地方得到錢財的信號。

解釋　發酵是使物品膨脹，是能在意外之處得到錢財的信號。

漱口　夢象　夢見漱口。

夢兆　你正處在一個動盪不安的時期，盡可能想開些，以後你會體認到這段挫折對你非常有利。

解釋　漱口時動盪不安，但對口腔有好處。

縫口　夢象　夢見縫口。

夢兆　這個夢是對你花銷過大的提醒，因為不久你就會有一些意想不到的需求。

解釋　把裂口縫起來，因為裂口太大了，裂口大表示花銷過大。

瘤 夢象 夢見瘤。

夢兆 一個奇怪的預示，它揭示你將贏得新的快樂。

解釋 把瘤切除了就獲得新的快樂。

腐爛 夢象 夢見腐爛。

夢兆 無論是什麼物質腐爛，是在告訴你，暴風雨就要來臨。

解釋 腐爛將被暴風雨洗滌。

樟腦 夢象 夢見樟腦。

夢兆 切忌豔遇或亂搞男女關係，否則，你將處境難堪。

解釋 樟腦氣味難聞，人人討厭，如亂搞男女關係一樣。

癱瘓 夢象 夢見癱瘓。

夢兆 不管是你自己癱瘓，還是他人癱瘓，都是感情矛盾或性抑制的表現。

解釋 因為癱瘓行動不便，便會帶來感情上的矛盾和性的不滿足。

嘶啞 夢象 夢見嘶啞。

夢兆 自己和他人聲音嘶啞，說明你周圍存在不和勢力，你將不得不做出決定，以保護你的財產。

解釋 嘶啞就是不平順、不調和，所以說存在不和勢力。

擦拭 夢象 夢見擦拭。

夢兆 夢見自己擦拭炊具或食具，預示有苦惱。

解釋 擦拭是高興的事，但反過來就是煩惱事。

| 薄荷 | **夢象**　夢見薄荷。 |

夢兆　薄荷，這種芬芳的美味香草象徵著幸福。

解釋　薄荷清涼可口，所以象徵幸福。

| 目中有血 | **夢象**　夢見目中有血。 |

夢兆　眼中流血，為人子者夢此，為泣血之兆；為人父母者夢此，死於非命。

解釋　眼中流血，是悲痛之極，所以為人子者喪父母才如此；為人父母者，眼中流血，性命難保，所以說將死於非命。

| 生病 | **夢象**　夢見生病。 |

夢兆　(1)夢見自己生病，預示稱心如意；夢見熟人或朋友生病，那人則有好消息。

(2)如夢見得了性病，意味有人指責你的人品，別太狂妄。

解釋　(1)從反面解釋。

(2)有性病確是人品不好，所以不要太狂妄。

| 灌腸 | **夢象**　夢見灌腸。 |

夢兆　意味著一個短暫的不幸卻帶來長久的利益。

解釋　灌腸暫時痛苦，但對身體長遠有益。

| 癲癇 | **夢象**　夢見癲癇。 |

夢兆　夢見別人發癲癇，不宜再提攜他人，應果斷辭退那些依賴你的人；夢見自己發癲癇，你將因為被你信

任的人欺騙，而有犯法的危險，要千萬當心。

解釋 夢見此病都是不祥。

麝香 夢象 夢見麝香。

夢兆 麝香的香味是一椿新的愛情事件的象徵。

解釋 麝香的香味代表愛情。

殉難者 夢象 夢見殉難者。

夢兆 夢見你是一個殉難者是警告你，貪婪使別人疏遠你。

解釋 殉難者是無私的、是不貪婪的，所以此夢告誡你不要貪婪。

七、人物、人事、政治類

人物、交往、親朋、戀愛、婚姻、喜怒哀樂、政治、修養、文明。

小丑 夢象 夢見小丑。

夢兆 你將很苦惱，因爲你的無意之舉不斷被誤解。換換同伴，可能會好些。

解釋 做小丑是引人發笑，而這種笑不是自願的、發自內心的，所以很苦惱；換換同伴，新同伴可能會瞭解你，所以可能你的苦惱會好些。

木匠 夢象 夢見木匠。

夢兆 這是好的象徵。無論你自己是木匠，還是看到或雇

用木匠，你將得到愛情、尊敬或財富。

解釋 木匠有一技之長，好的木匠就像藝術師，到處受人歡迎，所以他能得到愛情、尊敬和財富。

天文學家 夢象 夢見天文學家。

夢兆 夢見這種人物，宜在實現雄心壯志時堅韌不拔，切忌半途而廢。

解釋 天文學家都是孜孜不倦、堅韌不拔，而從不半途而廢的。

不服從 夢象 夢見不服從。

夢兆 出現這種夢境，預示你在生活中將很難做出決定。在一些重大問題面前，先聽聽人家的意見、人家的經驗之談，然後再做決定。

解釋 應該服從，可是在夢中你卻不服從，說明你還在猶豫不決，在夢中都想這件事。所以預示你在生活中碰到難事，很難做出決定。

不和諧 夢象 夢見不和諧。

夢兆 如果這不和諧的表現形式是爭論、爭吵或不友好氣氛，你將聽到離婚或斷絕戀愛關係的消息。

解釋 男女之間不和諧當然只能離婚或斷絕戀愛關係了。

不期而遇 夢象 夢見不期而遇。

夢兆 伴隨著這種夢，意味著你將獲得意外之財，如果你

想碰一下運氣，這是一個大好的時刻。

解釋 不期而遇就是意外的運氣，運氣好可能會發財。

歷險 **夢象** 夢見歷險。

夢兆 歷險時很愉快，那你會遇到高興的事；如果不愉快，就會遇見不高興的事；如果夢中歷險使你產生犯罪感，你可要千萬當心！

解釋 因為你白天有愉快的事，才會在夢中反映出高興的事；不愉快也是這樣；如果在夢中見意外之財就想占為己有，這可以告訴你在白天不能這樣，否則是危險的。

文件 **夢象** 夢見文件。

夢兆 夢見商務的或法律的文件，宜忌投機；如果是在公證人或律師的辦公室裡，則經濟收入將有增加，可能得到遺產。

解釋 商務、法律方面的文件是嚴密的，容不得投機取巧；在公證人或律師辦公室裡，則是去整理文件、檢索文件，所以經濟收入可能增加，或將得到遺產。

無知 **夢象** 夢見無知。

夢兆 若是他人無知，你肯定會遭到一位你所信任的人的打擊；若是自己無知，你將得到應得的讚揚。

| 解釋 | 不是你熟悉信任的人，你是不會發現他無知的，而一旦你發現了他的無知，那他將惱羞成怒，就會打擊你；若是自己無知，別人還以為你謙虛，所以反而讚揚你。 |

僕人　夢象　夢見僕人。

夢兆　夢見自己當僕人的夢，顯示雖然好事多磨，但終究會有喜訊傳來；而雇用僕人的夢則顯示你的經濟正在逆轉。

解釋　當僕人是暫時的，經過暫時的磨練，事情就好辦了；雇隊說明自己的經濟實力在加強，經濟已有所好轉。

分離　夢象　夢見分離。

夢兆　這也可以從反面去解析，預示你和你愛戀的對象將達成新的共識。

解釋　夢可以反過來解釋，所以分離解釋成重逢或達成新的共識。

豐富　夢象　夢見豐富。

夢兆　如夢見你有一樣非常豐富的東西，那提醒你要養精蓄銳，保存物力和財力；如夢見你有許多東西，且樣樣充足，這是一種豐富美好的象徵。

解釋　東西既然很豐富，所以要好好保存，不能浪費；而在精神上也應有這種準備，要養精蓄銳，保持充沛

的精力。

少女

夢象　夢見少女。

夢兆　出現少女的夢其含義隨你周圍的環境而定。夢見你自己的女朋友，如果你有一位女朋友，這是一種愉快的象徵；否則，它暗示財物上的困境或地位的下降；夢者是女性，如夢見自己變成少女，則象徵重新獲得喪失的社會地位。

解釋　有女朋友，所以是愉快的；沒有女朋友，說明你的財力、地位不能吸引女方，所以預示你在財物上的困境或地位的下降；自己是女性又夢見自己變成少女，這是想失而復得，所以象徵重新獲得失去的社會地位。

土匪

夢象　夢見土匪。

夢兆　如果你遭土匪攔劫，你的消化系統恐有毛病；如果別人遭攔劫，則你有可能正想採取一個不正當的行為，因此千萬要警惕。

解釋　有些消化系統的毛病是由於驚嚇而產生的，而土匪攔劫，這種驚嚇不小，所以說可能消化系統有毛病；見別人遭攔劫，好似不費吹灰之力，你也想試一試，這是十分危險的念頭，要千萬警惕。

鄉思

夢象　夢見鄉思。

夢兆　喻示你將得到一位異地朋友的消息。

| 解釋 | 鄉思是對故鄉的思念，思念中會想到故鄉的朋友，所以預示遠方的朋友有消息來。 |

丈夫	夢象　夢見丈夫。
夢兆	夢見丈夫對你好，你要提高警惕；夢見丈夫對你不好，你應該高興；夢見第三者，你要有信心，丈夫會回到你身邊的。
解釋	有些夢可以反過來解釋，所以夢見好就是壞，夢見壞就是好。上面這三種夢兆，就可以這樣解釋。

習慣	夢象　夢見習慣。
夢兆	如果你的夢以諸如抽煙、飲酒和咀嚼等個人生活習慣爲特徵，那麼，你可能在有用的社會關係方面遇到麻煩。
解釋	抽煙、飲酒和咀嚼等如果成爲習慣，那麼這是些不良的習慣，而不良的習慣只會給人帶來麻煩。

弓箭手	夢象　夢見弓箭手。
夢兆	你如果現在還是單身，預示很快便會找到合適的伴侶。
解釋	弓箭手是專門射箭的，而射箭象徵得到愛情，所以說你很快會找到合適的伴侶。

| 專家 | 夢象　夢見專家。 |
| 夢兆 | 不論這個專家是你自己還是別人，預示你將得到某件你認爲已經喪失的東西。 |

解釋　專家是有專門特長的人，所以在他專業範圍內，他想得到的東西，一般都能得到的，包括已經失去的東西。

水手　夢象　夢見水手。

夢兆　夢見自己做水手，顯示你對現有生活不滿意，你需要點兒新鮮的刺激，比如到外地度假等；夢見岸上的水手，暗示你新的戀愛興趣；關於出海的水手的夢，將會帶給你一些關於遠方的消息。

解釋　水手生活單調，所以需要新的刺激；水手漂泊不定，而上岸的機會又少，所以找對象、談戀愛不容易，為了更快地找到對象，所以只能經常產生新的戀愛興趣；出海到遠方，當然有有關遠方的消息。

生日　夢象　夢見生日。

夢兆　夢見自己或別人過生日，或夢見生日禮物，皆有好消息。

解釋　因為過生日和生日禮物都是高興的事、都是好消息。別人也來祝賀，所以有好消息。

公證人　夢象　夢見公證人。

夢兆　夢見公證人，預示著你在財物上突然有意想不到的需求，此時你最好避免一切不是要的花費。

解釋　公證人公證的大都是財物方面的事，這就誘發了你需求財物的欲望，這當然未嘗不可。但最好是你能

節省花費，這樣更實際些。

藝術家 夢象 夢見藝術家。

夢兆 如夢見藝術家作畫，說明你在爲一些無聊的事浪費時間；如你自己作畫，宜重新審查你要做的一件較大的事。

解釋 見別人作畫，你從頭至尾地去看，浪費了你的時間；自己作畫，應仔細考慮，不然畫不好，所以預示你要重新審查你要做的一件較大的事。

反常 夢象 夢見反常。

夢兆 夢見任何反常的事物，如一匹長羽毛的馬、一位像袋鼠般併足跳的人、一架倒駛的飛機等等，意味著你將很快找到解除煩惱的辦法。

解釋 夢見反常所以能找到解除煩惱的辦法，這是由於一般的方法不能解除煩惱，只有「反常」的方法，即特殊的方法才能解除煩惱。

反感 夢象 夢見反感。

夢兆 夢中對人不友好，是向你提供你親密的同事背信棄義的信號。

解釋 因爲你對人不友好，引起了同事的反感，所以才有可能背信棄義。

爭鬥 夢象 夢見爭鬥。

夢兆 爭鬥的夢是關於健康狀況的一個反夢。如健康狀況

好，夢見爭鬥，健康狀況會變壞。

解釋 爭鬥所以在夢中出現，這是由於本身健康有某些問題的反應，這是由於夢中情緒不寧的反應。而健康只有兩種可能，一種向好的方向發展，一種向壞的方向發展，所以說是健康狀況的一個反夢。

不幸 夢象 夢見不幸。

夢兆 (1)如你能從不幸中挺過來，是一種好的象徵。

(2)如果夢見愛情上的不幸，則生活中切忌無聊的閒言閒語。

解釋 (1)能從不幸中度過來，當然是一種好的象徵。

(2)有些愛情的破裂，主要是有人搬弄是非，而這些人所以能搬弄是非，在於夢者本身的閒言閒語，所以切要改掉這一缺點。

巴結 夢象 夢見巴結。

夢兆 (1)夢中很少出現你平時很尊重的人反過來尊重甚至巴結你。果真有些事在你夢中出現，說明你是一個眼高手低只會耍嘴皮子的人。

(2)闊別多年的老朋友在夢中討好你，說明你很有前途，你的生活將會過得不那麼輕鬆。

(3)如果你在夢中討好別人、巴結別人，那你可能是想的不少、得的不多的那種人。

解釋 (1)本來是你尊重的人倒過來巴結你，這是不可能

的，實際是你想巴結他。而巴結就要耍嘴皮子，所以說你可能是一個會耍嘴皮子的人。

(2)你朋友在夢中討好你，說你很有前途，這只是在夢中，所以說在實際生活中你過得並不輕鬆。

(3)在夢中討好人、巴結人，想得到別人的好處，但由於在夢中，所以只是想的多、得的並不多的人。

勸告

夢象　夢見勸告。

夢兆

(1)如夢見自己勸告別人，應避免與朋友爭吵，以防絕交。

(2)如夢見自己接受別人的勸告，你將結交新的朋友，而他們對你將會非常有益。

解釋

(1)勸告應心平氣和，不能急躁、不能爭吵，這樣才能說服別人。如在勸告中和人爭吵，那麼就有可能朋友和你絕交。

(2)自己能接受別人的意見，那就可能會結交新朋友。因為你比較虛心。

友情

夢象　夢見友情。

夢兆

夢裡有真摯的友情，顯示你和朋友們相處極好。

解釋

朋友之間有真摯的友情，當然和朋友相處極好。

醜陋

夢象　夢見醜陋。

| 夢兆 | 對醜人來說是好夢。 |

| 解釋 | 為什麼是好夢呢？這是因為夢見自己長相醜陋，就要培養更開放、更開朗的性格，用性格上的優點來克服外表上醜陋，所以說對醜人來說是好夢。 |

力大無比　夢象　夢見力大無比。

| 夢兆 | 這表現了你有眼高手低的缺點。 |

| 解釋 | 力大無比的反面是眼高手低。 |

乞丐　夢象　夢見乞丐。

| 夢兆 | 如夢見自己在乞討，或施捨給乞丐，你應得到出乎意料的幫助；若拒絕了乞丐，則你所信任的某一個人將令你失望。 |

| 解釋 | 施捨給乞丐，或接受施捨，這是得到幫助，所以你才有可能得到出乎意料的幫助；你拒絕了乞丐，也即不肯幫助別人，別人也就不幫助你，所以你所信任的某一個人將令你失望。 |

父母　夢象　夢見父母。

夢兆	(1)如果你父母已故而你夢見他們與你講話，那麼多半會有重要消息。
	(2)有關你母親的夢，預示你的生活是幸福的；關於你父親的夢預示著你在事業上的進步。
	(3)夢見你自己做父母（如果你還不是），則是在告訴你，你認為無望的事有了轉機。

解釋 (1)有重要事情需要求助，最好是和父母商量，於是在夢中就出現了父母跟你講話，所以此夢可解釋為有重要消息告訴你。

(2)一般來說，父親象徵權力，母親是愛的代名詞。所以夢見母親就表示生活充滿愛、充滿幸福；夢見父親象徵事業上會成功。

(3)自己不是父母，卻夢見做了父母，而自己渴望做父母又是日夜思念的，而現在在夢中實現了，所以象徵一件無望的事有了轉機。

打人 **夢象** 夢見打人。

夢兆 夢見打朋友或心愛的人，或被朋友或心愛的人打，是家庭處境良好的象徵；如果打不認識的人，或被不認識的人打，則宜迅速解決家庭矛盾。

解釋 打人是壞事，如用反說法解就是好事，所以象徵家庭處境良好。

這不認識的人和家庭有糾葛，所以發生衝突，解決的辦法就是先排除自身家庭的矛盾，因為外部的矛盾是由於內部的矛盾引起的。

飛行 **夢象** 夢見飛行。

夢兆 如果你成功地在較低或中等的高度飛行，你將不太費力地達到你的目標。

如果你企圖達到更高的高度，則提醒你不要眼高手

低，你得調整一下目標。

解釋 飛行代表野心或雄心。因爲飛行高度不太高，所以可以不太費力地達到目標。

如果想飛得更高，需要調整目標。

饑餓 **夢象** 夢到饑餓。

夢兆 夢到自己饑餓，表示前途光明；別人饑餓，表示財運亨通。

解釋 夢到自己饑餓，就是窮途末路，從反面來解釋就是前途光明；別人饑餓，是沒有錢，所以才挨餓的，從反面來解釋就是財運亨通。

開除 **夢象** 夢見開除。

夢兆 (1)夢到自己被開除，切忌怠忽職守。

(2)若是夢見別人被開除，則應重新考慮你正打算與某人斷絕關係，如果不得不這樣，考慮一下先別理他（她），否則你會後悔的。

解釋 (1)開除可能是因爲怠忽職守，所以說切忌怠忽職守。

(2)開除就是斷絕，而且是毫不猶豫的。和別人的關係也是這樣的，某些關係的斷絕，也應該像開除一樣毫不留情，免得以後後悔。

訂婚 **夢象** 夢見訂婚。

夢兆 無論是夢見訂婚或是退婚，象徵著有家庭和戀愛方

面的麻煩。

解釋 訂婚到結婚尚有一段路程，是麻煩事，退婚給雙方帶來諸多不愉快，也是麻煩事，所以說將有家庭和戀愛方面的麻煩。

頭獎 **夢象　夢見頭獎。**

夢兆 (1)夢見自己中頭獎，實則不然，你應準備度過一段工作艱辛而報酬微薄的時期。

(2)夢見別人中頭獎，顯示你可以得到某個你所需要的東西，而付出的努力卻比你想像的要少。

解釋 (1)夢見別人中頭獎，對你來說不是好事，但反過來說，卻是好事，所以你可以得到某個你所需要的東西。

出國 **夢象　夢見出國。**

夢兆 夢見坐飛機出國，意味著你不久將結識一位有影響力的新朋友；夢見在國外，預示一種不安定，可能要考慮遷居。

解釋 出了國，當然會交到對你有影響力的朋友；夢見在國外，就是一種遷居想法的反映，所以說預示不安，要考慮遷居。

失敗 **夢象　夢見失敗。**

夢兆 夢的含義恰恰相反，如你堅持到底，你所要做的事定能成功。

解釋 反說法。爲什麼說是反說法可以解釋，因爲夢是客觀現實的歪曲的反映。

老師 **夢象** 夢見老師。

夢兆 若你在夢中見到從前的老師，而且曾經體罰過你，預示你將發生不愉快的事。

夢見自己是老師，這個夢就是在對你說你須嚴格控制意願，做事要仔細謹慎，不能魯莽。

解釋 老師在從前曾體罰過你，這一不愉快的記憶留在你的潛意識裡，現在顯現了出來，所以說預示你將發生不愉快的事。

老師爲人師表，自己成了老師，所以嚴格要求自己，做事要注意影響力、要三思而行，不能魯莽從事。

爭吵 **夢象** 夢見爭吵。

夢兆 (1)顯示你和別人將達成完好的協定。

(2)如果你夢見和生人吵架，意味著你很快要搬家。

解釋 (1)用反說法解釋。

(2)夢見和生人吵架，已經沒共同語言，無法相處下去，而這生人是包括鄰居在內的，所以意味著你很快要搬家。

名字 **夢象** 夢見名字。

夢兆 (1)如你夢見記不住自己的名字，或記不住你熟悉

的某個人的名字，警告你警惕一樁你難以判斷的不正當的事件的發生。

(2)被人叫錯你的名字，預示著個人生活中將遇到困難，但最終將得到解決。

解釋 (1)糊塗到連自己和熟人的名字都記不住，說明判斷能力已經很差，所以說一樁你難以判斷的不正當的事件將發生，而你還搞不清楚，這就要求你要提高警惕。

(2)

任命 **夢象** **夢見任命。**

夢兆 如果你被任命負責某種任務，可能在一段時間內你同情某人的遭遇。

解釋 如果你做了負責人，對下屬中的某人的遭遇當然會同情。

負擔 **夢象** **夢見負擔。**

夢兆 這是成功的象徵，你可能職務上得到晉升。

解釋 負擔加重了，就是職務上晉升的結果。

拋棄 **夢象** **夢見拋棄。**

夢兆 (1)如果你夢到你拋棄某種變質了的東西，你將得到進財的佳音。

(2)如果你拋棄一位你親近的人，則意味著麻煩。

(3)如果你看到別人拋棄任何東西，你將得到對你

來說非常重要的消息。

(4)如果是你自己被拋棄，那麼你將從困境中很快振作起來。

解釋 (1)親近的人是不能被拋棄的，拋棄了會有麻煩。

遲到 夢象 夢見遲到。

夢兆 (1)如夢見你遲到了，這是告訴你不要空許你無法實現的諾言。

(2)如夢見其他人遲到，要避免財政上的困難。

解釋 (1)遲到是不守信用，所以象徵空許無法實現的諾言。

(2)他人遲到，也是不守信用，由於不守信用會給你帶采財物上的損失。

吵鬧聲 夢象 夢見吵鬧聲。

夢兆 (1)如果夢中聽到嬰兒哭鬧，顯示你心裡有些厭煩。

(2)如果是汽車馬達或其他嘈吵雜聲，告訴你將面臨一些小煩惱。

解釋 (1)為什麼人夢中出現嬰兒哭鬧聲呢？這是大人在白天對嬰兒哭聲討厭的反映，所以說你JU裡有些厭煩。

(2)白天給汽車馬達或其他聲音吵鬧，所以在夢中才會出現這些聲音。

困難 夢象 夢見困難。

夢兆 夢裡遇見困難越多越大，則現實中遇到的困難越少越小。

解釋 可用反說法解釋。

懷疑 夢象 夢見懷疑。

夢兆 (1)如果你在夢中懷疑什麼，則在現實生活中不必多慮。

(2)如果你受到懷疑，你則應有耐心，以克服道路上的障礙。

解釋 (1)用反說法解釋。

(2)受到懷疑，一時解釋不清楚，則要有耐心等待，以克服前進道路上的障礙。

寵愛 夢象 夢見寵愛。

夢兆 (1)夢見自己得寵，預言地位損失。

(2)夢見自己施寵給別人，則預示著威望的提高。

解釋 (1)用反說法解釋。

(2)施寵給別人，別人感謝，威望當然會提高。

責打 夢象 夢見責打。

夢兆 (1)夢見自己被責打，將有值得驕傲的事情。

(2)夢見自己責打別人，則有少許失意。

(3)如夢見小孩被責打，則你應去檢查一下健康狀況。

解釋 (1)用反說法解釋。

(2)責打別人是錯誤的，同時別人可能會報復，這
對你不利，所以說可能有少許失意。

(3)

抽泣 **夢象** 夢見抽泣。

夢兆 在夢中夢見抽泣、嗚咽，好消息即刻就到。

解釋 用反說法解釋。

威脅恐嚇 **夢象** 夢見威脅恐嚇。

夢兆 千萬要放棄眼前正在進行中的任何投機取巧的行
徑。

解釋 投機取巧的人總感到心裡有些害怕、擔心，所以常
常會做一些害怕的夢，威脅恐嚇就是其中之一。

恭維 **夢象** 夢見恭維。

夢兆 不管是你恭維別人，還是別人恭維
你，千萬當心不誠摯的夥伴。

解釋 恭維就是不誠摯，恭維的人就是不誠摯的人。

離婚 **夢象** 夢見離婚。

夢兆 (1)對於已婚者，你的配偶忠誠可靠。

(2)對於單身者，你可能會濫用感情。

解釋 (1)用反說法解釋。

(2)離婚者一般是感情不專一，所以說可能會濫用
感情。

| 辱罵 | 夢象 | 夢見辱罵。 |

夢兆 夢見有人辱罵自己，意味著要和人發生齟齬。

解釋 總是因為和人發生齟齬，才可能發生辱罵之事。

| 喊叫 | 夢象 | 夢見喊叫。 |

夢兆 (1)夢見自己大喊大叫，災禍降臨。

(2)女人夢見自己喊叫，丈夫或孩子會生病。

(3)商人夢見喊叫，生意會大虧損，甚至破產。

解釋 (1)由於災禍，才吃驚得大喊大叫。

(2)丈夫或孩子生病，才害怕得喊叫。

(3)因為大虧損，所以才急得跳腳，才喊叫。

| 愉快 | 夢象 | 夢見愉快。 |

夢兆 (1)夢裡有泛泛的愉快感覺，而沒有明確的理由，預示你將在個人問題或社會方面有些許不如意。

(2)夢中情景愈是不愉快，預示你愈會得到極大的愉快。

解釋 (1)泛泛的愉快感覺就是小小的愉快，照理說在個人問題和社會方面有小小的得意，現在卻成了些許不如意，這是從反面來解說夢的。

(2)夢中愉快，反而能預示更大的愉快，這也是從反面來說的。

| 打架 | 夢象 | 夢見打架。 |

夢兆 (1)對於商人，意味著計畫的變動；對於雇員，意味著工作變動。打架的結果可以說明變動的成功或失敗。如果商人打贏，則計畫變動成功；反之失敗。雇員打贏，則工作變動成功；反之失敗。

(2)夢見別人在打架，則告誡你，別把時間和金錢浪費在無聊的玩樂上。

解釋 (1)打架是衝突的爆發，在打架中輸贏未定，所以打架是一種變動。

(2)看人打架當然無聊，所以告誡不要把時間和金錢浪費在無聊的玩樂上。

失望 *夢象　夢見失望。*

夢兆 (1)夢見自己心灰意冷，生活會幸福。

(2)未婚男女夢見情緒低落，不久要結婚。

(3)商人夢見灰心喪氣，不久能發財。

(4)囚犯夢見自己破罐破摔，會被釋放。

(5)學生夢見萬念俱灰，能通過考試。

(6)病人夢見意志消沉，會臥床不起。

(7)妻子夢見垂頭喪氣，家裡會吵架。

解釋 (1)～(5)都是從反面來解釋的。

(6)意志消沉，病不見好，所以會臥床不起。

(7)妻子心情不好，垂頭喪氣，稍不如意就吵架。

| 歡快 | **夢象**　夢見歡快。 |

夢兆　(1)夢到一種歡快的氣氛，或在正當場合感到歡快，顯示家庭幸福。

(2)若是因為復仇或在一個不應該的時候，則你要注意行為的檢點。

解釋　(1)歡快的氣氛在任何場合都是好現象，所以顯示家庭幸福。

(2)越軌的輕舉妄動是不好的，所以要注意行為的檢點。

| 歡呼 | **夢象**　夢見歡呼。 |

夢兆　(1)夢見自己在歡呼，你將會因一時衝動而後悔不已。

(2)夢裡聽到別人在歡呼，謹防鋪張浪費。

解釋　(1)夢見自己歡呼，這可能是一時衝動，所以要注意節制，以免造成後悔。

(2)聽到別人歡呼，更要注意辨別真假，要注意實事求是，要反對誇大其辭。

| 安靜 | **夢象**　夢見安靜。 |

夢兆　夢見極其安靜的環境，預示著你將遭受一次情感上的打擊。

解釋　安靜的反面是不安靜，所以預示將遭受一次感情上的打擊。

自卑 夢象 夢見自卑。

夢兆 如果你在夢裡感到自卑，恰恰相反，你將因為某種成就而得到公認。

解釋 自己感到自卑，這是謙虛，相反，成就是很大的。

懺悔 夢象 夢見懺悔。

夢兆 (1)夢見別人在懺悔，應當心上當受騙而出賣機密。

(2)夢見自己在懺悔，預示環境的改善。

解釋 (1)別人的懺悔可能是假的，所以要當心上當受騙而出賣機密。

(2)自己的懺悔真實可靠，要為改變所懺悔的事情而努力，而環境可能是其中之一。

成功 夢象 夢見成功。

夢兆 成功出現在夢中，將預示你在近期裡會使你的努力與計畫兌現。但這只是短期的預示，切不可長久地掉以輕心。

解釋 由於努力，所以成功會出現在夢中。之所以是短期的，因為這畢竟是在夢中，而夢只能是瞬息的、短期的。

人 夢象 夢見人。

夢兆 出現以人類為特徵的夢，是由於過度勞累造成的神經緊張的表現。它提示你要麼放慢生活節奏，要麼休假。

| 解釋 | 人生活得特別累，人與人之間的關係特別緊張，特別是資本主義社會更是這樣。所以說夢見人是過度勞累造成的神經緊張的表現。 |

入會	夢象　夢見入會。
夢兆	夢見加入任何學會或協會，應提防你的助手中間就有你強而有力的對手。
解釋	學會、協會雖是學術機構，但一直就是爭論十分激烈的地方，所以有人超越你、和你爭論，成爲你的有力的對手，應該是正常現象，是在入會時就應考慮到的。

入會式	夢象　夢見入會式。
夢兆	夢以入會儀式爲特徵，象徵著社交中的愉快時光即將來臨。
解釋	參加入會儀式是一種重要的社交活動，如開幕、開業、剪彩，也是十分愉快的社交活動，所以預示它的來臨。

四胞胎	夢象　夢見四胞胎。
夢兆	預示會遇到較大的困難，但很快就會克服的。
解釋	四胞胎突然降臨，會給家庭帶來較大的困難，但孩子長大了，困難也就會很快克服了。

| 出生 | 夢象　夢見出生。 |
| 夢兆 | 夢見生孩子即有喜訊；如果夢見動物出 |

生，意味你將擊敗任何侵犯你利益的人。

解釋 生孩子是喜事，所以意味著有喜訊傳來；動物出生，爲了保護幼患，必須擊敗任何的侵犯者。

出差 夢象　夢見出差。

夢兆 出差預示工資的增加；但夢中的出差若是自費的話，則預示著得到出乎意料的禮物或難以想像的滿足。

解釋 出差是爲了發展業務，業務發展了，收入（工資）就會提高；自費出差，一般是尋親訪友，所以會有意外的禮物給你，或使你感到十分滿足。

主人 夢象　夢見做主人。

夢兆 夢見自己是個禮貌周全的主人，表示你的狀況將得到改善；如果你做得很勉強，你的計畫將要改進。

解釋 做主人做得很好，有禮貌，考慮問題周到，表示你的狀況比過去有了進步；如果做主人做得很勉強，說明你有的地方不令人滿意，還需要改進。

主意 夢象　夢見出主意。

夢兆 夢裡想出一個了不起的主意是預示著挫折；除非你醒來時還記得，你才會有不同於一般的好運。

解釋 了不起的主意應該是成功的，但反過來可以解釋爲失敗、挫折；醒來還記得是個好主意，這好主意可以實施，如成功，就會有不同於一般的好運。

| 打擾 | 夢象　夢見打擾。 |

夢兆 夢見自己或別人被打擾，是個人遇到麻煩的象徵。

解釋 被打擾就是遇到麻煩。

| 打碎東西 | 夢象　夢見打碎東西。 |

夢兆 如果夢見打碎或已經打碎和毀壞了的東西，你將在一段時期裡庸庸碌碌；打碎了的眼鏡，表示你原以為失敗之處卻是成功之處；骨折預示你將獲得意想不到的饋贈物。

解釋 已碎的東西不能有什麼大用處，所以比喻為一段時期裡的碌碌；打碎眼鏡或骨折本是壞事，但「不破不立」，所以說是「成功之處」或「饋贈物」。

| 打賭 | 夢象　夢見打賭。 |

夢兆 自己與人打賭，你的觀點可能會發生變化；看到別人在打賭，預示你將會有不幸的事發生。

解釋 賭輸了，當然看法會改變；有的打賭很殘酷，所以說有不幸的事將要發生。

| 發號施令 | 夢象　夢見發號施令。 |

夢兆 如果你發命令，別人服從，你的生活將有大進展；如果別人拒絕服從，或不當回事，宜避免與有權有勢的朋友發生摩擦；如果發命令的不是你，其含義也一樣。

解釋 別人服從你的命令，把事情辦好，事情辦好後，經

濟收入增加，那麼你的生活就將會有很大進展；如果別人不重視或拒絕服從你的命令，這可能有人從中作梗，所以不要再和一些人發生摩擦，以免矛盾進一步深化。

失蹤 夢象 夢見失蹤。

夢兆 夢見自己、別人，或其他物體像變戲法般地失蹤，你將面臨一大堆問題，但你並不為之難倒。

解釋 東西不見了、失蹤了、找不到了，當然會帶來一大堆問題，但失蹤的東西終究會找到的，所以最終不會把你難倒。

外國僑民 夢象 夢見外僑。

夢兆 夢見自己成為外國僑民，你將結識新朋友；如夢見自己遇見外僑並與之交往，則你的生活將有大變化。

解釋 在國外當然可以結識新朋友；與外僑交往生活自然會有一些變化。

石匠 夢象 夢見石匠。

夢兆 夢見成了石匠或看見石匠工作，顯示你將要做一些收效甚微的艱苦工作。

解釋 石匠的工作是艱苦的，所以顯示你將要艱苦的工作。

兒童 夢象 夢見兒童。

| 夢兆 | 夢見兒童，預示家庭生活方面有喜慶事，或生意上獲大利益。 |

| 解釋 | 家中有兒童，是家庭生活中的喜事，所以預示家庭生活中有喜慶事。兒童是寶貝，是最大的財富，所以預示在生意上獲得最大的利益。 |

| 女人 | 夢象 夢見女人。 |

| 夢兆 | 夢見成群的女人，表示你渴望快樂的心情；夢見一個女人，提示你事業上將不如意。 |

| 解釋 | 成群的女人在一起打打鬧鬧、嘻嘻哈哈十分快樂。你夢見她們，表示渴望快樂；一個女人，變化莫測，和她相處，並不一定會如意。所以，這種感覺反映到事業上，就可能會出現不如意。 |

| 女儐相 | 夢象 夢見女儐相。 |

| 夢兆 | 夢裡出現女儐相，暗示你滿以為能完成的計畫將要受挫。 |

| 解釋 | 女儐相僅是陪襯，新娘才是眞正的主角。而新娘得到幸福成功，不一定是女儐相的幸福成功，所以預示能完成的計畫將要受挫。 |

| 討債 | 夢象 夢見討債。 |

| 夢兆 | 夢見別人向你討債，你的收入將增加。 |

| 解釋 | 討債是壞事，但從反面來說，卻表示收入增加。 |

| 下沉 | 夢象 夢見下沉。 |

夢兆 這是預示某位朋友正在遭受不幸。

解釋 不論是什麼事物，下沉總是不幸的事，所以預示某些朋友正在遭受不幸。

節制 夢象　夢見節制。

夢兆 如夢見你戒酒或節制其他任何欲望，即警告你別太過分自信了；如夢見節制生活必需品，則意味著不久可獲成功而致昌達。

解釋 節制欲望是困難的，比如戒煙、戒酒就不容易，所以告誡你不要太自信。

歎氣 夢象　夢見歎氣。

夢兆 夢的含義是相反的，歎氣越深，你將要經歷的歡樂越多。

解釋 這是用反說法來解釋這個夢的。

業餘癖好 夢象　夢見業餘癖好。

夢兆 夢見任何業餘癖好都預示著在你的生活中將會發生討厭而又無關緊要的變化。

解釋 癖好是令人討厭的，業餘癖好和正式職業關係是不大的，所以對你的生活的變化也是無關緊要的。

兄弟（小叔子、小舅子） 夢象　夢見兄弟。

夢兆 女性夢見兄弟，則家庭安穩；男性夢見兄弟，則家庭不和；但不論是男女，夢見兄弟和睦團結，則表示財政穩定。

解釋	女性安分，所以家庭安穩；男性粗野，所以家庭不和；兄弟之間團結和睦，經濟開支必然穩定。
巨人	夢象　夢見巨人。
夢兆	夢見自己成為巨人，這是警告你目前在生意上不要採取任何冒險行動；遇見巨人而不膽怯，則是未來成功的保證。
解釋	巨人是不可一世的、是狂妄自大的、富有冒險性的。如果成為這種人，那麼就不要採取任何冒險行動，特別在生意上，否則將帶來不利；不怕巨人、不做狂妄的人，這樣，將來的成功就有了保證。
未來	夢象　夢見未來。
夢兆	你在夢裡展望未來，則是預言你的生活將有一個突變。
解釋	未來和現在不同，是現在的突變，所以預言生活將有一個突變。
滅火	夢象　夢見滅火。
夢兆	顯示你對你目前的性生活或戀愛生活感到厭煩。
解釋	火表示熱情，現在熱情熄滅了，所以感到厭煩了。
仇人	夢象　夢見仇人。
夢兆	正好相反，你希望和朋友和平相處。
解釋	仇人的反面是朋友。
老處女	夢象　夢見老處女。

夢兆 夢見一群老處女，寓意著將要發生的社會事件；夢見一個老處女，是揭示你行事太急。

解釋 一群老處女都找不到對象，她們在一起就會發生社會事件，如集體自殺等。老處女做事不著急，才會耽誤終身。不著急的反面是著急，所以揭示你行事太急。

耳語 夢象 夢見耳語。

夢兆 如果在夢中聽見耳語的聲音，這是警告你控制自己的憤怒，避免與別人衝突。

解釋 有些耳語說的可能是挑撥離間的話，所以警告你要控制自己的憤怒，避免與別人衝突。

偽君子 夢象 夢見偽君子。

夢兆 若是別人，是警告你不要倉促做出決定和判斷；若是你自己，則是警告你要愛惜自己的身體。

解釋 因為倉促做出決定或判斷，會上偽君子的當；自己身體不好，不能偽裝。

偽裝 夢象 夢見偽裝。

夢兆 夢見任何偽造品，顯示你原想得到別人的幫助，結果卻受騙上當，所以求人不如求自己；夢見銷毀或丟棄偽造品，意味著你將戰勝暗中的敵人。

解釋 不能識別偽裝，所以才會受騙上當；偽造品已被銷

毀或丟棄，說明你已識別了它、已戰勝了偽裝者。

偽造簽名 夢象 夢見偽造簽名。

夢兆 如果是別人偽造你的簽名，切忌濫交朋友；是你偽造別人的簽名，你可望得到一筆意外之財。

解釋 只有朋友才能熟悉你的簽名，像這種偽造你簽名的朋友，當然不能濫交；偽造別人簽名是不好的，但不好的反面就是好，所以說能得到一筆意外之財。

弔唁 夢象 夢見弔唁。

夢兆 夢見發生弔唁。則有悲傷；夢見收到弔唁，則愉快時光將臨。

解釋 發出弔唁，是給人報喪，所以會有悲傷；收到弔唁，是悲傷，但悲傷的反面是高興，所以象徵有愉快時光來臨。

自由自在 夢象 夢見自由自在。

夢兆 如果你在夢裡有一種自由自在、優哉游哉的感覺，顯示你對同伴深感滿意。

解釋 對同伴很滿意，相處好，如魚得水，所以反映到夢裡來就會有一種自由自在、優哉游哉的感覺。

爭辯 夢象 夢見爭辯。

夢兆 如果你大發雷霆，切忌在重大事情上意氣用事，應三思而後行。

解釋 爭辯時應注意態度，不能大發雷霆、不能意氣用

事，而應三思而行。

團圓 夢象　夢見團圓。

夢兆 夢中團圓，顯示在實現你雄心壯志的過程中，你會得到外界有益的幫助。

解釋 團圓是親人相見，而親人當然會給你幫助。

會計 夢象　夢見會計。

夢兆 如果帳上出現問題，則不宜借錢給人，並清查一下你的帳目；如果收支平衡，則將做成一筆買賣。

解釋 帳上既然有問題，當然不宜借錢給別人；收支平衡，這是做成買賣的結果。

名人 夢象　夢見名人。

夢兆 夢見一位名人，預示你將從一個意想不到的管道獲得幫助，所以如果你正處於劣境，務必要堅持住。

解釋 名人對你有幫助，所以你可能獲得意想不到的幫助。

成名 夢象　夢見成名。

夢兆 顯示你眼高手低。

解釋 成名只是在夢中，只是一種願望，而實際並沒有做到，所以說眼高手低。

燈塔 夢象　夢見燈塔。

夢兆 夜晚看見燈塔會帶給你好運，不論在愛情上還是在

事業上；白天看見燈塔預示著漫長的旅途，可能是去海外。

解釋　燈塔夜晚給人指路，所以會帶來好運；白天看見燈塔等於無，前途還是漫長。

剛毅　夢象　夢見剛毅。

夢兆　此夢表示你的意志將面臨考驗。

解釋　剛毅的意志是鍛鍊和考驗出來的。

守財奴　夢象　夢見守財奴。

夢兆　任何有關守財奴或守財之道的夢都是不幸的象徵，不管是在事業上還是在愛情上。

解釋　因為守財奴太自私。

休息　夢象　夢見休息。

夢兆　意味著重要的工作在等候你。

解釋　休息就是為了工作。

夥伴　夢象　夢見夥伴。

夢兆　個人或事業上的成功常常在你夢見好夥伴後出現；但如果你的夥伴對你有什麼不滿或疑問，則應更努力工作。

解釋　夢見好夥伴，和好夥伴合作，個人或事業上就會成功；更努力工作才能解除不滿和疑問。

許諾　夢象　夢見許諾。

夢兆　假如在夢中你做出許諾，表示你可能原諒一個敵人

或得到一個朋友。

解釋 許諾不再對人進行報復，所以你可能原諒一個敵人或得到一個朋友。

陰謀 **夢象** 夢見陰謀。

夢兆 夢見自己成為一個陰謀的犧牲者，預示巨大的社會成功；夢見自己是一個陰謀的參與者，將由於愚蠢而招致是非，應閉門反省。

解釋 犧牲的反面就是成功；參與陰謀活動，這當然是愚蠢，必然招致是非。

約會 **夢象** 夢見約會。

夢兆 無論是參加、安排、改變、商討或不去赴約，宜放棄任何隱秘的計畫。

解釋 約會要真誠，不能有任何陰謀，所以說宜放棄任何隱秘的計畫。

百萬富翁 **夢象** 夢見百萬富翁。

夢兆 夢見成為一名百萬富翁，你可能經濟困難；如果夢中你用你的錢幫助你的家庭、朋友或用於其他有價值的方面，你可以期待好運氣即將來臨。

解釋 因為自己經濟困難，才夢想成為百萬富翁的；用錢幫助其他人是好事，他人報答你，所以將有好運來臨。

年齡 **夢象** 夢見年齡大了。

夢兆 夢見自己一下子老了許多，或比自己實際年齡大得多，則應去看醫生；如在夢中看見老人，則為好事；如果這些老人窮困潦倒、衣衫襤褸，你也許會遇上什麼困難。

解釋 一下子老了許多，比實際年齡大得多，這是不正常的，可能有病，應去看醫生；老人是長壽、智慧的象徵，所以說是好事；老人窮困，表示困難，所以你也許會遇到困難。

行李 夢象　夢見行李。

夢兆 夢裡看見行李，將有一次遠行；如果你把行李弄丟了，預示你或你身邊的某人將獲一筆意想不到的遺產；如果有人為你搬運行李，預示你將有很好的轉機。

解釋 有行李，當然要遠行；丟了行李，反過來說是好事，可能獲得意想不到的遺產；有人為你搬行李，說明有人幫助你，所以將會有好的轉機。

畢業 夢象　夢見畢業。

夢兆 夢裡無論你是參加者還是旁觀者，出席畢業典禮都預示生意興隆或社會地位上升。

解釋 畢業是好事，所以預示將來做生意會生意興隆或社會地位上升。

債務 夢象　夢見債務。

夢兆　夢見你還別人債，你馬上就會走運；夢見別人還你債，你很可能馬上要遭損失。

解釋　這兩個夢都是反過來解釋的。

收集　夢象　夢見收集。

夢兆　夢見收集郵票、古董等等，預示你將結交有意思的新朋友；若是收集錢幣，預示你將有財運；如果夢見自己在徵集資金，你將有一次出乎意料的短期旅行。

解釋　收集郵票、古董等都是文化修養較好的人，所以預示結交有意思的新朋友；收集錢幣是為了發財，所以將有財運；徵集資金必須廣泛活動，所以有可能做短期旅行。

收入　夢象　夢見收入。

夢兆　夢中作到有收入，其意思相反，收入很少。

解釋　可用反說法解釋。

男孩　夢象　夢見男孩。

夢兆　假使是夢見男孩們打架，也是你前途光明的象徵。

解釋　孩子是希望、是未來、是前途光明。

男儐相　夢象　夢見男儐相。

夢兆　男性作此夢，意味著愛情或家庭生活中將有喜慶事到來；女性作此夢，預示將來生活美

滿。

解釋 結婚才有男儐相，結婚是喜事，所以說有喜慶事到來；結婚是美滿的，所以以預示將來生活美滿。

花商 **夢象** 夢見花商。

夢兆 如果你已婚，夢見花商、種花者或花卉研究者，你的家庭將出現裂痕；如果你還是單身，則將有一段戀愛。

解釋 花商、種花者、花卉研究者對花卉很有研究，能找出毛病來，所以可以想像家庭將出現裂痕；花是戀愛的象徵，所以單身者夢見鮮花將會有一段戀愛發生。

報復 **夢象** 夢見報復。

夢兆 作過報復之夢，你很可能因為自己缺乏同情而懊惱。

解釋 報復是缺乏同情心的，反過來解釋可說有同情心，因此也可表示你為缺乏同情心而懊悔。

妙語 **夢象** 夢見妙語。

夢兆 聽到某人在夢中清晰地道出一句妙語，這預示著你會收到一份愉快的邀請信；如果你能馬上給予一句詼諧的評判，這顯示你在一個新的地方嶄露頭角。

解釋 被你的妙話所吸引，所以有人邀請你去聚會；能評判妙語，使人們吃驚，所以表示嶄露頭角。

坐 夢象 夢見坐。

夢兆 如果你在夢中坐的是高位子，社會地位將有變動；如果你在夢中坐的是低位子，那你就更應堅定自己的信念、維護自己尊嚴，這會使你從中得到益處。

解釋 坐在高位子上不會永遠不變，所以預示社會地位的變化；低位子象徵地位低，但只要能堅守崗位，一樣能做出成績，得到益處。

伴侶 夢象 夢見伴侶。

夢兆 如果相處融洽，你在各方面將有進展；如果夢見已分手或先前的伴侶，則預示有意想不到的憂慮。

解釋 相處融洽，當然可以有進展；夢見已分手或先前的伴侶，則勾起對過去不快的回憶，所以會引起憂慮和煩惱。

苦別 夢象 夢見苦別。

夢兆 夢見對任何人說再見，都要當心你的身體健康。

解釋 再見就是離開，而離開是不好的象徵，而不好可能是身體不好，所以說要當心你的身體健康。

鄰居 夢象 夢見鄰居。

夢兆 夢中幫助鄰居，預示著想不到的禮物或是小的饋贈；夢中與鄰居爭吵，警告你不要因為急躁而招惹麻煩。

| 解釋 | 幫助鄰居，鄰居會回報你的；與鄰居爭吵，可能會報復你，所以說會招惹麻煩。 |

攻擊　夢象　夢見攻擊。

| 夢兆 | 如你夢裡遭受到暴力或口頭上的攻擊，你將得到非常有價值的資料或情報；如別人遭受攻擊，你將要承受一次對你人格和聲望的打擊。 |

| 解釋 | 遭到暴力或口頭攻擊，照例不是好事，但從反面來說，可以得到一些好的結果，如得到非常有價值的資料或情報；別人受到你的攻擊，他會報復你，所以你會受到打擊。 |

私奔　夢象　夢見私奔。

| 夢兆 | 其含義恰恰相反。夢見你私奔，則有戀情上的失意或斷絕；夢見別人私奔，這戀愛不是令你厭惡就是讓你失望。 |

| 解釋 | 私奔是恩愛的表現，但反過來就是戀情上的失意或斷絕；見別人私奔，總是令人感到厭惡和失望。 |

私生子　夢象　夢見私生子。

| 夢兆 | 夢見你自己是私生子，你有可能獲極大榮譽；夢見別人是私生子，你的社會地位將有提高。 |

| 解釋 | 私生子不光彩，但反過來就是光彩，即有極大榮譽；夢見別人是私生子，也是好的，所以說你社會 |

地位將提高。

| 吻 | 夢象 夢見吻。

夢兆 如果是愉快的、正常的和忠誠的吻，意味著幸福和滿足；但如果是一個敷衍的、無意義的、不忠誠的吻，或者是不正當的吻，象徵著被朋友欺騙或愛的失意；夢見吻嬰兒，預示著任務的困難；夢見逃避某個你不喜歡的人的吻，意味著一個惱人的經歷。

解釋 愉快、正常、忠誠的吻，當然意味著幸福和滿足；敷衍的、無意義的、不忠誠的吻，當然象徵欺騙或失意；把嬰幼兒養大不容易，所以預示著任務的艱巨；其中一定有一個惱人的經歷，才會使你逃避某個你不喜歡的人的吻。

| 勞動 | 夢象 夢見勞動。

夢兆 涉及勞動的夢預示你能取得穩固的、令人滿意的進步；夢中出現勞累的樣子，預示著艱苦工作後取得成就。

解釋 勞動能使人類進步，所以夢見勞動能預示你取得進步；因為勞累，才能取得成就。

| 魯莽 | 夢象 夢見魯莽。

夢兆 不管是自己還是他人的穿著、舉止魯莽，都是警告你應控制脾氣。

解釋 脾氣不好的人會做出魯莽的事。

| 作家 | 夢象 | 夢見作家。 |

夢兆 如夢見自己成為作家、會見作家，或與作家交談，你的財源將得到拓寬。

解釋 夢見作家，作家有了知名度，收入會提高，所以財源會得到開拓。

| 護士 | 夢象 | 夢見護士。 |

夢兆 與職業護士有關的夢，對單身者象徵著婚姻；對已婚者象徵家庭團結。

解釋 護士是使人健康，從而使人幸福的天使。幸福莫過於婚姻、家庭團結，所以夢見護士是好夢。

| 護照 | 夢象 | 夢見護照。 |

夢兆 夢見擁有自己的護照，暗示你即將有一個舒適的旅行機會；夢中丟失了護照，暗示你因周圍不好的影響或沒有得到上司欣賞而進步不大。

解釋 有了護照才能出國旅行；丟了護照是不好的，所以暗示不好的影響或進步不大。

| 譯員 | 夢象 | 夢見譯員。 |

夢兆 自己當譯員或雇用譯員都跟金錢有關。

解釋 在國外，雇譯員需付一定報酬，所以和錢有關。

| 懷孕 | 夢象 | 夢見懷孕。 |

夢兆 對婦女來說，它意味著財富的增加；但對

男性來說，則是警告他男女關係上的越軌行為。

解釋 對婦女來說，孩子就是財富；未婚就懷孕是越軌的行為。

忘恩負義 夢象 夢見忘恩負義。

夢兆 如果別人對你忘恩負義，是好的象徵；如果自己忘恩負義，則你的良心會因自責而備受折磨，所以應當將功補過。

解釋 忘恩負義是不好的，但用反說法來解釋就是好的；如自己對別人忘恩負義，那當然要受到良心責備。

貪污者 夢象 夢見貪污者。

夢兆 他人貪污，預示著透過社交關係，你的買賣將有進展；自己貪污顯示無需他人幫助，買賣照樣成功。

解釋 他人貪污滿足他的需求，買賣將有進展；自己貪污，說明自己努力能滿足自己，所以無需他人幫助。

招呼 夢象 夢見招呼。

夢兆 如夢裡朋友或親戚向你點頭或招手，你將在最近一個時期裡事事如意；若是生人，你將有不順心的事。

解釋 朋友、親戚和你打招呼是對你的親熱，而熟人好辦事，所以說在最近你將事事如意；生人是陌生的，陌生是辦不好事，所以說你將有不順心的事。

| 招待會 | 夢象　夢見招待會。 |

夢兆　參加招待會顯示你的社會名望會因為你參加的慈善事業而提高；如果夢中你本人主持招待會，顯示你將得到晉升；如果你假心假意召開個招待會，那你可得在現實中提防名譽受損。

解釋　參加慈善事業，多做公益事，會提高自己的名望；自己主持招待會，說明你的能力很強，所以可能職務會晉升；假心假意是偽君子，名譽當然不會好。

| 責備 | 夢象　夢見責備。 |

夢兆　如果你受到責備，你生意上將有不尋常的鴻運；如果別人受責備，提防你同事中的偽君子。

解釋　受到責備，改進缺點，生意會做得更好，所以你會有鴻運；別人受到責備，因為那個人是偽君子，所以你要提防同事中有偽君子。

| 幸運 | 夢象　夢見幸運。 |

夢兆　夢見你很幸運本是好事，但你若因此洋洋自得，則肯定要栽筋斗；夢見你不走運，則應切忌狂妄自大。

解釋　好事會變成壞事。不走運是由於自己狂妄自大，不能和人處好關係造成的。

| 批准 | 夢象　夢見批准。 |

夢兆 夢見批准一件事或一個人的要求，是大好的象徵。

解釋 能批准，當然是好事。

退休 夢象 夢見退休。

夢兆 你很可能要參加另一項新的或額外的活動。

解釋 退休後有條件參加其他工作了。

爬行 夢象 夢見爬行。

夢兆 心事重重的象徵。

解釋 心事重得不能走路，只能爬行了。

絆跤 夢象 夢見絆跤。

夢兆 夢裡行動越笨拙，則你的成功越大。

解釋 這是用反說法解釋的。

吹泡泡 夢象 夢見吹泡泡。

夢兆 看到泡泡，你的煩惱將轉瞬即逝；如果你在吹泡泡，切忌鋪張浪費，不要不在乎金錢。

解釋 泡泡不能持久，你的煩惱像泡泡一樣，所以會轉瞬即逝；鋪張浪費是要花錢的，所以不要不在乎金錢。

命運 夢象 夢見命運。

夢兆 夢見命運捉弄了你，預示你將有一個時期走運；夢見命運幫助了你，則還需苦幹。

解釋 一個人的命運是一會兒好、一會兒壞，命運既已捉

弄了你，這麼好運就會來到；命運既已幫助了你，那麼不幸的命運就會來臨，所以還需苦幹。

國王　夢象　夢見國王。

夢兆　夢中成為、看見，或會見國王，都預示著幸福、聲望；但夢中如果遇到困難或不愉快的因素，則警告你可能受害於閒言閒語，所以要對你的私事保密。

解釋　成為國王，會見、看見國王是幸福的，聲望也會提高；私事要保密，以免引起閒言閒語，使你陷入困境。

侍者　夢象　夢見侍者。

夢兆　夢見侍者不論男女，表示朋友或親戚患病的消息。

解釋　患病的人需要侍者服侍。

英雄　夢象　夢見英雄。

夢兆　如果夢中自己是英雄人物，你有可能受到同事或你所敬佩的人的尖銳批評；如果夢中的英雄是他人，則預示著你將得到別人的有益建議。

解釋　這兩種夢兆都可以用反說法解釋。

姑娘　夢象　夢見姑娘。

夢兆　(1)夢到一位你尊重的年輕姑娘，是前途令人鼓舞的跡象。

(2)如果姑娘是一位陌生人，則預示著一些突然降臨的驚人消息。

(3)如果男人夢到自己成了姑娘，則顯示有一個潛在的性問題。請敎心理學家或去看醫生，會對你有利。

解釋　(1)你尊重的年輕姑娘會幫助你，使你前途無量。

(2)陌生姑娘和你相識，就是驚人的消息。

(3)男人想成爲女性，這是性變態，或他本身就潛在著女性的特徵。

姐妹　夢象　夢見姐妹。

夢兆　對於一個男人來說，此夢表示他有一個秘而不宣的隱私；對於一個女人來說，她將與家人不和。

解釋　對姐妹，男人有些秘密是不能講的；對姐妹有意見，在夢中都反映出來了，所以預示與家人不和。

酒吧女　夢象　夢見酒吧女。

夢兆　此夢與性有關，交友時需注意。

解釋　作爲色相服務，多少與性有關。

軍官　夢象　夢見軍官。

夢兆　預示將有人保護你的安全。

解釋　軍官就是保護人民安全的。

事故　夢象　夢見事故。

夢兆　(1)如你夢見一次事故，你最好好幾星期都避免不

必要的旅行。

(2)夢見撞車,這天最好步行一天,過馬路可得當心。

(3)夢見事故裡所見的東西,如飛機、火車、馬、刀、火、電、高處等等,夢後二十四小時內最好能避開,若實在躲避不,則要格外當心。

解釋 夢見事故的以上三類夢,都是叫人要小心謹慎、注意安全。

服務員 **夢象** 夢見服務員。

夢兆 一般預示你生意或事業上有進展;但如果服務員被解雇,你可能要應付一段不幸的感情。

解釋 自己當服務員當得很好,所以預示生意或事業上有進展;如服務員當得不好,被解雇,生活都成問題,而你的女朋友可能會離開你,所以預示應付一段不幸的感情。

水泥工 **夢象** 夢見水泥工。

夢兆 預示著前景燦爛。

解釋 水泥工能造出漂亮的高樓大廈,所以預示前景燦爛。

單身者 **夢象** 夢見單身者。

夢兆 (1)如單身者年紀很輕,你一切事情都辦得順

當。

(2)如果年紀很大，你則應言語謹慎，切忌胡說八道而失去良友。

(3)如果已婚男性夢見自己成爲單身漢，工作和生活條件將有突變。

(4)如單身男性作此夢，可能很快就能完婚。

(5)如單身女性作此夢，則在個人關係上有良好的新局面。

解釋 (1)年齡輕，精力充沛，辦事能辦得更好些。

(2)年紀大，喜嘮叨，說話不謹愼，很容易得罪朋友。

(3)已婚男子突然變成單身漢了，生活肯定有突然變化了。

(4)單身男子夢單身男子，這成了兩個人，所以說很快就能結婚。

(5)解釋同(4)。

奇跡 夢象 夢見奇跡。

夢兆 看見、聽見奇跡，象徵著前程遠大。

解釋 奇跡就是不常見的功績，所以象徵前程遠大。

打耳光 夢象 夢見打耳光。

夢兆 如果你在夢中被人打了一個耳光，你會因此換得意外的榮譽；如果只是在夢中看到或者是你打了別人

一個耳光，那你要忍受一段社會對你的譏笑和輕視。

解釋 被人打耳光是恥辱，但用反說法卻可以解釋為榮譽；你打了別人是不文明的行為，所以有人會譏笑與輕視你。

空談 夢象　夢見空談。

夢兆 聽見別人或自己參與連篇累牘的空談，在做重大決策時，應注意避免受人影響。

解釋 空談是不能解決實際問題的，所以在做重大決策時，不能採用這些空談的意見，更不能受他們的影響。

重演奏 夢象　夢見要求重演奏。

夢兆 藝術家、表演者應聽眾或觀眾要求再演奏一次，你將因工作出色而獲得獎賞；如果藝術家或表演者拒絕了，你將得不到獎賞。

解釋 要求再演奏，這是工作出色，所以可獲獎賞；如拒絕了，那當然無獎賞。

軼事 夢象　夢見軼事。

夢兆 如果你在夢中闡述或聽到一件軼事，你將在社會上獲得大成功。

解釋 軼事，一般是名人的軼事，而名人是取得成功的人，所以預示你將獲得成功。

榮譽	夢象　夢見榮譽。

夢兆 無論你是受到尊敬，還是受到他人的賞識，其含義都是相反的。

解釋 「其含義都是相反的」是說受到尊敬就是不尊敬，受到賞識就是不被賞識。

獎盃	夢象　夢見獎盃。

夢兆 聽從摯友的建議，則能避免社交上的失敗。

解釋 獎盃是成功的象徵，而其反面就是失敗，所以要聽從摯友的建議，才能避免失敗。

獎章	夢象　夢見獎章。

夢兆 配戴獎章意味著對工作成就的承認；看到其他人身上的獎章，告誡你不要有嫉妒心。

解釋 自己得了獎章，當然是對你工作成就的承認；別人得了獎章，而你沒有，那你就不應有嫉妒心。

獎賞	夢象　夢見獎賞。

夢兆 夢見自己獲得獎賞，預示你現在從事的事業必定成功；夢見自己給別人獎賞，預示你個人的財富將有很大增長。

解釋 成功了才會有獎賞；能給別人獎賞，說明你自己的財富已有很大增長，不然獎賞別人是不可能的。

按摩	夢象　夢見按摩。

夢兆 夢見被人按摩，顯示你對朋友的懷疑是無憑無據

的；夢見給別人按摩，預示著將要來臨的好消息。

解釋 按摩使人愉快，而你懷疑使你愉快的朋友，所以是無根據的；給別人按摩是給別人愉快，因此，別人會感謝你，就有好消息告訴你。

追逐 夢象 夢見追逐。

夢兆 夢見自己或別人在追逐，預示你晚年舒舒服服。

解釋 追逐目標會獲得成功，給晚年生活創造了一定的條件，所以晚年生活會過得舒服、無憂無愁。

穿刺 夢象 夢見穿刺。

夢兆 夢見自己被刺一下，告訴你不要成為你固執性格的犧牲品，要給別人發表意見的機會。

解釋 因為你太固執，聽不見別人的意見，所以別人要刺你一下。

砍剁 夢象 夢見砍剁。

夢兆 夢見砍樹或把別人東西剁成碎塊，意味著你的家庭生活或朋友交情和好如初。

解釋 把碎的合成好的，所以預示和好如初。

挖掘 夢象 夢見挖掘。

夢兆 (1)對於商人或工作人員，意味著需付出更大的努力才可獲得成功。

(2)對於專業人員，意味著需進一步深造方才有利。

(3)如果你兩者都不是，若土質鬆軟或容易挖掘，你的生活將很愉快。

(4)若土質堅硬不易挖掘，你還得掙扎一段時間。

解釋 (1)挖掘是艱苦的，所以預示需要付出更大的努力才能取得成功。

(2)專業人員要像挖掘深井一樣，努力深造才會更有利。

(3)容易發掘，很輕鬆，所以象徵生活愉快。

(4)土質硬不易挖掘，還要繼續挖，掙扎一段時間才能成功。

複製 夢象　夢見複製。

夢兆 夢見複製品或在複印東西，你的情況將不斷改觀，事物將往對你有利的方向發展。

解釋 複製品是原件的複製，但畢竟不是原件，所以說情況將會不斷改觀。

綁架 夢象　夢見綁架。

夢兆 (1)如果在夢中你被綁架，很可能你被你的同伴所困擾，改變這種關係可能會對你有益。

(2)如果你執行綁架，警告你保護你的財產以防被盜或遺失。

解釋 (1)綁架就是被困擾，而一般綁架者都是朋友或同伴，因為他們才知道你的情況，所以預示你被你

的同伴所困擾。

(2)你綁架人，照例是有所得，但從反面來說，你
　自己反而有損失，所以要保護你的財產以防被盜
　或遺失。

|背負| **夢象**　夢見背負。

|夢兆| 夢見背負別人，或被別人背著，預示你
坐享他人之成果。

|解釋| 依靠別人背，自己不走路，這不是坐享他人成果
嗎？

|哈欠| **夢象**　夢見哈欠。

|夢兆| 不論是自己打哈欠還是看見別人打哈欠，都說明你
的生活態度過於消極；改掉故步自封的缺點，可更
積極地投入生活。

|解釋| 打哈欠是無所事事、工作消極的表現。

|侮辱| **夢象**　夢見侮辱。

|夢兆| 如你在夢中受到當面侮辱或冒犯，你將會受到與你
觀點一致的人的尊敬；如果你侮辱或冒犯別人，則
千萬別再傳播你所聽到的流言蜚語。

|解釋| 你是為與你觀點一致的人受侮辱，所以他們會尊敬
你；如你侮辱別人，別人會反抗你，所以不能再傳
播流言蜚語。

|欽佩| **夢象**　夢見欽佩。

夢兆 如夢見你備受欽佩或讚美或羨慕，則你會因虛榮心而失去良師益友；如這種欽佩是對別人，你則會因為好朋友而飛黃騰達。

解釋 受人欽佩、讚美或羨慕不能產生虛榮心；欽佩別人，而這位被你欽佩的人，一定是一位有成就的人，這個人因此會幫助你飛黃騰達。

差使 **夢象** 夢見差使。

夢兆 如果你交得了差，則你的問題將有滿意的結果；如你交不了差，則你還得努力奮鬥。

解釋 交得了差，是完成了任務，當然會有滿意的結果；交不了差，當然還要努力。

結 **夢象** 夢見結。

夢兆 夢見結，這是一個有障礙的夢，它象徵著你與你身邊的某個人有嚴重的分歧。如果你成功地解開了結，則顯示你們達到了令人滿意的和解。

解釋 結是一種障礙，所以它能象徵與別人的嚴重分歧。能解開結分歧就解決了。

結婚 **夢象** 夢見結婚。

夢兆 獨身者夢見他們結婚了，暗示著他們被捲入報酬遞減的事情中。

解釋 結婚是增加開支，這就意味著報酬遞減。

通告 **夢象** 夢見通告。

| 夢兆 | 你如夢見聽到、收到或自己正在發佈一場社會性的或商業性的通告，暗示你的生活即將有一次大的變化。 |
| 解釋 | 通告和每一個人有關，通告和生活有關，所以夢見通告暗示生活將有一次大變化。 |

通姦　夢象　夢見通姦。

| 夢兆 | 不過於信任新結識的朋友，否則將因此而受挫折。 |
| 解釋 | 通姦是壞事，所以說不要過於信任新朋友。 |

施捨　夢象　夢見施捨。

| 夢兆 | 如夢見自己乞求施捨或得到施捨，你的經濟地位將有大改觀；如夢見自己慷慨佈施，也是走運的象徵；但是，如夢見自己拒絕乞求，則預示著有意想不到的困難需要你去克服。 |
| 解釋 | 乞求施捨是窮困，而窮困的反面就是富有，所以說你自己的經濟也會有大改觀；自己能慷慨佈施給別人，則說明自己經濟上很富裕，還是走運的；如拒絕乞求，則困難無法解決，預示有困難需去克服。 |

保衛　夢象　夢見保衛。

| 夢兆 | 說明你對某一個人產生了恐懼心理。 |
| 解釋 | 因為你有這種恐懼心理，你才會產生保衛這一想法或行動。 |

勇敢　夢象　夢見勇敢。

夢兆　在夢裡出現勇敢或英雄行為，則在現實中會因不敢面對存在的問題而處於不利地位。

解釋　勇敢的反面是懦怯。

絕望　夢象　夢見絕望。

夢兆　這是萬事不如意的象徵。

解釋　絕望的反面是希望，所以此夢可以說萬事如意。

急躁　夢象　夢見急躁。

夢兆　不論自己或他人有急躁毛病，都預示你關係密切的交際圈內出現糾紛和麻煩，你不可草率做出判斷。

解釋　急躁就會出問題。

親戚　夢象　夢見親戚。

夢兆　夢見表親、顯示你將擺脫煩惱；夢中出現姨、姑、叔、伯、舅等，預示著一筆收入；夢見其他親戚，顯示緊要關頭必有貴人相助。

解釋　表親和你親密無間、無話不談，所以你可以擺脫煩惱；姨、姑、伯、叔、舅等，會把經驗傳承與你，所以預示會有一筆額外收入；其他親戚當你有困難時都會幫助你，所以說有貴人相助。

先人　夢象　夢見先人。

夢兆　如夢見先人，無論是否是你的先輩，都

將給你帶來殊榮。

解釋 所以會夢見先人，是因為先人曾有過光榮的歷史。因此，就將給你帶來殊榮。

祖父母 **夢象** 夢見祖父母。

夢兆 是保護與安全的象徵。

解釋 祖父母是永遠熱愛自己的子女、孫兒的。

科學家 **夢象** 夢見科學家。

夢兆 科學家是做實驗的人們，夢見他們，顯示你的努力將獲得豐厚的報酬。

解釋 實驗會出成果，有成果就能獲得豐厚的報酬。

建築師 **夢象** 夢見建築師。

夢兆 夢裡出現建築師，預示艱難的計畫將大功告成。

解釋 建築高樓大廈是艱難的，但建築師卻能迎刃而解，所以說大功告成。

看門人 **夢象** 夢見看門人。

夢兆 夢到自己是看門人或看見一位看門人，意味著任務艱苦。這一任務看似艱巨的，但最終有益。

解釋 看門人的任務是艱苦的，但對其最終還是有益的。

美食家 **夢象** 夢見美食家。

夢兆 別太自私，拿來當然容易，現在該你付出了。

解釋 美食家吃別人的太多，現在應換別吃你了。

冒犯 夢象 夢見冒犯。

夢兆 如果你夢到自己受到冒犯，你就很可能化敵為友；相反，如果夢中你因冒犯了他人而自責，事實上這是警告你存在得罪朋友的危險。

解釋 冒犯反而能化敵為友；自責反而得罪朋友，這都是用反說法來解釋的。

信任 夢象 夢見信任。

夢兆 得到信任，眼前將有一段愉快的時光。

解釋 得到信任，當然是愉快的。

愛情 夢象 夢見愛情。

夢兆 夢到真摯的愛情，預示因身心兩方面對生活的適應力極強，而獲得幸福的滿足；夢見不道德的愛情，或純粹的肉欲，則預言由於貪得無厭而招致失敗和不滿。

解釋 愛情是身心兩方面的滿足；而欺騙的愛情及肉欲，則會招致不滿和失望。

家庭 夢象 夢見家庭。

夢兆 夢到家庭生活氣氛和諧，意味著不管你的環境如何，你都會有滿足。

解釋 家庭生活氣氛融洽，當然會感到滿足。

流產 夢象 夢見流產。

夢兆 對男性而言，此夢預示目前利益有損失，與愛情或

錢財有關；對女性而言，應注意健康。

解釋　流產就會有損失；女性流產，是身體不佳。

流浪　夢象　夢見流浪。

夢兆　(1)夢見自己流浪，是企圖在你所處的環境裡尋求心靈的避護場所、尋求安定的預示。

(2)如果夢見自己以各種形式給流浪者以食物或幫助，則預示你的社會地位的提高。

(3)拒絕適當的幫助人，那你將會在今後的工作中雖拼命工作，而所得報酬比你想像的要低的多。

解釋　(1)因為心靈得不到安定，才會想到流浪。

(2)能幫助別人，大家都尊敬你，你的社會地位就會提高。

(3)你不肯幫助別人，別人也不會幫助你，就找不到好工作，報酬也就只能低一些。

鐵匠　夢象　夢見鐵匠。

夢兆　在夢裡見到鐵匠，你目前的計畫也許會超出你的期望。

解釋　鐵匠打出的製品使你滿意。

捉弄　夢象　夢見捉弄。

夢兆　無論是你捉弄別人，還是別人捉弄你，皆說明你家庭幸福美滿。

解釋 捉弄是不好的，但反過來卻是好的，所以象徵家庭美滿。

損害 夢象 夢見損害。

夢兆 如果你的名譽受損，其意正好相反，意味著你很受尊重。

解釋 用反說法來解釋。

敵視 夢象 夢見敵視。

夢兆 受敵視，使你為過去的非正義行為而感到於心不安，你應該將功補過；如果你敵視他人，你將發現自己處境不佳，除非你能避免意氣用事。

解釋 正義行為是不好的行為，如叛變，所以才會遭受敵視，才會於心不安；因為自己處境不佳，因此怨天尤人、敵視他人。

哼哼 夢象 夢見哼哼。

夢兆 夢見自己哼小曲，預示地位上升。

解釋 哼哼是得意，所以預示地位上升。

捆綁 夢象 夢見捆綁。

夢兆 夢見你在綁東西，或你自己被捆綁住，暗示你個人事務上有糾紛。

解釋 捆綁就是糾纏在一起，所以暗示個人事務上有糾纏。

寬恕 夢象 夢見寬恕。

| 夢兆 | 不論你寬恕別人，還是別人寬恕你，都表示安寧和舒適的延續。 |

| 解釋 | 寬恕能換來安寧和舒適。 |

| 難民 | **夢象　夢見難民。** |

| 夢兆 | 夢見難民告訴你，眼前最好爲別人的利益先犧牲一些你自己的利益；如果你夢見自己成了難民，你則很可能得到充分的利益。 |

| 解釋 | 對難民要救濟，所以說要犧牲一點你自己的利益；自己成了難民，別人也會救濟你。 |

| 借用 | **夢象　夢見借用。** |

| 夢兆 | 夢見你不得不借什麼，宜節省開支；夢見別人向你借東西，在你困難的時候，你將得到幫助從而度過難關。 |

| 解釋 | 你向別人借東西，說明你確實沒有那樣東西。借，不如自己購買，所以你應節省開支；別人向你借東西，說明你比較富有，有那樣東西，但反過來卻可以說你經濟困難。 |

| 悠閒 | **夢象　夢見悠閒。** |

| 夢兆 | 預示名望與地位的升高。 |

| 解釋 | 利用閒工夫來研究名望、地位的升高問題。 |

| 恥辱 | **夢象　夢見恥辱。** |

| 夢兆 | 無論是你的，還是別人的恥辱，預示家庭或戀愛幸 |

福成功。

解釋 夢到恥辱不好，但反過來就是好，所以預示家庭和戀愛幸福成功。

粉碎 夢象 夢見粉碎。

夢兆 夢見粉碎任何東西，預示你在做出重大決定時面臨壓力。

解釋 只有壓力大才能粉碎東西，所以夢見粉碎任何東西，預示對你的壓力大。

部長 夢象 夢見部長。

夢兆 夢見政府部長，象徵地位的上升或條件改善。

解釋 部長將會提拔你或者幫助你。

秘書 夢象 夢見秘書。

夢兆 夢見自己做秘書，顯示你被扯你後腿的習慣所束縛。

解釋 秘書只能根據上司的意願辦事，由此束縛了能力的發展。

秘密 夢象 夢見秘密。

夢兆 你所信任的人正醞釀著計謀，這就是做偷聽秘密的夢給你的提示；重複述說一件秘密的事，顯示你必須出來澄清流言蜚語。

解釋 秘密就是不讓人知道的正在醞釀的計謀；重複說一件秘密的事就是流言蜚語。

座位　夢象　夢見座位。

夢兆　你從座位上落下的夢直截了當地告知你，由於你行動欠考慮，你將從現在的地位上退下，請多聽一下別人的意見。

解釋　落下不吉，所以象徵從現在的地位上退下來。

調情　夢象　夢見調情。

夢兆　一般的打情罵俏，是社會地位方面的成功的象徵；不懷好意的調戲，預言家庭不和。

解釋　打情罵俏是地位低下的人所做的無意義之事，但反過來也可說是地位上升、成功的表示；不懷好意的調戲別人，自己家庭當然不和。

繼承權　夢象　夢見繼承權。

夢兆　有意想不到的轉機。

解釋　有遺產繼承，當然有好轉機。

移民　夢象　夢見移民。

夢兆　你得勒緊褲腰帶，準備節衣縮食。

解釋　移民的日子是困難的。

婚禮　夢象　夢見婚禮。

夢兆　可以被看作是愉快而短促的經歷的象徵。

解釋　婚禮就是短促而愉快的經歷。

悼詞　夢象　夢見悼詞。

夢兆　悼詞若是給別人的，你將由於自己待人不真誠而招

致難堪；若是給自己的，你將得到一件想像不到的貴重禮物。

解釋 平時和某人關係並不太好，而當那人死了以後卻去致悼詞，所以別人就以不真誠而使你難堪；若悼詞是給自己的，這是不吉利的事，等於自己咒自己死，但反過來卻是好事，將會收到一件貴重的禮物。

徘徊 夢象 夢見徘徊。

夢兆 夢見來回地大步徘徊是在告訴你，急躁情緒可能是你失敗的根源。

解釋 大踏步徘徊就是情緒急躁，而情緒急躁就會失敗。

猜測 夢象 夢見猜測。

夢兆 (1)自己在猜測，顯示你即將找到解決某一疑難問題的辦法。

(2)別人在猜測，則警告你在你社交圈裡可能有背信棄義者。

解釋 (1)在夢中都在猜測解決某一疑難問題的辦法，所以這種辦法即將找到。

(2)在社交圈裡有人不相信你，這就有可能是對你背信棄義。

笨拙 夢象 夢見笨拙。

夢兆 (1)夢裡越是笨手笨腳，現實中應付社會的能力就

越強。

(2)若夢見別人這樣，預示將認識有意思的新朋友。

解釋 (1)、(2)是用反說法來解釋的。

堂兄弟姐妹 夢象 夢見堂兄弟姐妹。

夢兆 象徵將擺脫煩惱。

解釋 和堂兄弟姐妹談談笑笑，可以擺脫煩惱。

情人 夢象 夢見情人。

夢兆 (1)如你在夢中遇到一個情人，它預示
著你由於過於浪漫而招致麻煩。

(2)若你在夢中身爲一個情人，則預示你將在某一
方面敞開心扉。

解釋 (1)有情人會招致麻煩。

(2)自己爲情人，將有某一方面能得到滿足，所以
在某一方面很開心。

嬰孩 夢象 夢見嬰孩。

夢兆 (1)如果嬰孩很可愛，你將透過朋友幫助而有好運。

(2)如果嬰孩很難看，或使你不快，則你深信不疑
的某人可能會欺騙你。

(3)苦命或生病的嬰孩，提示你可能要受挫，宜在
生意上和戀愛上小心謹慎。

解釋 (1)可愛的嬰孩，人人都喜歡他、幫助他，所以象
徵朋友的幫助而有好運。

(2)為了掩蓋難看、為了使你高興，所以你的朋友會欺騙你。

(3)苦命、生病，不好，所以揭示你將受挫。

|假正經| 夢象　夢見假正經。

夢兆　這是一種反意夢，夢見自己或別人假正經，都警告你要控制自己的情緒，不要太直率，否則你將失去你想交往的朋友。

解釋　可用反說法來解釋。

|挽歌| 夢象　夢見挽歌。

夢兆　夢裡聽見挽歌，你將有喜慶事，更可能是朋友或親戚的。

解釋　用反說法解釋。

|售票員| 夢象　夢見售票員。

夢兆　你可能有出國旅行機會。

解釋　因為你可能被聘去國外公司工作。

|理髮師| 夢象　夢見理髮師。

夢兆　此夢意味成功，但需經過長期的努力。

解釋　理髮師不努力提高技術是不可能成功的。

|救濟| 夢象　夢見救濟。

夢兆　這是個最典型的反夢。夢見自己受到救濟，你可肯定好日子就在眼前。

解釋　用反說法解釋。

| 屠夫 | 夢象 夢見屠夫。 |

夢兆 夢見屠夫或肉市，則應備加小心。

解釋 屠夫的刀很鋒利，所以要備加小心。

| 董事 | 夢象 夢見董事。 |

夢兆 夢見自己成爲董事會成員之一，生意見好；夢見自己失去董事會席位，則可能會因爲自己的愚蠢行爲而危及地位。

解釋 得到爲好，失去爲壞。

| 窘迫 | 夢象 夢見窘迫。 |

夢兆 夢裡越窘迫，現實中的成功就越大，越令你滿意。

解釋 用反說法解釋。

| 傲慢 | 夢象 夢見傲慢。 |

夢兆 夢裡如遇到傲慢的人，則在社會上較稱心如意。

解釋 用反說法來解釋。

| 謙卑 | 夢象 夢見謙卑。 |

夢兆 其意相反，是警告你別傲慢待人，要寬容些。

解釋 用反說法解釋。

| 悲痛 | 夢象 夢見悲痛。 |

夢兆 在夢中不管是你自己或別人，越痛苦，你將越快樂。

解釋 用反說法解釋。

| 隱士 | 夢象 夢見隱士。 |

夢兆 夢裡見到隱士，是提醒你不冒一定的風險不僅一無所獲，而且導致停滯，應當有點冒險精神。

解釋 隱士是不想冒險的，現在要你冒險，這是用反說法解釋的。

| 遺囑 | 夢象 夢見遺囑。 |

夢兆 (1)夢見自己寫遺囑，表示與事實相反，你的健康毫無問題。

(2)夢見別人寫遺囑，表示家庭產生矛盾，你不久將會面臨這些問題。

解釋 (1)用反說法解釋。

(2)怕遺產難分配，所以說家庭有矛盾。

| 遺憾 | 夢象 夢見遺憾。 |

夢兆 這是一個反夢。你會很快發現自己有充足理由可以盡情享受。

解釋 用反說法解釋。

| 饋贈 | 夢象 夢見饋贈。 |

夢兆 你如果是贈者，將得到某種貴重品；如果為受者，將蒙受損失。

解釋 用反說法解釋。

| 編輯 | 夢象 夢見編輯。 |

夢兆 (1)夢裡看到編輯，則應多多注意你的

個人事務。

(2)夢裡自己成了編輯，顯示你目前所進行的事情
　　將有出乎意料的耽擱。

解釋　(1)編輯對自己的職業十非認真，所以說要像編輯
　　　　一樣多關心自己的個人事務。

(2)編輯的工作比較慢，快不起來，所以說有耽擱。

新娘　**夢象**　**夢見新娘。**

夢兆　見到新娘，或自己做新娘，是好的象徵。

解釋　做新娘是好事。

新郎　**夢象**　**夢見新郎。**

夢兆　如夢裡出現新郎，某項你滿以為能完成的計畫將遭
　　　　受挫折。

解釋　用反說法解釋。

傻瓜　**夢象**　**夢見傻瓜。**

夢兆　在夢裡你有某種當傻瓜的感覺，實際你將結識有趣
　　　　的新朋友，並與之度過快樂的時光。

解釋　用反說法解釋。

矮子　**夢象**　**夢見矮子。**

夢兆　自己成了矮子或見到矮子，你所有的
　　　　問題將像變戲法似地統統消失。

解釋　矮子聰明，所以問題會解決。

謬誤　**夢象**　**夢見謬誤。**

夢兆 不論你還是別人說謊，說明朋友忠心耿耿，因此你運氣不錯。

解釋 用反說法解釋。

微笑 夢象 夢見微笑。

夢兆 夢見微笑是一個十分明瞭的幸福預兆，不論是你自己還是他人都如此，你將為此得到一個極好的回報。

解釋 因為微笑能討人喜歡。

覥腆 夢象 夢見覥腆。

夢兆 自己夢見難為情，是成功的先兆。

解釋 難為情是謙虛，謙虛使人成功。

騷亂 夢象 夢見騷亂。

夢兆 夢見騷亂場面，宜維持現狀，忌做任何變動，否則尷尬不已。

解釋 遇到騷亂要鎮定，不要慌亂，不然對自己不利。

騙子 夢象 夢見騙子。

夢兆 夢見自己被騙子所騙，你應當做好準備，以度過一段沉悶的時期。

解釋 被騙子騙了當然心裡沉悶。

躲藏 夢象 夢見躲藏。

夢兆 (1)夢見自己躲藏起來，顯示你正打算採取一個你明知會後悔的行動，別輕舉妄動。

(2)夢見藏東西，顯示你在一個問題上吞吞吐吐，你可以聽取忠實朋友的意見。

解釋　(1)做了見不得人的事才躲藏起采。

(2)藏了東西，又不敢講，所以說話才吞吞吐吐。

鼓勵　夢象　夢見鼓勵。

夢兆　無論是你鼓勵別人，還是別人鼓勵你，正好相反，你這段時期由於與人不和正感不快時，或由於你對別人或別人對你的嫉妒而感到不滿時，應三思而後行。

解釋　用反說法解釋。

辭職　夢象　夢見辭職。

夢兆　一個反夢。夢見從高位上辭退下來，顯示表明穩步的改進；如果你涉及某些法律問題，形勢也很快會朝有利於你的方向發展。

解釋　用反說法解釋。

遊手好閒　夢象　夢見遊手好閒。

夢兆　夢見自己無所事事，而周圍的人緊張忙碌，說明你將被迫做解釋或吐露秘密。

解釋　要向人們解釋為什麼自己無所事事的原因。

簽名　夢象　夢見簽名。

夢兆　你自己簽名的夢，顯示你的收穫也許是有限的，但你的安全感卻是無限的。

解釋 你並不富裕，所以無人打你的主意，因而十分安全。

袖子 夢象 夢見袖子。

夢兆 短袖子預示輕微的失望；長袖子預示著結交朋友。

解釋 袖子短了，有輕微的不滿意；長袖善舞，象徵善於結交朋友。

就業 夢象 夢見就業。

夢兆 如果你在找工作或丟了工作，顯示你將要晉升或得到其他好處。

解釋 用反說法解釋。

就職典禮 夢象 夢見就職典禮。

夢兆 夢見自己作為代表，參加就職典禮，這是個吉兆。

解釋 就職當然是好事。

疏散 夢象 夢見疏散。

夢兆 無論夢見你自己或別人被迫遷移，則在眼前這一時期裡，切忌任何形式的冒險。

解釋 在疏散遷移時，冒險投機都行不通。

提議 夢象 夢見提議。

夢兆 不管夢中的建議是自己提出的還是別人提出的，對女性來說，這種夢表示她在異性中享有聲譽；對男性來說，這是一個警告，不要讓經濟上的成功沖昏了頭。

解釋 女性有勇氣提建議，所以大家都稱讚她，特別是異性；而一個成功的男性，不要有了一點成功就沖昏了頭，應該讓別人多提建議。

雇用 **夢象** **夢見雇用。**

夢兆 夢見自己失業，將有許多機會供你選擇；夢見自己雇用別人，則應記住，驕傲將使你失敗。

解釋 失業有許多機會就業；但自己雇用別人不能驕傲，因為驕傲了會使你再失業。

援助 **夢象** **夢見援助。**

夢兆 如夢見接受援助，說明你需要，宜毫不遲疑地向別人救援；如夢見你提供別人援助，則實際上你仍有餘力，無需麻煩別人。

解釋 有需要才向別人求援；如你能提供別人援助，那你就不要再向別人求援。

跌倒 **夢象** **夢見跌倒。**

夢兆 跌倒是夢中常可能出現的動作。它是最基本的生活擔憂在夢裡反映，因此也就預示了各式各樣的生活挫折，其象徵意義大致如下：

(1)夢到自己從一個很高的地方跌落下來，意味著你將遭受重大挫折。

(2)如果安全著地，那麼挫折只是暫時的。

(3)如果受了傷，則有一個時期的艱難困苦。

(4)從一個不太高的地方跌落下來，意味著威信的損失。

(5)從站的或坐的地方跌倒在地上，則應當心虛情假義之人。

(6)如果跌倒的是別人，預言你將戰勝敵人。

(7)如果你跌下來但又爬上去，說明你能克服生活道路上的障礙。

解釋 (1)爬得高摔得重。

(2)安全著地，平安無事，有挫折也是暫時的。

(3)受傷當然困苦。

(4)不太高的地方跌下，跌得並不重，只是威信有些影響。

(5)從站的或坐的地方跌下來，是虛假的，所以要當心虛情假義的人。

(6)別人跌倒就是他失敗，所以預言你能戰勝對方。

(7)跌下來又爬上去，問題不大。

蒙蔽 **夢象** 夢見受蒙蔽。

夢兆 如果你的眼睛被蒙蔽，宜重新審視你的計畫；如果別人被蒙蔽，你將感到良心不安。

解釋 被蒙蔽，所以要重新審查計畫；你蒙蔽了別人，你就會良心不安。

擺腿 **夢象** 夢見擺腿。

| 夢兆 | 不管是你自己還是別人在來回擺腿，預示你將有好運。 |

| 夢兆 | 擺腿是怡然自得的反映，所以說將有好運。 |

| 寡婦 | **夢象　夢見寡婦。** |

| 夢兆 | 夢見自己成為寡婦，表示你家庭和睦，與丈夫相處和諧，或者正在相愛。 |

| 解釋 | 用反說法解釋。 |

| 誓宮 | **夢象　夢見誓言。** |

| 夢兆 | 如果你在夢裡聽到誓言，或夢見自己在法庭上宣誓，你就可期待社會或職業地位的升遷。 |

| 解釋 | 一般的誓言是就職的誓言，所以說你的地位將上升，因為降職是不需要發誓言的。 |

| 模仿 | **夢象　夢見模仿。** |

| 夢兆 | 夢中你模仿某人，警告你須提防那個人。 |

| 解釋 | 本來模仿某人是想學習那個人的，但反過來就是要提防那個人，因為那個人不一定是好人。 |

| 漂泊 | **夢象　夢見漂泊。** |

| 夢兆 | 夢見漂泊，預示你遇到你無法解決的問題。 |

| 解釋 | 漂泊不定，無法解決任何問題。 |

| 敲門 | **夢象　夢見敲門。** |

| 夢兆 | 聽見敲門聲或去敲門，這顯示財運享通。 |

| 解釋 | 敲門是有人來告訴你發財的好消息。 |

| 蜜月 | 夢象 夢見蜜月。 |

夢兆 不管是夢見自己的蜜月還是他人的蜜月，事實都相反，顯示愛情不如意或私人關係不和。

解釋 用反說法解釋。

| 邀請 | 夢象 夢見邀請。 |

夢兆 書面的邀請和請柬，表示一個時期的厭煩。

解釋 邀請太多，所以厭煩。

| 魅力 | 夢象 夢見魅力。 |

夢兆 一般而言，具有魅力的任何事物、個人以及行動，都是警告你，切忌賣弄。

解釋 魅力不是賣弄可以得到的。

| 影子 | 夢象 夢見影子。 |

夢兆 (1)夢中感覺到自己的影子是好的象徵。

(2)若影子是一個死人的，顯示有暫時的障礙。

(3)別人的影子告知你近幾週內不要外出或冒不必要的險。

解釋 (1)自己的影子就是自己，是真實的東西，所以是好的象徵。

(2)死人的影子當然是壞了，所以有暫時的障礙。

(3)別人的影子捉摸不定，所以叫你不要冒險。

| 撒謊 | 夢象 夢見撒謊。 |

夢兆 (1)夢中撒謊，預示你將面對自己的愚蠢行為而引

起的麻煩。

(2)夢中他人撒謊，預示你將從想不到的地方得到
　幫助。

|解釋| (1)你自己撒謊當然會引起麻煩。

(2)

|亂倫| 夢象　夢見亂倫。

|夢兆| 亂倫的夢是警告你，不要採取丟人的行動，不管壓
力有多大、建議有多誘人，你都應予以抵制，否則
你會後悔莫及的。

|解釋| 亂倫就是丟人的行動，應加以抵制。

|熟人| 夢象　夢見熟人。

|夢兆| 如在夢中看見一個熟人，預示你將尋回你以為已失
去的錢財。

|解釋| 那熟人是來還你錢的。

|燃燒| 夢象　夢見燃燒。

|夢兆| 預示財富增長；如果大樓被燒，則應注意開支。

|解釋| 燃燒是火，火象徵財富；大樓被燒，開支巨大。

|噪音| 夢象　夢見噪音。

|夢兆| 夢中聽見大聲的、雜亂的噪音，預示著家庭矛盾，
除非噪音確實把你吵醒，那樣，你可以期望更好的
變化。

|解釋| 大聲、雜亂的噪音是家庭爭吵的聲音。

懶惰　**夢象**　夢見懶惰。

夢兆　預示你的家庭或事業上要出現麻煩。

解釋　人懶惰當然有麻煩。

大使館　**夢象**　夢見大使館。

夢兆　若是社會性事務，預言將有一個與有影響的人交往的機會；若是商務，則對你來說，不勞而獲是不可能的。

解釋　公益性、社會性事務，大使館有影響的人可以幫助你；如果是做生意，只有自己去努力，大使館是無法幫助你的。

革命　**夢象**　夢見革命。

夢兆　如果夢見腥風血雨、槍林彈雨的革命場面，你的處境將會有一個徹底的改變；如果夢見一種不流血、透過政治談判解決問題的革命，那顯示你的地位會有變化。

解釋　革命是暴力，所以會使一個人徹底改變；你能參加談判，而談判成功了，你的地位就會發生變化。

政府　**夢象**　夢見政府。

夢兆　夢與政府有關的，無論是地方政府還是中央政府，都意味著你的事業會成功。

解釋　一般來說，政府都是絕對可靠的，它能充分保證你的事業取得成功。

| 舉止風度 | 夢象　夢見舉止風度。 |

夢兆　夢見有失風度，不管是你自己還是他人，都說明由於自卑，導致你在前進的道路上止步不前。

解釋　由於自卑才有失風度的。

| 厚顏無恥 | 夢象　夢見厚顏無恥。 |

夢兆　夢見自己或他人厚顏無恥，顯示地位意外地上升。

解釋　厚顏無恥的人的地位應該下降，但下降的反面是上升。

| 競選 | 夢象　夢見競選。 |

夢兆　夢見自己參加競選，預言你的目前短期計畫能迅速成功。

解釋　既能參加競選，就有可能獲得成功，因為競選是短期行為，所以說是短期計畫。

| 道歉 | 夢象　夢見道歉。 |

夢兆　無論你向別人道歉，還是別人向你道歉，你可能都會失去一個朋友後又得到一個朋友，也許失去的朋友又回來了。

解釋　向人道歉，求得朋友諒解，所以你會得到新朋友，或失去的朋友會再回來。

| 錯誤 | 夢象　夢見錯誤。 |

夢兆　(1)如果在夢中你承認錯誤或者對其錯誤負責，這是反夢，必將事業昌盛。

(2)如果你試圖掩蓋錯誤或嫁禍於人，預示由於過於自信或計畫不周導致的停步不前。

解釋 (1)用反說法解釋。

(2)掩蓋錯誤或嫁禍於人對自己不利。

遊行集會 夢象 夢見遊行集會。

夢兆 (1)如果你夢見自己走在遊行隊伍的最前列，預示著你會在公共事務中得到承認。

(2)如果你是走在遊行隊伍中，則表示你在煩惱。

(3)你若在旁邊觀看遊行隊伍，則是加薪水的預兆。

解釋 (1)走在最前列，大家承認你是帶頭人。

(2)你因不想在這遊行隊伍中而煩惱。

(3)示威遊行是為了增加工資。

下海 夢象 夢見下海。

夢兆 預示你要處理好家庭關係。

解釋 只有家庭關係好，才能一心一意地去奮鬥創業。

離職待業 夢象 夢見離職待業。

夢兆 將有喜事臨門。

解釋 將有更好的工作職位等待著你。

公關小姐 夢象 夢見公關小姐。

夢兆 你的名譽將會受損。

解釋 因為一般人對公關小姐不太理解，不免有些閒言閒語。

媒體	夢象　夢見媒體。
夢兆	要保護好你的財物，千萬不能麻痺大意。
解釋	媒體是專門幫助騙子騙人的。所以，要你保護好財物。

八、交通運輸通訊類

交通、車輛、橋樑、鐵路、公路、通訊、電話、信件

交通

夢象　夢見交通。

夢兆　在夢中有注視交通的情景，預示著你企圖一人解決難題，但你最好還是爭取他人的幫助或合作的力量。如果夢見自己輕鬆地騎車行駛，你將會愉快、得體地解決家庭困難。但若有交通阻塞的現象發生，這便是一個晦澀的預示，在迎面而來的困境面前你須穩住神情，單獨地、耐心地克服它。

解釋　注視交通情況的人是交警，而交警一般是一個人指揮交通的，所以此夢預示你企圖一個人解決難題。驅車順利，所以預示愉快地解決困難。交通阻礙就預示困難，解決困難必須耐心才能成功。

划船

夢象　夢見划船。

夢兆　作這個夢後，你要更堅信自己走的路是正確的，大膽地走下去吧！

解釋　在湖中划船，條條水道都

可以達到目的，所以說你走的路是正確的，要堅持下去。

導遊

夢象 夢見導遊。

夢兆 不管夢中是你當導遊，還是被別人引導或是看到他人被引導，或向導遊請教，或買旅遊指南，都預示著透過一個有影響的朋友，你將得到一個有利的新機會。

解釋 導遊就是引導你遊覽，引導對你有影響，能給你機會，所以此夢預示你將有一個有利的新機會。

輪子

夢象 夢見輪子。

夢兆 (1)緩慢轉動的輪子預示著艱苦但富有成效的工作。

(2)快速轉動的輪子表示在財富或社會地位上迅速地發展。

(3)失去一個輪子表示讓人興奮的冒險。

(4)老舊破損的輪子表示因努力不夠而帶來的失望。

(5)飛機輪子表示成功。

(6)汽車輪子表示匆忙的旅行。

(7)自行車輪子表示希望擱置懸而未決的事情。

(8)機器輪子表示境況有所好轉。

解釋 (1)緩慢表示艱苦，但仍在轉動，說明還是有成效的。

(2)快速轉動就是迅速地發展。

(3)失去一個輪子繼續開車，是一種冒險。

(4)老舊破損的輪子無法再使用，只能給人帶來失望。

(5)飛機輪子著陸表示到達目的地，所以表示成功。

(6)用汽車旅行，匆匆忙忙。

(7)自行車車速慢，有些事情辦不起來，只能懸掛在那裡。

(8)機器是大生產，不是境況改善，是不可能用機器生產的。

輪胎

夢象 夢見輪胎。

夢兆 (1)換輪胎的夢提醒你儲備資源，以備臨時需求。

(2)買新輪胎顯示掙脫煩惱之時在望。

(3)輪胎爆裂顯示你的生活會因為隱而不露的原因出現問題。

(4)丟失輪胎是提示你要更加自控，你會發現受益

匪淺。

解釋 (1)換輪胎必須先有備用輪胎，所以提醒你儲備資源。

(2)舊輪胎不能用了，換上了新輪胎，原來用舊輪胎的煩惱沒有了。

(3)輪胎有隱而不露的毛病才會出問題。

(4)輪胎丟失是因為沒有控制好它，所以說你要更加自我控制。

高速公路

夢象 夢見高速公路。

夢兆 警告你做事不能操之過急。

解釋 因速度太快會出車禍，所以預示不能操之過急。

高速列車

夢象 夢見高速列車。

夢兆 你的事業一定可獲得成功。

解釋 因為高速列車一定能達到目的。

十字路口

夢象 夢見十字路口。

夢兆 你將面臨重大的抉擇。

解釋　夢象和夢的意思一致。

乘飛機旅行

夢象　夢見乘飛機旅行。

夢兆　你將有從遠方來的消息。

解釋　飛機是飛到遠處去的，所以有可能從遠方傳來消息。

小路

夢象　夢見小路。

夢兆　如果你夢見在小路上行進，這顯示你將會達到目的。如果你在夢中常常小心翼翼地尋找迷失的道路，那你必須反省你的現實生活，看看自己在哪些地方有失誤之處。

解釋　川、路不是平坦大道，所以沒有毅力者不願走，如果走了，由於有毅力，所以一定會達到目的。在夢中常常找路，象徵生活的道路曲折複雜，要檢討自己才能前進，所以需自省自己。

火車

夢象　夢見火車。

夢兆　如果夢見火車停在車站，或停在沿線的側軌

道上，那麼你新近的計畫將遭到無故的打擊或因此
而推遲。

解釋 火車是為了前進的，現在卻停著，這可能是出現了
什麼事情，而火車的計畫性是特別強的，由此可以
象徵新近的計畫將遭到打擊或推遲。

公共汽車

夢象 夢見公共汽車
。

夢兆 (1)夢見乘坐公
共汽車，預
示心願能實
現。

(2)夢見你在等公共汽車，表示將暫時受挫。

(3)如發生事故停車，則由於經濟上的困境而有一
段時期的沮喪。

解釋 (1)公共汽車是載人向前，所以預示心願的實現。

(2)等公共汽車是中途停頓，而停頓是某一方面受
挫折，所以表示暫時的受挫。

(3)發生事故，馬上不可能修復，所以說有一段時
間的沮喪。現在是經濟快速發展的時代，所以說
是在經濟上的困境。事故就表示困境。

卡車

夢象 夢見卡車。

夢兆 開卡車或乘卡車
的夢都預示著舒
服安逸的生活。

解釋 開卡車或乘卡車都是不舒服的，但從反面來講可以
預示著舒適安逸的生活。

電車

夢象 夢見電車。

夢兆 不論是有軌電車還是無軌電車，你的一生雖不豪華
卻也舒服。

解釋 電車不豪華，但舒適平穩，所以預示你的生活舒
適。

電梯

夢象 夢見電梯。

夢兆 升，即是好的象徵；降是不好的象徵。

解釋 升是升高的意思，降是下降的意思，所以象徵好或
壞。

自行車

夢象　夢見自行車。

夢兆　(1)騎自行車可得到意外
的成功。

(2)推自行車預示你將困
難重重。

(3)騎自行車上山，不能
驕傲自滿。

(4)騎自行車下山，將有
禍事發生。

解釋　(1)騎自行車比較愉快，能早一點辦成事，所以可得
到意外的成功。

(2)推自行車一般是自行車壞了，所以預示你的困
難重重。

(3)騎自行車上山有危險，所以不能驕傲自滿。

(4)騎自行車下山，危險更大，所以說將有禍事發
生。

運河

夢象　夢見運河。

夢兆　水滿則爲好事。若乾涸或半乾涸，或也有莠草，應
忌鋪張浪費。

解釋　水滿運河暢通，所以是好事。乾涸、半乾涸、有莠草是象徵個人財力枯竭，所以不能再鋪張浪費。

駁船

夢象　夢見駁船。

夢兆　(1)如駁船滿載，你能戰勝競爭者。

(2)如是空船，則做決定時切忌輕率匆忙。

(3)只看到一艘駁船，你即將遠行。

解釋　(1)船滿載，實力強，所以有力量戰勝競爭者。

(2)空船象徵一無所有，故不能輕率匆忙做決定。

(3)駁船是運貨的，用船運的貨物一般路較遠，所以預示你即將遠行。

運貨馬車

夢象　夢見運貨馬車。

夢兆　(1)夢見自己坐著或駕著這種車，預示在很長一段時期裡，你將拼命工作而少有樂趣。

(2)如果你只是看到這種車，雖與以上相同，但時間較短。

解釋　(1)運貨馬車十分辛苦，所以預示你拼命工作而少有
　　　　樂趣。

　　　　(2)只是看到，所以程度輕，時間短。

快艇

夢象　夢見快艇。

夢兆　顯示你將會圓滿地完成一個非常重要的計畫。

解釋　快艇飛快地到達目的地，所以顯示你能完成一個非
　　　　常重要的計畫。

步行

夢象　夢見步行。

夢兆　(1)如你悠閒地散步，表示著你一帆風順。

　　　　(2)如你舉步維艱，則表示你在生活中有許多困難，
　　　　　　並且要克服這些困難，必須決心果斷。

解釋　(1)悠閒散步，平安無事，所以說一帆風順。

　　　　(2)舉步維艱，當然是困難重重。

汽車

夢象　夢見汽車。

夢兆　如果汽車僅僅是作為交通工具，則含義不大。

　　　　(1)如車速很快，則有遠方來
　　　　的消息。

(2)如發生車禍，則東西失而復得。

(3)如發動機熄滅或汽油用盡，你將由於自己輕信或感情用事而導致難堪。

解釋 (1)車速很快是從遠方來，當然是帶來遠方的消息。

(2)車禍是壞事，但反過來解釋卻是好事，所以說東西失而復得。

(3)汽車壞了，應該認真對待，不能輕率認為已經修好或者感情用事一定馬上能開動。如果這樣，一定會導致難堪。

汽車前燈

夢象 夢見汽車前燈。

夢兆 汽車前燈向你射來，是告誡你聽之任之將給你帶來危險，除非你立即採取行動。

解釋 汽車燈光照來，汽車即將駛到，你如不聞不問，那非壓死不可。所以說你會帶來危險。

碼頭

夢象 夢見碼頭。

夢兆 (1)泊在碼頭的船預示著你的一次旅行。

(2)要是碼頭上不見帆影，是警告你由於疏忽，你將鑄成錯誤。

解釋 (1)有船不是停在港口，而是停在碼頭上，說明將

遠行。所以預示著你的一次旅行。

(2)碼頭上沒有船，而你由於疏忽以為有船，結果耽誤了你的行程，可能誤了你的事，所以說將鑄成錯誤。

輪船

夢象 夢見輪船。

夢兆 (1)無論是帆船、蒸氣船還是摩托船，船之夢預示著有利可圖的冒險。

(2)沉船的夢顯示你應為自己的名望而戰。

(3)觀看或製作船模型的夢預示著一年之內新的豔遇。

(4)夢見船隊是事業順利的象徵。

解釋 (1)任何船都是從事運輸，所以必然有利可圖。行船總有一定的風險，所以是有利可圖的冒險。

(2)沉船了，將身敗名裂，所以必須應為自己的名望而戰。

(3)船模型是一種創造，一種美，而婦女也是美的，所以可能有豔遇，但為什麼要在一年之內呢？這是一種估計，因為一般製作船模型是不會超過一年的。

(4)船隊浩浩蕩蕩，力量大，所以是事業順利的象徵。

轟炸機

夢象 夢見轟炸機。

夢兆 預示生活道路上的威脅，如若行動明智，即能消除。

解釋 轟炸機是對人有威脅、有危險，為了避免這種危險，只有採取明智的行動。

剎車

夢象 夢見剎車。

夢兆 夢見你剎車，你將得到一個晉升的機會。如果剎車不靈或有噪音，則你在接受新的任命前宜再三權衡，因為可能有暗伏的危機。

解釋 剎車表示避免了危險，這是好事，所以可能有一個晉升的機會。當然，機會只是一種可能性，而不是絕對的。

剎車靈是晉升，那麼剎車不靈或有噪音，就不是晉升，相反就有危險，所以說可能有暗伏的危險。

狹路

夢象 夢見狹路。

夢兆 以狹路或鄉間小路為特徵的夢是忠告你，在與異性的交往中要謹慎。

解釋 狹路或小路都是不大好走的，所以走路時要小心謹慎。而與異性交往，就像走狹路一樣難走，所以說在與異性交往中要謹慎。

駕駛

夢象 夢見駕駛。

夢兆 (1)夢見別人給你開車，則財星高照。

(2)夢見自己開車，則在這幾個星期內應在錢財方面小心為是。

解釋 (1)有別人開車，當然有了錢，所以說財星高照。

(2)夢見自己開車，則可能有危險，有危險出了事傷了人，所以在財錢方面要小心。因為是開車，速度比較快，所以說在幾星期之內。

獨木舟

夢象 夢見獨木舟。

夢兆 夢見獨木舟上空無一人，你需結交新朋友。

解釋 獨木舟象徵孤獨，所以需結交新朋友。

船塢

夢象 夢見船塢。

夢兆 (1)繁忙的船塢預示物質財富的增長。

(2)廢棄不用的船塢，或只有你獨自一人的船塢，預示不幸。

解釋 同樣是船塢，但應區別對待。

租車

夢象 夢見租車。

夢兆 夢見自己租車，或坐在租來的車裡，你會突然遇到好運。

解釋 租車是沒有錢的表示，反過來說卻是好事，所以說你突然遇到好運。

人行道

夢象 夢見人行道。

夢兆 若你夢中的人行道很平坦，或夢見在鋪設新人行道，那麼可以預料到，你目前的興趣可以發展，然而夢見顛簸、損壞的人行道，則是警告你，正處在喪失顏面和社會影響的危險之中，除非你學會控制或隱藏自己的嫉妒心。

解釋 新的完好的人行道是平坦的，所以預示著順利。顛簸、損壞的人行道是危險的，所以預示遇到的種種困難，如喪失顏面和社會影響。

石頭

夢象 夢見石頭。

夢兆 踩踏石臺階象徵緩慢穩步的前進；帶斑點的石頭與愛情有關。扔石頭顯示你為失去機會而遺憾，引為教訓吧！不要為馬後炮費神。

解釋 踩踏石臺階向上，表示穩步的前進。帶斑點的石頭作為紀念品（如雨花石贈給戀人，所以與愛情有關）。扔石頭是心情不佳的表現，所以顯示一種遺憾，如失去機會。

石板

夢象 夢見石板。

夢兆 石板的夢象徵著財運和財富的到來。

解釋 石板鋪路平坦，而平坦是一路平安，不出意外，所以象徵財運和財富的到來。

甲板

夢象　夢見甲板。

夢兆　夢見自己在艙面上，而且風平浪靜乃好事；如果是大風大浪，你將有意想不到的麻煩。

解釋　風平浪靜當然是好事，大風大浪必然有麻煩。

加油站

夢象　夢見加油站。

夢兆　在加油站加油，預言收入增加；在加油站賣油，意味著生意上將有一段時間的不景氣。

解釋　加了油再去掙錢，就可以使收入增加；在加油站賣油，是出賣勞力的，只有在生意上不景氣的人才會這樣做。

地鐵

夢象　夢見地鐵。

夢兆　暗示著你眼前一系列的煩惱，不要失望，很快這一切將成為模糊的記憶。

解釋　地下表示不祥，所以表示煩惱。但乘坐地鐵的時間是短暫的，所以這種煩惱只是暫時的。

吊橋

夢象　夢見吊橋。

夢兆 夢見放下的吊橋，則你的日子過得極其快活；夢見拉起的吊橋，則未決的事情有滿意的結果。如果夢見吊橋正在放下，則應退一步，以便邁出兩步來。

解釋 吊橋放下，能讓你走到目的地，所以預示未決的事情有了滿意的結果。吊橋正在下放，應該退一步，不然吊橋放不下來。

亂穿馬路

夢象 夢見亂穿馬路。

夢兆 夢到他人闖紅燈，是警告你，你可能因正在計畫中的愚蠢行動被發現而感到丟臉，你最好忘掉它，如果你自己橫穿馬路，你將遇到法律上的麻煩。

解釋 別人闖紅燈是不好的，是愚蠢行為，而愚蠢行為會使人感到丟臉。但也不要耿耿於懷，最好把它忘掉。若你自己橫穿馬路，如果出了車禍，就會遇到法律上的麻煩。

誤點

夢象 夢見誤點。

夢兆 如果是火車或飛機誤點，則錢財上將出現問題。

解釋 誤點是不守信用，不守信用就不能做成生意，所以錢財上將出現問題。

帆

夢象 夢見帆。

夢兆 夢裡揚帆起航的情景意味著幸福在即；假若你在晴朗的天氣中迎著和煦的風航行，你將進入繁榮時期；要是夢中之海風浪大作或死樣沉寂，你很快會有失望小事，駕小船入港灣的夢預示著突然的成功或意外的好運。

解釋 揚帆起航或晴天航行都象徵幸福和繁榮。風浪大作，死樣沉寂，不能完成航行任務，當然預示失望。駕小船平安到達目的地，預示成功或好運。

油布

夢象 夢見油布。

夢兆 如果你夢見的油布是閃光嶄新的，即是告誡你避免任何不正當的東西。然而，如果你夢中的油布是破爛的，則是暗示你可能從與異性交往中受益。

解釋 因為任何一點點的不當就會影響閃光或嶄新的東西。破爛的東西是不好的，但異性可能會同情你，所以可能會有好處給你。

軛

夢象 夢見軛。

夢兆 夢見軛表示你的環境改變了，但是夢見自己身上套著軛，那就說明你過多地被人牽制了。你在生活中應該更有主見。

解釋 有軛和沒有軛不一樣，所以象徵你的環境改變了。自己身上套著軛，就是失去了主見，被人牽制了。

軸

夢象 夢見軸。

夢兆 如夢見斷軸或彎軸，你將遭到反對。如這軸正在修理中，或安了一個新軸，你將能克服困難。

解釋 斷軸或彎軸不能用了，當然人家會反對你用。把軸修好或安一個新軸，可以用了，困難也就克服了。

房梁

夢象 夢見房梁。

夢兆 顯示你將會遇到麻煩，有人正在伺機找你的麻煩，放聰明點。

解釋 房梁是房子的重要部分，所以會有好多人看著你，伺機找你的麻煩。

標誌

夢象 夢見標誌。

夢兆 路標、溫度計或其他標誌為特徵的夢預示著一些新的朋友，他們都很有用。

解釋 路標、溫度計十分有用。

標籤

夢象 夢見標籤。

夢兆 (1)如果夢中你見識到容器（不管是什麼容器），預示事業上的投資能帶來利益。

(2)如果夢見的標籤貼在盒子上、樹幹上、行李上或者是沒貼、沒繫住的標籤，預示著一件令人驚奇的事，很可能是意料不到的一次旅行或者是一位遠道而來的來訪者。

解釋 (1)容器是裝東西的，現在能裝東西，所以預示投資帶來利益。

(2)這些標籤與旅行有關，所以說可能是一次旅行或是一位遠道而來的來訪者。

相撞

夢象 夢見相撞。

夢兆 夢見汽車或輪船相撞，宜果斷做出決定。若不相信

自己的判斷，應請教朋友或專家，切勿遲疑。

解釋 汽車或輪船相撞，這是在事前沒有做出避免相撞的決定，所以此夢預示宜果斷做出決定。若自己無能力，可請教他人。

胡同

夢象 夢見胡同。

夢兆 夢見胡同或小巷，預示你將一帆風順。如果是條死胡同，則成功雖能達到，但須艱苦努力。

解釋 胡同或小巷是通的，預示你一帆風順。如果是死胡同，必須繞道走，所以須艱苦努力。

砂粒

夢象 夢見砂粒。

夢兆 食物中有砂粒，是告誡你不要傳播不可信的謠言。

解釋 食物中的砂粒，不是糧食，而是冒充糧食，所以是不可信的東西。由此告誡你不要傳播謠言。

信號燈

夢象 夢見信號燈。

夢兆 你將從一位有影響的朋友那裡得到幫助。

解釋 信號燈幫助你前進。

槳

夢象 夢見槳。

夢兆 遺失或折斷了船槳是壞消息，表示你碰到了麻煩。

解釋 槳斷了當然麻煩。

旅客

夢象 夢見旅客。

夢兆 如果自己在夢中是名正在旅行的旅客，預示你可以輕而易舉地取得勝利，而夢見自己乘輪船、飛機、小船、火箭、氣球等則表示你應從煩惱中解脫出來。

解釋 正常旅行，是一路平安，所以預示輕而易舉地取得勝利。乘各種交通工具旅行，有些擔心和煩惱，但到了目的地煩惱就會解脫出來。

旅館

夢象 夢見旅館。

夢兆 如果這個旅館華而不實或非常豪華，顯示你對一件事情的結果深感失望。如果與你常光顧的旅館相差無幾，則是一個令人滿意的象徵。

解釋 華而不實或非常豪華你會感到失望。如你常住的旅

館一樣，就是你滿意的旅館，所以你會感到滿意。

航行

夢象 夢見航行。

夢兆 夢見研究航海或航空，象徵較遠的旅行；夢見做一個航行者，預示著生活中要全力加以解決複雜問題。

解釋 航海或航空就是較遠的旅行。一個航行者在航行途中一切複雜問題都由自己解決。

橋樑

夢象 夢見橋樑。

夢兆 如果是在白天，橋很安全，你毫不費力地通過，預示將有一個令你滿意的變化，可能是職務上的升遷。如果橋樑有損壞，或比較危險，這一時期忌做任何變動。

解釋 能毫不費力地通過橋，表示你前途通達，可能有職務上的升遷。橋有損壞或危險，這時就應小心從事，安分守己，避免任何變動。

舵

夢象 夢見舵。

夢兆　要是夢見折斷舵，請你在近兩三週內避免旅行。一般的舵象徵你正走在通往幸福的大道上。

解釋　折斷舵必須停止旅行。舵端正航向，十分重要，如舵把得好，可以通往幸福的航道。

雪撬

夢象　夢見雪撬。

夢兆　夢見騎在雪撬上是一個令人振奮的預示，它為你帶來了一種熱烈非凡的愛情生活。如果再夢見摔倒，這種愛情生活將來得急，也去得快。

解釋　騎在雪撬上賓士，充滿浪漫氣息，所以預示一種熱烈非凡的愛情生活。如果摔倒，那這種愛情也就不存在了。

船長

夢象　夢見船長。

夢兆　對於男性，意味地位上的升遷，對於女性，宜提防別人的妒忌。

解釋　男性做了船長，所以是升遷。女性做船長是少有的事，可能會引起別人的妒忌。

船隊

夢象 夢見船隊。

夢兆 (1)停靠在碼頭或正要入港的漁船隊,表示平心靜
氣。

(2)若是正要出海,則代表煩惱。

(3)拋錨的海軍艦隊,意味著擺脫責任的重負。

(4)若是編隊行進,則預示還要長期擔負責任。

(5)帆船隊,特別是晴空萬里時,是希望復甦的徵
兆。

解釋 (1)漁船隊已平安到達,所以心裡很平靜。

(2)出海煩惱很多,如能否捕到魚、天氣如何等等。

(3)拋錨是不再出航,所以責任的重負也就御下了。

(4)如出航當然還要擔負責任。

(5)帆船隊是古老的船隊,現在已不大使用,但人
們在好天氣時,總想再出海試試,所以可說是希
望復甦的徵兆。

船艙

夢象 夢見船艙。

夢兆 喻示家庭不和或糾紛。

解釋 船艙裡人多雜亂,糾紛多,所以比喻家庭不和或糾
紛。

渡輪

夢象 夢見渡輪。

夢兆 預示撒下汗水必有收穫。

解釋 渡輪是擺渡用的，只要努力，一定能渡到彼岸的。

停車

夢象 夢見停車。

夢兆 停車或想停車，預示著你應該開始逐步減少那些你不感興趣的關係。

解釋 停車或想停車是不想繼續往前走，所以預示逐步減少那些你不感興趣的關係。

舷梯

夢象 夢見舷梯。

夢兆 如果你走在舷梯上，向上表示好，向下則反之。

解釋 上升表示好，下降表示壞。

街道

夢象 夢見街道。

夢兆 陌生的街道預示著你將有新的冒險活動或危險的交涉。擁擠不

堪的街道預示著旅行和對新環境的迷惑。很長很長的街道，顯示你須大大地忍耐眼前的壓力，這樣，才有可能實現你的追求。

解釋 到陌生之處就會有冒險和危險。擁擠不堪，使人眼花撩亂產生迷惑。很長很長的街道需要耐心，才能取得需要的東西。

儲藏

夢象 夢見儲藏。

夢兆 (1)儲藏——象徵著富足與安全。

(2)提取儲藏物——象徵著環境及個人的社會基礎的變動。

(3)分散儲藏物——象徵著小小的經濟困難。

解釋 (1)富足與安全了，才能進行儲藏。

(2)提取儲藏物就是變動。

路

夢象 夢見路。

夢兆 夢見平直寬廣的大路，象徵著平穩、令人滿意的進步。如果道路崎嶇坎坷，代表生活中的障礙有待消除。

解釋　行進在平直寬廣的大路上，就是平穩而令人滿意。崎嶇坎坷，生活有障礙。

錨

夢象　夢見錨。

夢兆　近幾個月內並不急需的東西，你先別花錢買。

解釋　拋錨是不動、不行的象徵，所以不急需的東西先不要買。

遊艇

夢象　夢見遊艇。

夢兆　(1)夢中的遊艇是經濟情況改善的象徵。

(2)如果你在遊艇上娛樂，你肯定會實現你的目標。

(3)在洶湧的水面上航行，預示著你將財運亨通。

解釋　(1)有錢才會有遊艇。

(2)娛樂肯定可以成功，如下棋打牌。

(3)在洶湧的水面上能平安行舟，表示一路順風，所以說財運亨通。

隧道

夢象　夢見隧道。

夢兆　你的生活將有一次冒險的活動。

解釋　穿過隧道本身就是一種冒險活動。

漏洞

夢象　夢見漏洞。

夢兆　一個漏洞，是做無用功的象徵。

解釋　漏洞就是無用功。

廣播

夢象　夢見廣播。

夢兆　夢裡收聽廣播預示成功。夢見自己在播音，則應堅持進行目前的計畫。

解釋　多收聽廣播，資訊得到的多，所以辦事成功的希望大。如自己播音，這是為了宣傳，所以為了信譽，更應把計畫堅持下去。

電報

夢象　夢見電報。

夢兆　若是令你高興的好消息，現實中自然亦會有好運氣，反之，這種緊急的信號告訴你趕快節制開支，否則新的財源將遠遠不及補充你的花銷。

解釋 夢是現實的反映，所以夢中有好消息，生活中就會有好運氣。如果不是好消息，那麼這種告急，意味著你生活上將有困難，所以必須節制開支，以免入不敷出。

錄音電話機

夢象 夢見錄音電話機。

夢兆 (1)僅僅看到錄音電話機，預示將有關於朋友的好消息。

(2)若是使用這種電話機，可望升官發財。

解釋 (1)電話是朋友打來報告好消息的。

(2)使用這種電話機的人經濟實力雄厚，交友廣闊，所以不是升官就是發財。

信

夢象 夢見信。

夢兆 夢的含義取決於信的內容。

(1)收到好消息，前程似錦。

(2)信中充滿憂愁，預示著即將來臨的拼搏。

(3)不重要的或日常的信。

(4)寫情書，象徵著對一段愚蠢的戀愛的後悔莫及。

(5)毀壞一封未拆開的信，顯示需要修正過去的不

公正。

(6)讀一封寄給別人的信，預言財物遺失。

(7)一封連鎖信，預示不久有一段不尋常的經歷。

(8)一束情書，是告誡你能夠從問心無愧中獲益。

(9)把信件歸檔或在卷宗中尋找信，預示著環境的改善。

(10)一封信由送信人而不是透過郵局送到你手中，顯示在小事上不和。

(11)用彩色墨水寫成的信顯示家庭糾紛。

(12)夢見藏信或找到藏著的信，是警告你，謹防不忠實的朋友（包括你的愛戀之人）。

解釋

(1)好消息當然對前途有好處。

(2)不拼搏不能解除憂愁。

(3)對對方充滿希望，但只來了一封不重要的信，所以表示失望。

(4)寫情書應戀愛成功，但反過來卻是後悔莫及。

(5)信都未拆卻把它毀壞了，說明此信需要重新寫才對。

(6)有財物遺失才寫信告訴別人。

(7)連鎖信因涉及的人太多，所以可能會有不尋常的糾紛或經歷。

(8)情書就應該問心無愧，這樣才能獲益。

(9)要調動工作或提升，才在檔案中找那封重要的倍。

(10)有了點小矛盾，而請人送信。

(11)家庭有糾紛才用紅筆（彩色墨水寫信）。

(12)不忠實的朋友才會藏信。

海報

夢象 夢見海報。

夢兆 你夢見任何一種海報都預示著你會得到一些驚人的消息。

解釋 海報就是給人驚人消息的。

消息

夢象 夢見消息。

夢兆 這是典型的反夢，夢中的消息越糟，實際的消息越好，反之一樣。

解釋 這是用反說法解釋的。

郵票

夢象 夢見郵票。

夢兆 (1)不管在夢中看見了什麼郵票，只要有著奇怪的樣子都說明你在本年財運亨通。

(2)夢見帶有郵票的信封意味著個人處境的改觀。

(3)夢見買郵票預示著財富的增加。

(4)夢見好收集外國郵票預示著朋友的好言相勸。

解釋 (1)奇怪的郵票每人都喜歡,而郵票又是傳遞資訊的,所以如果做生意,就可能財運享通。

(2)有信封就有信,說不定這封信會改變你的命運,所以說意味著個人處境的改觀。

(3)能購買郵票,而郵票是為了交往的,所以預示財富的增加。

(4)收集外國郵票說明外國朋友多。而集郵是一高尚的事業和愛好,所以朋友之間的互相幫助,更能促使事業的發展,所以說朋友的好言相勸是有益的。

飛機

夢象 夢見飛機。

夢兆 夢見飛機在天上飛,則表示你的職務會升遷。夢見飛機降落,則你目前的經濟困難無法解決。

解釋 上升是好事,所以預示職務升遷。降落是壞事,所以說經濟困難無法解決。

大哥大

夢象 夢見大哥大。

夢兆 要當心你的財物。

解釋　因爲你有大哥大，說明你比較富有，而有人就會打
你財物的主意。

BP機

夢象　夢見BP機。

夢兆　不要輕易地相信別人。

解釋　因爲有些人使用BP機是爲了詐騙。

電話

夢象　夢見電話。

夢兆　(1)夢見你家中裝了
電話，你的朋友
會告訴你喜訊。

(2)夢見你在打電
話，將會發生使
你掃興的事。

解釋　(1)裝電話是爲了傳遞消息，所以你朋友會有好消
息告訴你。

(2)打電話可能聽到好消息，也可能聽到壞消息，
所以會發生使你掃興的事。

九、人體器官神經類

四肢、頭、眼睛、五臟、神經

四肢皆斷

夢象 夢見四肢皆斷。

夢兆 此夢主分離之兆。名利廢，交友無情，病體劇，做事無成。

解釋 四肢皆斷，所以做什麼事都不能成功。

肥

夢象 夢見自己肥胖。

夢兆 貧人夢肥，財來致富。富人夢此，富族富家財長旺。少年夢此大吉。病者夢此無藥可治。

解釋 貧者能長肥，說明並不貧窮。富者肥上加肥，那家庭更興旺。孩子能長得肥壯，所以大吉。病者雖肥，但外強中乾，已無藥可治。

瘦

夢象 夢見瘦。

夢兆 夢瘦者，骨力強壯之象。少者夢此家貧無患。老者夢此健康。富貴者不祥。女子懷胎

夢此大凶。

解釋 瘦是精悍強健的象徵，所以夢見瘦不是壞事。少年人家貧瘦一點也無什麼害處，反而是健美之僚。「有錢難買老來瘦」，所以老年人瘦一點是健康的表示。而富貴者瘦了，說明境況有所改變，已在走向衰敗。孕婦不能瘦，瘦了，不是有病，就是營養不良，兩者對嬰兒都不利，所以大凶。

找不到身體

夢象 夢見找不到身體。

夢兆 主氣散形變，將發生不幸的事。

解釋 自己的身體都找不到，自己已不能掌控自己，一切將隨別人擺佈，那麼一切不幸就會降臨。

積薪起火焚身

夢象 夢見積薪起火焚身。

夢兆 大吉，主由極貧至極富。

解釋 一把火把什麼都燒光，一切將從頭開始，命運將有極大的改變，從此將有可能由貧變富。

疥癩瘡癤滿身

夢象 夢見疥癩瘡癤滿身。

夢兆 為人子者夢此主父母有災。一般人夢此則有人來損害之兆。

解釋 古時認為，身體屬於父母，現在身體有疾，所以父母將有災。

疥瘡是不潔之症，一般是被別人傳染所致，所以可能將有人前來損害於你。

稱體重

夢象 夢見稱體重。

夢兆 吉，身輕諸事宜，有吉無凶。體重名重，為人所重，是大吉兆。

解釋 身輕各方面都方便，如行走、乘車、穿衣等。體重重實，重名譽，所以為人所重，大吉兆。

與人比大小高矮

夢象 夢見與人比大小高矮。

夢兆 大吉、小凶、高吉、矮凶。

解釋 比別人大，比別人高，一切比別人有優勢，當

然是好（吉）。反之，比別人小，比人矮，一切不如人家，當然不好（凶）。

失明

夢象 夢見失明。

夢兆 夢見變成瞎子，預示你將窮困。

解釋 瞎子不能獨立生活，而且眼前一片黑暗，如果無人幫助則必將貧困。

寒如臨水履雪

夢象 夢見寒如臨水履雪。

夢兆 凶，將有大災，出行在路，須防盜賊或家中有事。

解釋 白天心神不定，晚上作夢才有如臨水履雪的反應。這告訴人們一定要小心行事，以防各種意外，如防盜賊或家中意想不到的事。

斷頭而行

夢象 夢見斷頭而行。

夢兆 主喜慶來至，主事無頭緒。

解釋 斷頭是壞事，但否極泰來，所以可能有喜慶之事降臨。無頭而行，做事缺乏頭緒，所以說事無頭緒。

換頭

夢象 夢見換頭。

夢兆 求名進取，必居第一；平人覓利，頭等交易。若病人夢此，不藥而癒。

解釋 本來功名落第，現在重新開始，所以有可能居第一。一般人重新開始交易，可能獲利。而病人，因夢此而大有轉機，所以可能不藥而癒。

頭痛

夢象 夢見頭痛。

夢兆 夢中疼，醒後疼不止，是病不是夢。醒後不知疼者好夢，有喜慶之兆。

解釋 一直頭疼，當然是病。夢中疼而醒時不疼，實際頭不痛，只是夢中頭痛，痛苦只是在夢中，所以在醒後可能會有喜慶之事出現。

身飛

夢象 夢見身飛。

夢兆 此夢身不著地是高飛遠舉之兆。智者得之高興，顯者得之高升，求利者得之活潑，英雄得之揚名，酒醉得之氣盈，病者得之身輕。窮居得之可度，訟者得之無爭。

解釋 飛是向上飛，向上就是高升，順利的意思，此點適合任何人，夢到此夢都能遇事順利，化凶為吉。

魂飛

夢象 夢見魂飛。

夢兆 主有病難癒。

解釋 由幹有病，心神不寧，神不守舍，所以在睡覺時也不安寧，擔心有病難癒。

身陷入地

夢象 夢見身陷入地。

夢兆 半身在地下，半身出地面，這是出頭之兆，苦日子熬出了頭。若沒入土中，則大凶。

解釋 在土中能出地面，所以是出頭之日已到，既已有所改變，那貧困的日子即可結束。而沒入土中不能出來，那是永無翻身之意，前途茫茫，所以是大凶。

全身忽然變黑

夢象 夢見全身忽然變黑。

夢兆 凶，災禍突至，疾病臨身。

解釋 黑象徵不吉利、晦氣，所以說災禍會突然來到。有病身才黑，所以疾病將至。

洗澡時跌跤

夢象 夢見洗澡時跌跤。

夢兆 說明辦事時不能操之過急，凡事都將延緩。

解釋 由於心急，不小心，洗澡時跌跤，所以說萬事不能操之過急，只有緩慢穩步前進才能成功。

藏頭

夢象 夢見藏頭。

夢兆 諸事宜小心，不宜出頭。

解釋 夢中藏頭是不想把頭露出來，這是白天想出頭露面的表示，所以說諸事宜小心，不宜出頭，以免招來是非。

面色青黑黃瘦

夢象 夢見面色青黑黃瘦。

夢兆 病惡驚憂不祥之兆。

解釋 根據黃帝內經，面色清黑黃瘦是有病之象，所以預示夢者有病。

面污垢

夢象 夢見面污垢。

夢兆 將有難、有禍至。

解釋 滿面污垢,是不得意者,所以有災難橫禍降臨。

戴假面

夢象 夢見戴假面。

夢兆 將是人覆庇保護。

解釋 戴上假面,使人不知底細,所以將會有人庇護。

掩面

夢象 夢見掩面。

夢兆 夢此必有男女幽會之事至,害怕見人。

解釋 男女之事難以見人,故掩面以遮蓋。

精神病

夢象 夢見精神病。

夢兆 夢見自己患精神病,意味著好消息。如果他人患病,則你將有一個不愉快的意外事情。

解釋 從反面來解釋。

眼珠墜地

夢象	夢見眼珠墜地。
夢兆	主凶喪，夢此者其難難免。
解釋	眼珠墜地，無法識人，只能任人宰割，所以其難難免。

摘人眼珠納己眼中

夢象	夢見摘人眼珠納己眼中。
夢兆	吉，名倍升，利倍取，運倍亨，目倍明，家倍豐，壽倍增。
解釋	一雙眼睛看得清東西，現在兩雙眼睛看東西更清了，所以就來了一個「倍」字：名倍升、利倍取…

耳聾

夢象	夢見耳聾。
夢兆	夢此者不祥，病者夢此肺氣不足。
解釋	耳聾聽不見聲音，所以不祥。肺氣不足者耳鳴或耳聾，是有病的徵兆。

鼻塞

| 夢象 | 夢見鼻塞。 |
| 夢兆 | 凶，氣不通，心中蘊結遭惡境。 |

解釋 心中積憤太多，境遇不佳，所以睡眠時氣脈不順，鼻塞。

被人截鼻

夢象 夢見被人截鼻。

夢兆 有禍必清，有病必療，辦事能成。

解釋 截鼻是壞事，但處理好，結果並不壞，禍事能澄清，有病能治好，難辦的事能辦成。

鼻樑破碎

夢象 夢見鼻樑破碎。

夢兆 於事破敗，有財難保，父母喪亡，田園被劫。

解釋 鼻樑是莊嚴、完整的象徵，現在已經破碎，那麼一切都破滅，壞事接踵而來，以致家破人亡。

畫眉

夢象 夢見畫眉。

夢兆 老者夢之得延齡，童子夢之學業有長進，女子夢之丈夫好，病中夢之可痊癒。

解釋 老人畫眉，心情舒暢，所以能延齡。童子畫眉有耐

心，用於教育上則學業將會有所進步，因學生學業不能有成，主要是沒耐心。女子畫眉是打扮，打扮得漂漂亮亮，可獲男子喜歡，所以對她好。病者有興趣畫眉，可見病可痊癒。

頭髮脫落

夢象 夢見自己頭髮脫落。

夢兆 凶，血虛財損之兆。

解釋 頭髮脫落是身體虛弱、有病的表現，所以凶。身體不好，心情不佳。為了醫病，所以要損財。

割髮與人

夢象 夢見割髮與人。

夢兆 主受刑被劫之兆。

解釋 古代認為頭髮十分重要，現在割下來給人，可能出了什麼大事才會這樣做。這就可能會有牢獄或被劫之災。

剪髮

夢象 夢見剪髮。

夢兆 大凶。

解釋 古人認爲頭髮十分重要，甚至勝過生命，現在不要頭髮了，命也不要了，所以大凶。

髮白再黑

夢象 夢見髮白再黑。

夢兆 主壽永無疆。冤沉難雪。

解釋 頭髮由白轉黑，是返老還童的表現，所以說「壽永無疆」。本來可有希望（白），現在卻黑了，所以冤沉難雪了。

口大如鬥

夢象 夢見口大如鬥。

夢兆 正大光明，滋潤通達，富貴長年，有口舌時他人莫能勝。

解釋 心直口快，無私心，正大光明，這樣各方關係好，富貴能長久。由於善辯，常獲勝。

流口水

夢象 夢見流口水。

夢兆 夢見自己，貪杯之象。夢見他人，是來索食。有時還表示精氣不足。

解釋 作夢夢見流口水，可能對美食的渴望，所以說有貪

杯之象。夢見他人流口水，因經常在一起吃喝，所
以可能再在一起吃喝，這就像前來索食一樣。

咬人手足

夢象 夢見咬人手足。

夢兆 主交爭之事。

解釋 咬人手足，恨到極點，必然發生爭鬥之事。

牙齒露

夢象 夢見牙齒露。

夢兆 此為爭論之象。搬家、交易、經
營諸事均宜忍耐。

解釋 露出牙齒，爭辯太多，所以說是
爭訟之象，為了避免爭訟，所以
諸事均宜小心忍耐。

齒落更生

夢象 夢見齒落更生。

夢兆 夢此父母平安，晚景榮
華。

解釋 齒落更生，父母平安。
而自己的晚景也好，像
那重生的牙齒一般。

人割去嘴唇

夢象 夢見人割去嘴唇。

夢兆 吉。

解釋 割去嘴唇，不能說話。禍從口出，從此以後可免禍，所以說吉。

舌尖被人咬去

夢象 夢見舌尖被人咬去。

夢兆 禍將至。

解釋 舌尖被人咬去，欲對婦女行強暴之事，所以禍將至。

多一舌

夢象 夢見多一舌。

夢兆 口舌紛紛，爭論連連。

解釋 有一舌已能生口舌，又加一舌，那口舌必然不斷，爭訟將會連連。

無舌

夢象 夢見無舌。

夢兆 心中有數，不與不爭。

解釋 因無舌，所以不能講話，只能

自己心中有數。因不能講話，所以不能與人爭。

喉斷又連

夢象 夢見喉斷又連。

夢兆 吉，夢者無中生有，死裡逃生。

解釋 喉斷是斷氣，現在是喉斷又連，這就是無中生有，從死裡逃生。

無左右手

夢象 夢見無左右手。

夢兆 凶，無佐也，做事難，交易難。

解釋 沒有左右手，也就是無人幫助，所以僅靠自己，做事難，交易不成。

手忽小

夢象 夢見手忽小。

夢兆 掌細指尖，百事做得，財旺家成。小生意者夢此有大主顧來。

解釋 掌細指尖，心靈手巧，所以理財治家有成。小生意者能有大主顧來，這是小生意者心靈手巧善做生意。

以刀開心

夢象　夢見以刀開心。

夢兆　諸難解，百憂去。

解釋　以刀開心，諸難百憂所以能全去。

取人心肝

夢象　夢見取人心肝。

夢兆　主得民心信譽。

解釋　把人的心肝都取來了，當然能獲得人們的信任，不然不會把心給你。

斷腸

夢象　夢見斷腸。

夢兆　離鄉背井，骨肉飄零，恩義隔絕。

解釋　懷念親人遠離，資訊不通，心裡十分苦惱，所以就夢見斷腸。

渾身流汗

夢象　夢見渾身流汗。

夢兆　大吉，災禍無，疾病癒。

解釋　出一身汗，小病就好了。災禍也是這樣，只要努力出汗也能消除。

喘息不定

夢象　夢見喘息不定。

夢兆　心神不寧，故夢之。

解釋　因白天心神不寧，心裡煩躁，故夜夢喘息不定。

腎

夢象　夢見自己的腎。

夢兆　可能你的腎有毛病，建議去醫院檢查一下。

解釋　夢是現實的反映，如果腎有病，會在夢中反映出來。

人體

夢象　夢見人體。

夢兆　夢見女人體意味在社會上成功；夢見男人體則意味在商業上的成功。

解釋　女人善於交際，所以說在社會上可以成功。男人善做生意，所以意味在商業上的成功。

牙齒

夢象
夢兆

夢見牙齒。

(1)夢裡出現假牙，顯示困境中你會得到意想不到的幫助。

(2)掉牙顯示你的某種重要關係正在惡化。

(3)牙疼的夢顯示會有家庭爭端。

(4)補牙的夢會給你帶來好消息。

(5)拔牙的夢預示著商業上的轉機或投資機會的來臨。

(6)牙齒鬆動的夢警告你信任了一位不值得信任的朋友。

(7)蛀牙的夢表示你的健康出了問題，請你去看一看醫生。

(8)夢中看到整齊潔白的牙齒，是好的喻示。

(9)夢見刷牙顯示阻止你前進的障礙即將消除。

解釋

(1)假牙的功能代表真牙，缺牙是困境，現在假牙能代替，所以說假牙能使你得到意想不到的幫助。這裡用的是「分析法」。

(2)牙齒與牙齒之間的關係十分重要，是互相依靠

的關係，現在牙掉了，這種重要的關係正在惡化。

(3)牙疼有時是由於生活不愉快，引起火氣大，就發生了牙疼，所以說夢見牙疼顯示家庭有爭端。

(4)把牙補好了，牙與牙之間的關係修復了，這當然是好消息。

(5)把不好的牙拔掉了，對病人來說可能會帶來轉機或機會。

(6)朋友之間的友誼是牢不可破的、堅如磐石的，現在鬆動了，所以這位朋友是不值得信任的。

(7)蛀牙象徵身體某一方面有病，所以要去看一看醫生。

(8)整齊的牙齒是美好的象徵，可以說是「好的喻示」。

(9)把髒的東西刷掉了，所以比喻障礙的消除。

手

夢象 夢見手。

夢兆 (1)夢見骯髒或醜陋的手，是警告你切忌言行不慎而危及名聲。

(2)夢見美麗、潔淨和精

心修飾的手，表示生活安逸。

(3)夢見忙碌、靈巧的手，表示收入豐厚。

(4)招手意味著分離。

(5)撫手意味著摯愛。

(6)血跡斑斑的手是家庭不和的象徵。

(7)一隻手被折斷或失去，告誡你多多注意個人的事。

(8)夢中看見右手表示無憂無慮。看見左手表示苦惱和困難。

解釋 (1)骯髒的或醜陋的手象徵做了不好的事（如小偷的手），所以夢見它是一個警告。

(2)生活安定的人才有閒情逸致去修飾自己的手。

(3)忙忙碌碌而又十分靈巧，那麼收入就可能增多。

(4)招手是告別，所以意味著分離。

(5)撫摸親愛的人的手，當然是摯愛。

(6)夫妻打架，手打得血跡斑斑，所以說是家庭不和的象徵。

(7)一隻手被折斷或失去，表示失去了幫手，只有靠自己來解決個人的事了。

(8)右手強壯有力，威鎮一切，所以無憂無慮。左手軟弱無力，會遇到苦惱和困難。

手指

夢象 夢見手指。

夢兆 (1)夢見自己或別人指指點點，預示你的環境將會完全改變。

(2)纏著紗布的手指，顯示你將輕易地擺脫險境。

(3)受傷的手指，意味著你將自找麻煩。

(4)切斷的手指，示意前途非常的艱辛。

(5)失去手指，示意在錢財方面將有糾紛。

(6)夢見特別長的手指，預示在戀愛方面要翻船。

解釋 (1)自己或別人指指點點，在這樣的環境中待不下去了，所以預示環境將會改變。

(2)纏著紗布的手指即將痊癒，所以預示能輕易地擺脫險境。

(3)受傷的手指頭掉不得，所以意味會碰到麻煩。

(4)切斷的手指，諸事不宜，做什麼都比較艱苦。所以預示前途非常的艱辛。

(5)失去手指就無法控制，失去控制，對商人來說就會有錢財糾紛。

(6)手指特別長，無孔不入，做人太尖刻，戀愛對象受不了，所以要翻船。

手掌

夢象 夢見手掌。

夢兆 如你夢見自己或他人的手掌時,常會在此後繼承一份遺產,或收取一份意想不到的貴重禮物。

解釋 手掌可以掌握財物,手掌也是向人索取東西的。所以可能繼承遺產或收到禮物。

頭

夢象 夢見頭。

夢兆 (1)夢見你或別人的頭,顯示你事事如意。

(2)如夢見一個與身體脫離的頭,預示將有一個新的局面出現。

(3)小的、窄的、尖的頭,顯示事倍功半。

(4)大的、寬的、圓的頭,意味著挫折。

(5)腫脹的頭是對自高自大的警告。

(6)夢見自己或別人有幾個頭,意味著地位的上升。

(7)頭痛是告誡你要保守自己的私事,不要輕易向人吐露。

解釋 (1)頭是一個人的主宰,頭沒有問題,那麼什麼事都可能做好,是說你可能事事如意。

(2)一個人的頭與身體分離,顯示這個人不可能再活,只有重生才有可能再獲得生命。這就是一個新的起點,所以說預示一個新的局面的出現。

(3)小的、窄的、尖的頭,腦力不足,所以只能事倍功半。

(4)大的、寬的、圓的頭和一般的頭不一樣,不正,所以處理問題出錯的可能性較大,就有可能受到挫折。

(5)腫脹的頭象徵腦袋發燒,自以為了不起,所以是對自高自大的警告。

(6)有幾個頭,象徵著有幾個頭緒,也可說有幾項工作,所以收益多,貢獻大一些,地位就會上升。

(7)已經被私事搞得頭昏腦脹,如果再向別人吐露,那會搞得更頭痛。

獸頭

夢象 夢見獸頭。

夢兆 看見自己或別人長著獸頭,切忌過分貪圖物質和感官的享受,不要一失足成千古恨。

解釋 頭已變成了獸頭,已失去了人的本性,成了野獸,所以,就有可能一失足成千古恨。

頭髮

夢象
夢兆

夢見頭髮。

(1)頭髮濃密，其外觀和
　　狀況使你滿意，顯示
　　健康和滿足。

(2)頭髮稀疏、脫落或有
　　其他不佳症狀，預示
　　將遇到困難。

(3)梳自己的頭，意味著
　　擺脫一個長期折磨人的困境。梳別人的頭，顯示
　　需要朋友的幫助。

(4)為異性梳頭，預言你目前在異性問題上將有一
　　個快樂的結局。

(5)自己理髮或讓別人幫你理髮，表明一次新的冒
　　險將獲得成功。幫別人理髮，是警告你要當心周
　　圍人的嫉妒。

(6)給自己梳辮子，預示將有新朋友；但幫別人梳
　　辮子，卻是一個令人不快的爭論的預兆。

(7)夢見染髮，顯示你的虛榮心正在上升。

解釋

(1)頭髮濃密，表示健康外觀和狀況很滿意，所以
　　顯示健康和滿足。

(2)頭髮稀疏、脫落是身體不健康的表示，而身體不健康，那遇到的困難就很多，所以預示將遇到困難。

(3)梳自己的頭，是把胡亂的頭髮理順，所以，這和擺脫一個困境是一樣的。

(4)能給異性梳頭，表示關係不錯，所以能有一個快樂的結局。

(5)理髮是面目一新，所以象徵一次冒險的成功。

(6)梳辮子是重新安排、重新調整，所以，將有新朋友。而幫別人梳辮子，不一定會使別人滿意，所以是發生爭論的預兆。

(7)染髮是一種打扮，當然是一種虛榮。

皮膚

夢象　夢見皮膚。

夢兆　(1)平滑誘人的皮膚象徵著愛情上的幸福和家庭的美好。

(2)帶有斑點的皮膚象徵著帶有一定程度的心理障礙，並可能影響愛情生活。

(3)脫皮的皮膚象徵著一段不幸的生活，但過後你會建立起新的朋友關係作為補償。

解釋　(1)平滑誘人的皮膚討人喜歡，所以能象徵愛情上

的幸福和家庭的美好。

(2)有斑點的皮膚使人心裡不舒服，就可能形成心理障礙。戀愛的人是不喜歡有斑點的皮膚的，所以可能影響愛情生活。

(3)脫皮是一種痛苦的生活，也是不幸的生活。但由於脫皮的過程很快會結束的，所以好了以後還會交上新朋友。

心

夢象 夢見心。

夢兆 (1)夢見心或心狀架構或物體，象徵愛情的成功。

(2)夢見心臟病突發，或心跳異常，是長壽的標誌。

(3)夢見心絞痛，則預示挫折，但是你也甭擔心，因為你的恐懼和擔憂將會很快消除。

解釋 (1)看到或得到了對方的心，自然預示成功，而在愛情方面，心起著決定的作用，所以象徵愛情的成功。

(2)用反說法解。

(3)心絞痛是不好的，但因為是陣痛，當然很快會消除的。

耳朵

夢象 夢見耳朵。

夢兆 (1)夢見別人的耳朵，你將聽到讓你吃驚的消息。

(2)夢見自己耳朵疼或其他毛病則當心你身邊有小人。

(3)如耳朵非常大，你將得到意外的幫助，如果耳朵非常小，你將會發現一個虛僞的朋友。

(4)夢到自己失去聽覺，預示經濟上有很大收穫；夢到失去聽覺或是聾子，則你眼前的問題將得到圓滿的解決。

解釋 (1)耳朵是用來聽的，從夢裡來說，別人的耳朵也是自己的耳朵，所以能聽到使你吃驚的消息。因爲這已是大家知道的消息，而大家知道的消息一般是重要消息，或使人吃驚的消息。

(2)耳朵有毛病，象徵聽覺不靈，聽覺不靈，則好話、壞話分不清，那麼你身邊小人的話也搞不清，所以說要當心你身邊的小人。

(3)耳朵大，比喻聽的方面多，能聽到各方面的消息，所以有可能得到意外的幫助。

(4)耳朵小比喻聽得仔細，所以能發現虛僞的朋友。

肝

夢象 夢見肝。

夢兆 (1)夢見有肝病象徵著環境的改善。

(2)夢見吃、烹調，或用肝款待別人，象徵著健康狀況的好轉。

解釋 (1)有肝病需加強營養及改善環境。

(2)多吃肝一類的食物，對健康有益，所以象徵健康狀況的好轉。

肺

夢象 夢見肺。

夢兆 夢見任何形式的上呼吸道疾病，是提醒你去檢查身體。

眉毛

夢象 夢見眉毛。

夢兆 (1)濃密的眉毛，意味名利雙收。

(2)彎彎的眉毛，預示使人驚奇的事物。

(3)淡薄的眉毛，預報愛情上的失意。

(4)如果你在夢中擔心你的眉毛，或者夢見你的眉毛脫落，提醒你可能被愛情欺騙。

(5)如果你在夢裡對自己的眉毛感到滿意，顯示你不久將有小而重要的收穫。

解釋 (1)濃密的眉毛，威嚴、有氣魄，容易獲得人信任，所以說可能名利雙收。

(2)有彎彎眉毛的人，重感情。重感情的人失去理智的控制，任何令人驚奇的事都做得出來。

(3)有淡薄眉毛的人，對人熱情不夠，所以預示愛情上的失意。

(4)在夢裡擔心自己的眉毛不好看，或擔心眉毛脫落，這就是認為自己不漂亮的反映。自己認為不漂亮，其實無關大局，並不影響談戀愛。可是對方卻計較這些，計較外表的美，所以使你夢裡都擔心。因為對方只重外表，不重人品，所以你有可能在愛情上被欺騙。

(5)有好的結果。

 腳

 夢象 夢見腳。

夢兆 (1)腳癢預示旅行。

(2)洗澡表示解脫。

(3)陌生的腳表示結交新朋友。

(4)穿著襪子的腳預報一件不可思議的事情。

(5)赤腳暗示豔遇。

(6)特別大的腳，說明身體健康。

(7)特別小的腳，預防庸人自擾。

(8)腳上有泡或潰瘍，預示安樂。

(9)大夫治腳，預示好轉。

解釋 (1)腳癢癢地想要出去玩，所以預示旅行。

(2)洗澡洗去了髒東西，十分輕鬆，所以表示解脫。

(3)陌生的腳表示是新的人，也即新的朋友，所以說表示結交新朋友。

(4)穿著襪子看不清腳的真相，所以預示一件不可思議的事情。

(5)不是十分親密的關係不會見到女性的赤腳，所以說將有豔遇。

(6)大腳，人壯實，所以預示健康。

(7)有人有了一雙特別小的腳，十分不安，其實小腳一樣發揮它的作用。為它擔心，確是庸人自擾。

(8)腳上有毛病，不能走動，只好休息。

(9)腳治好，當然是好轉。

大腿

| 夢象 | 夢見大腿。 |

| 夢兆 | 坐在異性的大腿上，預示著令人興奮的新的愛情；從某人的腿上滑倒或跌落，象徵著由於愚蠢的行為而導致地位的喪失。 |

| 解釋 | 能坐在異性的大腿上，這種愛情當然令人興奮。從別人的大腿上跌落下來，跌落就是下降，所以預示地位的下降。 |

氣味

| 夢象 | 夢見氣味。 |

| 夢兆 | 令你愉快的氣味是好兆頭，討厭的氣味預示焦慮急躁。 |

| 解釋 | 好的氣味使人愉快，所以是好兆頭。討厭的氣味使人難受，所以會使人焦慮急躁。 |

雙胞胎

| 夢象 | 夢見雙胞胎。 |

| 夢兆 | 夢見雙胞胎顯示你將遇到雙重的麻煩，但在此之後你還將獲得雙重的快樂。 |

| 解釋 | 一個孩子已夠麻煩，現在兩個更是麻煩了。可 |

是經過這麻煩以後，雙胞胎長大成人，將會帶給你雙重的快樂。

生殖器

夢象　夢見生殖器。

夢兆　這種夢非常明瞭地反映了你對性生活的態度和感覺。夢到自己或他人的性器官健康正常，是愛情生活滿意的標誌。有病的性器官說明你性生活過度或不檢點。暴露性器官顯示你處於性饑餓的邊緣，醫生的忠告對你會有幫助。生殖器疼痛說明你應當找醫生看病。

解釋　性器官健康正常，當然能使愛情生活滿意。有病的性器官是由於性生活過度或不檢點。暴露性器官是一種病，它和性器官疼痛一樣，需要去醫院治療。

出汗

夢象　夢見出汗。

夢兆　這個夢提醒你，成功的公式是：天才+出汗。所以別停下來歇著。若要享受成功的獎賞，就得付出辛勤的勞動。

解釋　出汗是辛勤勞動，所以可以獲得成功。

打盹

夢象	夢見打盹。
夢兆	夢見白天打盹是感情和財產的安全象徵。
解釋	白天打盹是一種閒情、享受，不安全是不可能有打盹之事發生的，所以是感情、財產安全的象徵。

左撇子

夢象	夢見左撇子。
夢兆	夢中變成左撇子，暗示你個人生活遇到障礙或遇到了危險的敵手，但如果你本人就是左撇子，則顯示前程美好。
解釋	左撇子在國外被看成是聰明人，現在你只是夢見，所以就可象徵遇到障礙或敵手。自己是左撇子，左、右兩手都能發揮很大作用，所以顯示前程美好。

血

夢象	夢見血。
夢兆	夢裡見血，一段時期裡需與敵對勢力做艱苦的較量。如果你在流血，應避免與朋友或親戚發生任何爭吵。如果輸血，你所遇到的困難將是暫時的。
解釋	有爭鬥才會出血，所以說要與敵對的勢力做艱苦的較量。如自己在流血，心情不好，所以應避免爭吵。如輸血則是暫時的。

血管

夢象 夢見血管。

夢兆 這樣的夢將會給你帶來關於你朋友的不幸消息。

解釋 血管破裂是不幸的，所以會帶來不幸的消息。

肌肉

夢象 夢見肌肉。

夢兆 疼痛的肌肉象徵著感情的障礙。

解釋 肌肉疼痛和感情、情緒有關係，感情上有障礙，就會影響肌肉的疼痛。如感情十分融洽，就是肌肉有什麼疼痛也會感到不怎麼的痛。

肋骨

夢象 夢見肋骨。

夢兆 肋骨疼痛的夢說明你正在欺騙別人。

解釋 夢中的肋骨疼痛，反過來可以解釋為不疼痛，現在對別人卻說是疼痛，所以說你在欺騙別人。

關節

夢象 夢見關節。

夢兆 夢見自己關節疼痛，預示財富的增長。

解釋 關節疼痛就是不疼痛，不疼痛就是健康，所以更有

精力去創造財富。

動脈

夢象　夢見動脈。

夢兆　如夢見動脈被割破，你將在朋友中享有榮耀。

解釋　見義勇為，被人割斷動脈，所以朋友會尊敬你。

肘部

夢象　夢見肘部。

夢兆　夢見自己在人群中用肘往前擠，預示有大成功；但若是被別人用肘撞到，你正處在失敗的危險當中。夢到自己肘部疼痛，表示你有意想不到的反對勢力。雙肘乾淨漂亮，意味著社交如意。雙肘骯髒，表示因為朋友或親戚而造成麻煩。斷肘是警告你，切忌經營管理不善。

解釋　自己有能力往前擠，所以可達到目的，會獲得成功。別人擠你，你就可能失敗。肘部疼痛是有人弄傷了你，所以預示有人反對你。雙肘乾淨漂亮，人人喜歡，所以社交如意。雙肘骯髒，別人討厭，所以這就是麻煩事。肘斷了，無法用力，也意味著無法經營管理生意。

肚臍

夢象　夢見肚臍。

夢兆　如果夢見自己的肚臍，預示著你馬上要考慮一個新的冒險，這個冒險將給你帶來長久的益處。夢見他人的肚臍，暗示著新的愛情事件。

解釋　肚臍是危險地區，是不能隨便動的，所以預示你在考慮一個新的冒險。如冒險成功，能帶來益處。他人的肚臍是一個秘密，而秘密則屬於愛情方面，所以暗示著新的愛情事件。

尿

夢象　夢見尿。

夢兆　撒尿的夢顯示你將掙脫緊張感和憂慮。

解釋　緊張過度會急出尿來，所以夢見尿是想掙脫緊張和憂慮。

赤腳

夢象　夢見赤腳。

夢兆　夢見自己赤著腳，你必須克服重重困難方能達到目標。

解釋　赤腳是一無所有，條件差，所以必須克服重重困難才能達到目標。

赤身裸體

夢象 夢見自己赤身裸體。

夢兆 如果是你本人，預示著財運或條件的改善；夢見他人赤身裸體，暗示你會坦率地揭露與你密切相關的人的欺騙行為。

解釋 赤身裸體什麼也沒有，反過來解釋就是什麼都有，所以預示財運或條件的改善。赤身裸體，也表示毫無保留，表示清白，所以暗示你會揭露他人的欺騙行為。

禿頭

夢象 夢見禿頭。

夢兆 夢見別人禿頭，需提防向來被你信任的人的欺騙。夢見自己禿頭，則預示你健康上有問題，應做檢查。

解釋 在一般人的心目中，禿頭的人聰明，能言善辯，但也會騙人，所以說要提防。掉髮造成的禿頭是一種病，所以說你健康上有問題。

乳汁

夢象 夢見乳汁。

夢兆 牛奶預示精力充沛，身體健康；羊奶象徵事業昌

盛；母親的奶是最幸運的徵兆，象徵透過個人才智
和對生活的認識獲得幸福；酸奶預示著由於個人的
愚蠢行為造成的障礙和困境。

解釋 夢見奶都是好的象徵，因為奶能使人生長、成熟。
只有夢見酸奶才意味著不好，意味著障礙和困境。

乳頭

夢象 夢見乳頭。

夢兆 夢見成人從乳頭中吸取營養，說明你債臺高築。兒
童吮吸則象徵著從焦慮中解脫出來。乳頭很大，預
示物質財富增加。

解釋 成人吸奶不正常，是債臺高築、病急亂投醫的象
徵。兒童吸吮奶心裡安定了，不焦慮了。大乳頭乳
汁多，所以說物質財富增加。

增一足

夢象 夢見自己多出一足。

夢兆 遇見困難之事都能支撐住。

解釋 三隻腳，鼎立之象，屹立不動，
所以能支撐一切。

呼吸

夢象 夢見呼吸。

夢兆 如果呼吸正常或舒暢，或深呼吸，意味辛勤勞作的成功和滿意，如果呼吸不正常或呼吸困難，應去看醫生。

解釋 呼吸正常當然是成功和滿意的象徵。呼吸不正常或呼吸困難，就應去看醫生。

神經絞痛

夢象 夢見神經絞痛。

夢兆 夢中神經絞痛，預示著某種形式的感情動亂，儘管打擊很大，但時間很短。

解釋 神經絞痛是由於疾病或刺激引起的，有時也可能是感情激動所致，所以可以說是感情動亂。因感情動亂時間短，所以雖打擊大，問題也不大。

指紋

夢象 夢見指紋。

夢兆 夢見家具或木器上的指紋，預示有小小的經濟損失。

解釋 家具或木器上有小偷的指紋，預示有小的經濟損失。

指甲

夢象 夢見指甲。

夢兆 (1)長指甲，表示情場失意。

(2)短指甲，預示意外的禮物。

(3)擦指甲或上指甲油，切忌意氣用事。

(4)弄壞或弄斷指甲，預示有長時期的不順心。

(5)剪指甲，預言威信的提高。

(6)銼指甲，顯示透過自己的努力而獲得成功。

(7)指甲扎進皮肉，則應去醫院檢查健康情況。

解釋 (1)因為情場失意，連指甲都懶於修剪了。

(2)刻意把指甲剪短，在接受別人禮物時才顯得指甲不髒。

(3)擦指甲或上指甲油，不能隨便，不能意氣用事，應認真對待。

(4)弄壞或弄斷指甲，指甲不會馬上長好，所以有一段時間的不開心、不順心。

(5)剪指甲，是注意自己形象，想提高自己威信。

(6)銼指甲，是自己努力。

(7)指甲不健康，長入皮肉之中，這是有病的象徵，所以應去醫院檢查健康情況。

指關節

夢象 夢見指關節。

夢兆 不管夢中的指關節是你自己的還是別人的，都預示

著你正在一個無用的事情上浪費時間和精力。應重新確認你的目標。

解釋 指關節是小關節，不必為它多操心。

背部

夢象 夢見背部。

夢兆 (1)如夢見赤裸的背，則當心地位的下降。

(2)如夢見任何人將背對著你，則預示你的同事中有人嫉妒你，因而給你造成麻煩。如果他（她）們又轉過來面對著你，則麻煩只是暫時的。

(3)夢見自己的背部，則是不尋常的大好象徵，預示你所遇到的任何問題都將煙消雲散。

解釋 (1)赤裸的背表示背上沒有責任了，所以要當心地位上的消失。

(2)以背相向，表示與你關係不友好。如轉過來面對著你，關係就恢復了正常。

(3)夢見自己的背，即自己能承擔任何壓力，所以任何問題都能解決。

咽喉

夢象 夢見咽喉。

夢兆 不管你夢見任何一位異性朋友的咽喉，這顯示你必須格外細心地注意修飾自己的儀表。若你夢見自己

的咽喉在隱約作痛，那你就應該馬上去看醫生。

解釋　咽喉是關係到說話的，而說話是儀表禮儀的重要組成部分，所以告訴你必須注意修飾自己的儀表。咽喉痛，可能有病，所以要去看醫生。

鬍鬚

夢象　夢見鬍鬚。

夢兆　以鬍鬚為特徵的夢是警告你，不要讓小的疼痛變成大的疼痛。

解釋　刮鬍鬚的痛是小痛，但反過來就是大痛。

前額

夢象　夢見前額。

夢兆　夢見平整的前額，意味著你將有一次快樂的戀愛。佈滿皺紋的前額卻是無憂無慮的預兆。

解釋　平整光滑漂亮的前額，叫人看了心情愉快，這和戀愛的感覺一樣，所以意味著你將有一次快樂的戀愛。佈滿皺紋的前額，是佈滿憂傷的表現，但反過來卻是無憂無慮。

頸

夢象 夢見頸。

夢兆 大多有關脖子的夢都象徵即將到來的財運，只有夢見折斷的脖子，是警告你不要錯誤地安排自己的事務。

解釋 折斷脖子當然是錯誤，所以說不要錯誤地安排自己的事務。

腦

夢象 夢見腦。

夢兆 夢見獸腦，將有好消息不期而至。夢見人腦，需多關心你所鍾愛的人。

解釋 獸腦是不容易見到的，所以說將有好消息到來。人腦是動腦筋的，所以叫人要多動腦筋關心親近的人。

高大

夢象 夢見高大。

夢兆 如夢見自己比實際上要高大，你在與異性交往中將獲得成功。如夢見別人變得很高大，你在事業上將難以成功。

解釋 女性喜歡對方高大。別人高大，蓋過你，

使你事業難發展。

骨頭

夢象 夢見骨頭。

夢兆 獸骨預示生意受挫；人骨預示獲得遺產。

解釋 獸骨一般不能做生意。人骨表示人已去世，所以預示獲得遺產。

骨架

夢象 夢見骨架。

夢兆 夢見骨架，預言事情將圓滿成功。

解釋 沒有骨架就不可能成為人，所以預言成功。

骨髓

夢象 夢見骨髓。

夢兆 夢見骨髓可能是由身體健康引起的，檢查身體將使人獲益。

解釋 化驗骨髓可治病。

拳頭

夢象 夢見拳頭。

夢兆 夢裡摩拳擦掌，或緊握雙拳，你在個人生活和生意經營兩方面都將有欣喜的事情。

解釋 摩拳擦掌，緊握雙拳是將要爭鬥的表現，但反過來

卻是有喜事來臨。

頰

夢象 夢見頰。

夢兆 夢見自己雙頰厚實下垂，你將不得不面對任何一個親戚或同事，因為他（她）們要欺凌你。宜寸步不讓地保護你的權益。

解釋 雙頰厚實下垂是忠厚老實之相，所以別人會欺負你，對付之法是寸步不讓。

胸部

夢象 夢見胸部。

夢兆 如夢見自己頭枕在別人的胸部，你將結交一位顯貴的朋友，並保持長久友誼。即使夢見受傷的胸部，也表示錢運亨通。夢見哺乳小兒，將事事稱心如意。

解釋 夢見胸部是好事，所以象徵長久友誼、錢運亨通、稱心如意。

皺紋

夢象 夢見皺紋。

夢兆 這是一種奇異的表示相反意義的信號。它表示你在

社會人群中比以前更受歡迎。

解釋　皺紋多代表社會閱歷長，這是好事，所以你會受人歡迎。

皺眉蹙額

夢象　夢見皺眉蹙額。

夢兆　夢見朋友皺眉蹙額，你將聽到這位朋友令人吃驚的心裡話。夢見陌生人皺眉蹙額，你將結識新朋友。

解釋　皺眉蹙額是在傷心地給你講心裡話，陌生人可以成為新朋友。

臉紅

夢象　夢見臉紅。

夢兆　夢裡臉紅，你將發現一個不講信義的朋友。夢見別人臉紅，則切忌搬弄是非。

解釋　因為做了虧心事，不講信義，所以才臉紅。別人已經臉紅，那你就不能再使他難堪，或搬弄是非。

臉部

夢象　夢見臉部。

夢兆　(1)滿面笑容，意味著你將有新的朋

友。

(2)滿面愁容或怪臉，除非滑稽，則與上相反。

(3)夢見自己正在洗臉，表示你最好能將功補過。

(4)夢見陌生人的臉，預料你可能要遷居。

(5)如果臉部缺陷是你夢裡的主要特徵，你將會遇到許多可能危及你名譽的事情。

解釋　(1)滿臉笑容，容易結識新朋友。

(2)滿臉愁容或怪臉，使人不敢接近。

(3)洗臉是洗去不好的東西，象徵將功補過。

(4)新居才有新臉。

(5)臉上有缺陷不好，象徵名譽不好。

腳印

夢象　夢見腳印。

夢兆　(1)女人的腳印，預報在一次新的冒險中成功。

(2)男人的腳印，勸你在考慮一項改變時，應加倍小心。

(3)兒童的腳印，則顯示麻煩正要過去。

(4)夢見你自己的腳印，預言你手頭的事情將獲得成功。

(5)一片混雜的腳印，意味著你將得到幫助。

解釋　(1)女人膽小，不敢冒險，但反過來可以說敢於冒

險，所以預報冒險的成功。

(2)男人粗心，所以要勸你加倍小心。

(3)兒童正在成長，麻煩不可能久留。

(4)由於你踏踏實實的，一步一個腳印，所以你將
　　獲得成功。

(5)大家都來幫助你，所以腳印就雜亂了。

腳步聲

夢象　夢見腳步聲。

夢兆　夢裡聽到腳步聲，你將獲得某種對你極有利的東
西。

解釋　聽到腳步聲就是有人來，而來的人是告訴你好消息
的。

雀斑

夢象　夢見雀斑。

夢兆　夢見自己臉上長雀斑，或注意到別人有雀斑，是能
與異性打成一片的徵兆，無論你年紀多大。

解釋　臉上有雀斑的人生性活潑，善於與人打交道。

唾液

夢象　夢見唾液。

夢兆　夢見狗的唾液，告訴你對朋友和同事的忠誠是毫無
必要的。夢見其他動物的唾液，顯示你很快會找到

解決問題的方法，只要多使用你的直覺判斷。

解釋 狗對人是忠誠的，但反過來可說不忠誠，所以夢見狗的唾液可以說忠誠是沒有必要的。唾液能治病，所以象徵找到解決問題的方法。

腺

夢象 夢見腺。

夢兆 夢到腫脹或疼痛的腺，說明你在為不必要的擔憂而消耗精力。

解釋 腺腫脹或疼痛應該去看醫生，而不應該一味擔憂。

腰

夢象 夢見腰。

夢兆 (1)如果你夢見自己的腰，那表示你的經濟來源較好。

(2)如果你夢見別人的腰，那就表示你應該慶賀他賺了錢。

解釋 (1)腰壯才有力量去掙錢。

(2)別人腰壯能賺錢，所以應該慶賀。

腮鬍

夢象 夢見腮鬍。

夢兆 夢見男性長腮鬍是好的徵兆。腮鬍越濃密，你將越

走運。如夢見女人長腮鬍，則切忌任何形式的投機行為。

解釋 西方人認為男人應該有腮鬍，而且越多越好。女人長腮鬍不正常，所以切忌投機行為。

睫毛

夢象 夢見睫毛。

夢兆 (1)美麗的長睫毛，預示情場得意和社交愉快。

(2)若是假的，則意味著你將發現一個可以用來對付對手的秘密。

解釋 (1)美麗的長睫毛，人人喜歡。

(2)用假東西來對付對方。

腹痛

夢象 夢見腹痛。

夢兆 如果你夢見自己腹痛，你將因為有良好的健康和充沛的精力而獲得成功。

解釋 用反說法解釋。

痣

夢象 夢見痣。

夢兆 大的或深顏色的痣是強大的預兆；反之小的或顏色淺的痣是

弱小的預兆；圓形的痣象徵吉祥；長方形的痣象徵

有節制的好運；三角形的痣預示著既有上升又有下
降；有毛的痣象徵著困難。

解釋 大表示強大，小表示弱小。圓形是如意吉祥。長方
形有邊，有節制。三角形到處適用，所以既有上升
又有下降。有毛不祥，所以象徵困難。

膀胱

夢象 夢見膀胱。

夢兆 夢見它，你可能體力衰竭，應去檢查一下。

解釋 膀胱有病。

精力

夢象 夢見精力。

夢兆 如果夢裡有一種精力異常充沛的感覺，則切忌感情
衝動。

解釋 精力充沛，容易感情衝動。

膝蓋

夢象 夢見膝蓋。

夢兆 夢見你的膝蓋發抖暗示你正在考慮一種不正當的聯
繫或者交易。千萬別做！否則你會因之大傷腦筋。

解釋 因為做了不正當的事，才會發抖。

骷髏

夢象 夢見骷髏。

夢兆 (1)夢中出現骷髏顯示你最近將獲得一部分遺產。

(2)但夢見醫學上使用的骷髏教具或博物館的展示品則不可做如上的解釋，後者預示著將要結識的新朋友。

解釋 (1)骷髏是死人，而死人可能會給你遺產。

(2)老朋友死了，會結識新朋友。

嘴巴被堵

夢象 夢見嘴巴被堵。

夢兆 預示巨大困難。

解釋 不能呼吸、吃飯，所以困難很大。

凝視

夢象 夢見凝視。

夢兆 如果別人在夢中死盯著你，你將處於一種尷尬的社會地位。但若你盯別人，這就是你對人有所求。

解釋 被人死盯著，當然尷尬。盯著別人就是對人有所求。

臀部

夢象 夢見臀部。

夢兆　(1)夢見自己臀部疼痛或受傷，顯示在你關係密切的圈子裡有欺騙行為，你應該小心謹慎，不可輕信。

(2)夢見異性的臀部是警告你不可輕率。

(3)如夢見你踢別人臀部，你將遇到來自你身邊的嫉妒。

解釋　(1)臀部疼痛或受傷，這是不正常。而不正常就有欺騙在裡面，所以象徵有欺騙行為。

(2)異性臀部只是異性一部分，還要看其他方面，所以愛情不能輕率從事。

(3)踢別人臀部是對人的親熱，所以會引起人們的嫉妒。

十、工農經濟科技類

　　機器、儀器、工農產品、科學、技術、度量衡、經濟、貿易、保險、利潤

水罐

夢象 夢見水罐。

夢兆 夢見從水罐中潑水表示豐裕；夢見一只破了的或打碎的水罐，警告你，你珍貴的友誼面臨危險。

解釋 水能從水罐中潑出來，說明水罐裡的水是充足的，可以解釋為一個人生活上的富裕。同吃一鍋飯，同飲一罐水，這是友誼好的表現。現在罐子破了，就象徵友誼的破裂了。

工廠

夢象 夢見工廠。

夢兆 如果工廠裡十分繁忙，你將在奮鬥之後取得成功。如果你正在這家工廠裡工作，你可以預料到你生活中將出現某個重要而有利的變化。

解釋 在生產興旺的工廠工作，經濟效益好，當然

會對自己有重大的變化。

衛星

夢象 夢見衛星。

夢兆 夢見它顯示，只有你增加個人的獨立意識，別人的意見應該聽，但不能受其左右。

解釋 衛星在天空運行，是獨立自主的，不依賴別人。所以預示你應該增加個人的獨立意識，不應該受別人左右。

水車

夢象 夢見水車。

夢兆 夢中出現中等尺寸的水車象徵著寧靜、幸福的家庭生活；大尺度的水車則象徵透過他人的努力獲得財富。

解釋 水車出現在寧靜的田野，充滿幽雅的風情，所以象徵寧靜、幸福的家庭生活。大水車是為了加工糧食、發電等用，所以說獲得財富。

水壩

夢象 夢見水壩。

夢兆 水湧過水壩，切忌任何衝動之舉，特別是在經營和投資方面，宜重申你的計畫。

解釋 不能像水一樣任意動作，所以要慎重地考慮一切問題，包括投資、經營等方面。

水銀

夢象 夢見水銀。

夢兆 夢見水銀，警告你抵制雜亂的、不正當的性關係。

解釋 水銀潔白透亮，是十分純潔的，而雜亂的、不正當的性關係是不純潔的，所以，警告你抵制之。

水龍皮管

夢象 夢見水龍皮管。

夢兆 夢見一根正在噴水的水龍皮管，表示一件有冒險性的事件發生變化。若是用於澆草地或花園，則表示獲得新朋友或去參加社交的活動機會來臨。

解釋 水龍軟管是為滅火的，而滅火是冒險行為，所以預示有冒險的事將發生。澆草地或花園，是為了做好活動場所，其目的是為了美化環境，迎接朋友來臨或從事社交活動。

風車

夢象 夢見風車。

夢兆 夢中出現風車，暗示著你千萬別輕信他人。

解釋 風車是靠風力發動的，而風是靠不住的，有時有風，有時無風。所以預示你不要輕信他人。

風箱

夢象 夢見風箱。

夢兆 夢見使用風箱，則一段時間內你得艱苦奮鬥，因爲你給自己造成被動局面。若只是看到風箱，則象徵你可能在無意義的事情上花費力氣。

解釋 拉風箱是艱苦的，但不能怪別人，只能怪自己，因爲是你自己購買的風箱，所以說是自己給自己造成的被動局面。拉風箱是機械的動作，沒有什麼意義，所以說你在無意義的事情上浪費了力氣。

木偶

夢象 夢見木偶。

夢兆 夢中出現木偶暗示你可能因被外界勢力控制而焦慮，這種焦慮阻礙你在生活中的進步和妨礙了你生活中的樂趣。

解釋 木偶是被人操縱的，所以說有外界勢力控制你，而使你不愉快。

手推車

夢象 夢見手推車。

夢兆　如果在夢中你推著一輛滿載貨物的手推車，你會結交一個朋友；如果是輛空車，則表示你朋友或熟人的不幸；翻倒的手推車表示你的負擔加重，但你的努力會得到報答。

解釋　結交朋友也是財富，所以滿載貨物的手推車象徵結交了一個朋友。空車表示虛無，表示缺陷，所以表示不幸。把翻倒的車扶起來，需要加倍努力，但別人會報答你。

化肥

夢象　夢見化肥。

夢兆　生財有道的象徵。

解釋　化肥是生產糧食的根本，所以象徵生財有道。

千斤頂

夢象　夢見千斤頂。

夢兆　自動或機械千斤頂，預示重擔突然解除或環境發生意想不到的令人滿意的轉化。

解釋　千斤頂是為了解決重負問題的，所以預示重擔解除或環境變化。

一團紗線

夢象　夢見一團紗線。

夢兆	(1)如果你夢見絞在一起的一團紗線,那你將有個使你難受的失望。
	(2)如果你夢見的是整整齊齊的一團紗線或一把紗線的話,那你便可在愛情上有所收穫。
解釋	(1)絞在一起的亂紗,總不能理出頭緒來,只會帶給人失望,而失望總是叫人難受的。
	(2)整齊就是統一和諧,所以象徵愛情上的成功。

打穀

夢象	夢見打穀。
夢兆	若夢見打穀和你親自參加打穀,這將有一個深遠美好前景。
解釋	打穀將獲豐收,而豐收是美好的,所以預示有美好的前景。

發明

| 夢象 | 夢見發明。 |
| 夢兆 | 夢到新發明或你是發明人,或遇到發明人,都意味著你最熱切的希望或最大的願望有可能實現。 |

解釋　世界上許多重大的發現與發明（如元素週期表）都來自夢中，所以說夢見發明就意味著最大的希望和願望的實現。

發電機

夢象　夢見發電機。

夢兆　說明你正兩頭受累，這時你要善於駕馭自己的力量，免得搞垮了身體。

解釋　發電機一頭受發電能源的控制，一頭又受用電單位的控制，所以說兩頭受累。這時就應該好好加以保護，以免搞垮了發電機。由此喻示身體也應該這樣。

發動機

夢象　夢見發動機。

夢兆　發動機功率越大或轉動越快，那麼你前進道路上的障礙就越多，發動機若停了，那麼你做的某件事情將會成功；儘管困難不少，若是破舊的或壞的發動機，則說明在實現你的目標時，因為狡詐同事的干擾而時常被耽誤。不過，不要擔心，你最終能夠達到目的。

解釋　發動機好的，反而障礙多；發動機停了，反而事情能成功，這都是用反說法來解釋的。發動機壞了，

但最後仍能達到目的，獲得成功，這也是用反說法解釋的。

電

夢象 夢見電。

夢兆 表示因不慎而可能造成生意失利或錢財受損；觸電，預言將突然得到讓你吃驚的消息；接通電源，預言將因過去的努力或善行而獲得意想不到的賞識；切斷電源，說明因體力不支而感到壓抑或信心不足，宜休假或修養身心；突然停電，可能有意外事發生。

解釋 用電不慎，當然會造成失利或受損。觸電當然會讓人吃驚。通電是通行無阻，做得好，由此別人會賞識你。切斷電源是不好的徵兆，所以預示人受到壓抑或信心不足。突然停電就是意外事故。

儀器

夢象 夢見儀器。

夢兆 醫療儀器表示家庭爭吵；其他類型的儀器表示家庭團結。

解釋 醫療儀器是看病的，有病人在家，家庭就容易

爭吵。其他類型儀器是用於事業上，對家庭不易發生矛盾，所以表示家庭團結。

地窖

夢象 夢見地窖。

夢兆 若乾燥、堆滿貨物，則預示商業利潤的增加；若潮濕、空洞，則預示財政困難或生意受挫，但只要應對及時，則能補救。

解釋 地窖能堆滿貨物，做起生意來利潤當然能增加。反之，財政就會困難或做生意受挫，因爲沒有貨物去做生意。

自動裝置

夢象 夢見自動裝置。

夢兆 夢見任何自動化裝置，均預示應在個人事務或商務事業中要有獨立性。

解釋 自動化裝置在運轉的過程中，使人喪失了獨立性，任機器去運轉，爲了更好地控制自動化裝置，所以個人必須加強獨立性。

機器

夢象 夢見機器。

夢兆 運轉良好的機器象徵你目

前的努力獲得成功。閒置的、被遺棄的機器預示著
你即將來臨的家庭或工作上的問題。

解釋 良好運轉就象徵成功。不好的機器象徵問題。

設計

夢象 夢見設計。

夢兆 看見別人或自己在從事設計，預示你的責任重大，但沒有任何獎勵。

解釋 設計的責任是大的，但設計還沒有實施，只有實施了，達到了設計要求，才能有報酬，才能有獎勵。

防護堤

夢象 夢見防護堤。

夢兆 心事與信得過的朋友談談，你將會感到輕鬆一些。

解釋 防護堤把水和田地隔開，象徵你和朋友的不相往來，有心事也無人談。所以勸你找朋友談談。

農業

夢象 夢見農業。

夢兆 成功、昌盛、富裕之象徵。

解釋 農業是根本。

農場

夢象 夢見農場。

夢兆 夢見一個欣欣向榮、井井有條的農場，預言你生活富足、閒適、身體健康；如果是一個滿目瘡痍、無人管理的農場，意味著錢財上的損失。

解釋 農場好，則好；農場不好，錢財當然會受損失。

收穫

夢象 夢見收穫。

夢兆 若是好收成，你的夢再好不過了，因為它意味著所有你最關心的事情都將成功。若收成不好，則應提防朋友和同事，因為他們正打算算計你。

解釋 好收成表示成功。收成不好，就要找出原因，要防止有人算計你。

擴音器

夢象 夢見擴音器。

夢兆 音量適中，預示心情愉快；如果音量變得讓人生厭，表示你將遇到煩惱。

解釋 音量適中，讓人喜歡，所以心情會愉快。如音量太大，當然會使人討厭。

花生

夢象 夢見花生。

夢兆 不論是鹹的還是帶殼的，夢見花生是個人健康的代表。

解釋 花生又叫長生果，而健康才有長生，所以夢見花生意味著健康。

紡紗

夢象 夢見紡紗。

夢兆 如果你夢見紡紗，顯示不屈不撓的工作態度會使你最終達到目的。

解釋 紡紗需不折不扣的努力才能成功。

榖子

夢象 夢見榖子。

夢兆 榖子是繁榮的象徵。除非它被糟蹋或被燒毀，在這種情況下，是告誡你，如果你想避免苦難，就應多多關心你的經營事務。

解釋 榖子能豐收，所以是繁榮的象徵。如被糟蹋或燒毀這是不祥，會形成苦難，所以你要多關心你的經營事務，才能挽救自己。

麥子

夢象 夢見麥子。

夢兆 成熟的麥子是富足、興旺的象徵；已收穫的麥子表示你目前的努力一定會得到收穫；麥子乾癟，表示存在困難需要克服。

解釋 成熟的麥子豐滿，豐收在望，所以象徵富足、興旺。已收穫的麥子是透過艱苦勞動得到的。乾癟的麥子不好，象徵困難需要克服。

織布

夢象 夢見織布。

夢兆 如果夢見你自己織布，並且進展順利，顯示你精神狀態良好。如果進展不順利，常發生故障，顯示你在現實生活中有困難需要去克服。如果夢見他人在織布，則顯示你目前從事的努力肯定會有結果。

解釋 自己織布很順利，那精神狀態一定良好。理不清線團或機器出毛病，這就是有困難需要克服。他人織布成功，也預示你所從事的事業可成功。

織補

夢象 夢見織補。

夢兆 夢見織補東西，你將能彌補使你悲傷痛苦的裂痕。

夢見別人在織補，或是看到衣服上有補過，切忌亂說閒話，否則將會失去朋友或同事。

解釋 織補東西就是彌補裂痕。別人衣服上有補過，不能亂說和譏笑人家，否則可能會失去朋友或同事。

肥料

夢象 夢見肥料。

夢兆 夢中出現肥料是財富、紅利的象徵，總之，繁榮昌盛。

解釋 肥料能促使莊稼生長，莊稼就是糧食、財富。

採石場

夢象 夢見採石場。

夢兆 要是夢見採石場，你可得加把勁兒工作，一鼓作氣才能成功。

解釋 採石場工作不加把勁兒是不行的。

實驗室

夢象 夢見實驗室。

夢兆 涉及實驗室的夢象徵著一個成功的冒險。

解釋 實驗室裡的工作是非常冒險的工作，但大部分實驗室是能獲得成功的。

吸塵器

夢象　夢見吸塵器。

夢兆　夢見使用吸塵器，意味著你將在某件事情上取得成功。

解釋　吸塵器如果沒有壞，那一定可吸塵成功的。

種子

夢象　夢見種子。

夢兆　對目前的工作不能有過高的期望。

解釋　這是因為有些種子並不會發芽、生根、結果。

指南針

夢象　夢見指南針。

夢兆　將在一段時間裡，家庭、事業兩方面都不稱心，除非指針指北，則經過上述這段時間之後，成功即臨。

解釋　這是用反說法解釋的。

泵

夢象　夢見泵。

夢兆　(1)如果夢見清水從泵裡自由流出，預示你的努力得到人們認可和獎賞。

(2)如果夢見濁水或污水從泵中流出，預示你對現行計畫不太滿意。

(3)夢見一個凍結的泵，預示你艱苦的努力只能得到適中的報酬。但是你如果成功地啟動凍結的泵，你可能有暫時的好運。

(4)夢見油泵，預示你最終擁有大量的財富。

(5)夢見氣泵或者腳踏泵，預示你必須依靠自己的努力解決目前的問題和困難。

解釋　(1)清水當然會得到人們的讚揚。

(2)濁水、污水雖是水，比泵不通水強多了。但還是使人們不滿意。

(3)凍結的泵不容易使它啟動，所以雖努力，成效不大，報酬也比較少。反之，則有好運。

(4)油泵出油不斷，所以預示你擁有大量財富。

(5)氣泵、腳踏泵都需自己用力才能啟動，所以說目前面臨的問題和困難靠自己努力才能解決。

保險絲

夢象 夢見保險絲。

夢兆 夢裡出現有毛病的或被燒毀的保險絲，預示你把時間和精力浪費在一個毫無結果的事情上。

解釋 保險絲是保證電力正常供應的，現在壞了，無用了，這預示你在一件無用的事情上浪費了精力和時間。

玻璃

夢象 夢見玻璃。

夢兆 (1)潔淨的玻璃製品象徵著好運。

(2)骯髒的玻璃製品顯示家庭麻煩或與人爭吵。

(3)破碎的玻璃是條件得到改變的象徵。

(4)把一片新玻璃安進窗戶，象徵著滿足。

(5)擦玻璃窗是對自滿情緒和過分自信的警告。

(6)如果夢到雕花玻璃，預示著收入的增加。

解釋 (1)清潔象徵著好，所以說象徵好運。

(2)骯髒象徵著壞，所以可能會發生家庭麻煩或與人爭吵。

(3)破碎的反面是完整，所以說困難的條件得到了改變。

(4)新玻璃安進窗戶，滿足了要求。

(5)擦玻璃窗並不是一件什麼了不起的大事，所以不值得自滿和過分自信。

(6)雕花玻璃比一般玻璃貴，所以預示收入的增長。

鋼材

夢象 夢見鋼材。

夢兆 建設性地使用鋼材的夢象徵著永恆的友誼和愛情，但破壞性地使用它，如使用它做武器等，那是警告有人傷害你。

解釋 鋼材堅固永恆，所以象徵永恆的友誼和愛情。武器是用來傷害人的。

砂輪

夢象 夢見砂輪。

夢兆 啟動砂輪，是提醒你，你在生活中和工作中必須密切注意詳情細節，才能獲得成功。

解釋 啟動砂輪磨東西，一定要密切注意，才能把要磨的東西磨好。

顯微鏡

夢象　夢見顯微鏡。

夢兆　夢見使用顯微鏡預示著突然發現一種新的才能或技藝；夢見打破顯微鏡或已破碎了的顯微鏡，預示著你的正直在一個想不到的方面承受考驗。

解釋　顯微鏡是把一種看不見的新的東西顯現出來，所以說突然發現一種新的才能或技藝。自己打碎顯微鏡是不是勇於承認，這是對你正直品格的考驗。

耙

夢象　夢見耙。

夢兆　工作艱辛，但也值得。

解釋　耙地是很艱苦的農活。

鉛

夢象　夢見鉛。

夢兆　夢中出現鉛是不愉快的信號，顯示家庭爭吵、愛情上失意或在事業上不順利。不要匆忙做任何事!

解釋　鉛是灰色的、沉重的，所以象徵一切不順利。

柴

夢象　夢見柴。

夢兆　劈柴或砍柴，顯示家境好轉；撿柴、背柴、運柴，
　　　預言交際場上的成功。

解釋　柴與財同音，所以顯示家境的好轉。撿財、背財、
　　　運財；有財交際，所以預示交際場上的成功。

鐵砧

夢象　夢見鐵砧。

夢兆　任何與鐵砧有關的東西出現在夢裡，皆暗示鴻運。

解釋　因為鐵砧能鍛鍊任何有用的物件。

鐵鏽

夢象　夢見鐵鏽。

夢兆　由於你周密的計畫，尤其是對細節的關注，你會取
　　　得意想不到的利益。

解釋　去鐵鏽是細緻的工作，象徵著你周密的計畫以及對
　　　細節部分的關注，因為細緻，所以獲利匪淺。

陶瓷

夢象　夢見陶瓷。

夢兆　預示家庭生活幸福美滿；若裂開或打碎，將可能有
　　　一個不怎麼稱心的事發生。

解釋　陶瓷美觀大方，所以象徵家庭生活幸福美滿。若陶瓷打碎了，當然是不稱心。

稱重量

夢象　夢見稱重量。

夢兆　不管是你自己稱體重還是給其他物件稱重量，這個夢都表示你正受到可以影響你前途的人的考驗。因此你應該小心不要給人留下壞印象。

解釋　稱重量就是考察物體的一種方式，所以說有人在考察你。

起重機

夢象　夢見起重機。

夢兆　夢中自己在操縱起重機，預示工作進步或職務升遷；起重機折斷，預示危險。

解釋　起重機是起重上升的，所以預示工作進步或職務升遷。
起重機折斷，當然危險。

諾貝爾獎金

夢象　夢見諾貝爾獎金。

夢兆　如果夢見你贏得了這種盛名，警告你，力戒驕傲，並要牢記「驕兵必敗」。如果夢中你慶賀朋友或親屬得到諾貝爾獎金，預示著快樂的家庭消息。

解釋　得了諾貝爾獎，當然應力戒驕傲。得了諾貝爾獎，得獎者的家庭會快樂幸福，所以預示你的家庭快樂幸福。

鋁

夢象　夢見鋁。

夢兆　若明亮光潔，則預示你將稱心如意；若暗淡無比，則有可能受到意想不到的挫折。

解釋　明亮光潔是好的徵兆，所以預示你稱心如意。若暗淡無光是不好的徵兆，所以將受挫折。

黃銅

夢象　夢見黃銅。

夢兆　與新近認識的人打交道時，宜小心謹慎，應明辨是非。

解釋　黃銅可以和黃金相混淆，所以應明辨是非。

鍘刀

夢象 夢見鍘刀。

夢兆 (1)夢到死刑鍘刀，說明你將失去一位重要朋友。

(2)夢到鍘刀則是警告你，如果你想避免丟人的損失，就必須更加勤奮地履行你的職責。

解釋 (1)鍘刀是一刀兩斷，比喻你失去了一位重要的朋友。

(2)不認真工作，就會在工作上出差錯，從而帶來不必要的損失。

梯子

夢象 夢見梯子。

夢兆 雖然關於梯子的夢都遵循「上則好，下則糟」這樣一個原則，但是夢的意義也根據其他因素、細節和行動加以補充。例如：

(1)夢中你爬一個很高的梯子並達到頂端，預示你將取得很大的成就。

(2)而矮一些的梯子預示著較小的成功。

(3)如果你站在一節斷梯上，暗示你不能實現你的抱負。

(4)梯子傾倒顯示令人失望。

(5)如果梯子落在你身上，預示著由爭吵或由惡意的誹謗引起的麻煩。

(6)如果你從梯子上跌下，警告你所要求的比你能達到的多。

(7)如果你看見一個梯子斷裂或倒下，你得準備與在你道路上出現的意想不到的障礙做抗爭。

(8)夢見搬梯子，預示你將搭救一位親屬或一位好朋友。

(9)夢見運用繩梯，顯示在一些活動或者是不尋常的事業冒險中取得成功。

(10)夢見在梯子上感到頭暈是提醒你，驕傲使人落後。

(11)透過梯子進入一座房屋或其他建築，預示你努力的方向錯了。

解釋

(1)升得越高，成就越大。

(2)升得不太高，只是小成功。

(3)在斷梯上不能上升，當然抱負不能實現。

(4)梯子倒了，根本不能做什麼，所以只能是失望。

(5)梯子落在身上當然會引起麻煩。

(6)從反說法說，跌下反而好。

(7)梯子斷裂或倒下，象徵困難。

(8)搬梯子是為了救人，因那個人困在房子裡出不來。

(9)一般不輕易使用繩梯，只有在冒險時才用。

(10)頭暈就是有問題。

(11)走入屋內應從大門走，現在從梯子進去，進門的方向錯了。

銑床

夢象 夢見銑床。

夢兆 象徵環境的改善。

解釋 使毛坯煥然一新，所以象徵環境的改善。

鑽頭

夢象 夢見鑽頭。

夢兆 夢中使用任何鑽頭，越使勁，就越不該把時間和精力浪費在毫無意義的事情上。

解釋 鑽頭表示鑽勁，就不應用在無意義的事情上。

銅器

夢象 夢見銅器。

夢兆 成功來得不如你期望的那麼快。也許應做些調整。

解釋 製作銅器並不那麼容易和快速。

推進器

夢象 夢見推進器。

夢兆 假如你在夢中夢見推進器處於良好狀態，這種夢表示你的事業將有飛速發展。假如你夢見推進器損壞或你失去了推進器，這種夢警告你，你的疏忽或無動於衷將使別人有乘之機。

解釋 推進器好，事業有發展，推進器不好，就無法前進，別人乘這個機會就會趕上或超越你（有可乘之機）。

銼刀

夢象 夢見銼刀。

夢兆 夢見銼木頭，切忌容易產生誤會的行動，它將引起滿城風雨。夢見銼金屬，則意味著和解。

解釋 銼刀不是銼木頭的，這是誤解挫刀的作用，所以會引起誤會。銼金屬，把不合適的銼去，所以象徵和解。

鋤頭

夢象 夢見鋤頭。

夢兆 夢見鋤頭和鋤地，顯示前途有改觀。

解釋 鋤頭用來鋤地，這是改變地的面貌，所以說前途有改觀。

鑿子

夢象 夢見鑿子。

夢兆 夢見用鑿子，預示你能夠得到你想要的東西，但也得之不易。

解釋 鑿子能把要鑿的東西鑿好，所以能得到你想要的東西，因為鑿得很慢，所以得之不易。

棉花

夢象 夢見棉花。

夢兆 採摘棉花，或看見棉花長在地裡，是晚年榮華的象徵。藥棉或經處理過的棉花，預示有不速之客。

解釋 棉樹長出棉花，說明棉枝已成熟，棉花潔白誘人，所以說明晚年榮華。處理過的棉花（包括藥棉）已不是原來的棉花，所以預示有不速之客來。

溫度計

夢象 夢見溫度計。

夢兆 如果你夢中有溫度計出現，請你格外小心近期內的不測風雲。

解釋 不測風雲引起溫度的高低，所以才需要溫度計測定。

零件

夢象 夢見零件。

夢兆 夢裡出現任何一種細小的零件，預示著你將遇到非常複雜的問題。

解釋 小零件是比較複雜的。

蓄水池

夢象 夢見蓄水池。

夢兆 (1)若水滿，意味大成功；若半池，意味小成功；若沒水，意味不勞不獲。

(2)如果夢見自己掉進蓄水池，做事宜三思而行。

解釋 (1)水滿、半滿、沒水都是一種象徵。

(2)掉進蓄水池，是因為不三思而行。

糧倉

夢象 夢見糧倉。

夢兆 若糧倉堅固而且充實，則為幸運的象徵；若是廢棄不用，或空空蕩蕩的，則不宜冒險投機。

| 解釋 | 糧倉堅固充實，當然是好，是幸福的象徵。若不用，空蕩則不好，做冒險投機取巧更不行。 |

黑色大理石

夢象	夢見黑色大理石。
夢兆	象徵著壞消息。
解釋	黑色不吉。

大理石

夢象	夢見大理石。
夢兆	不管是採石場還是建築上的大理石，或者是其他的形式，總之，大理石暗示愛的波折和個人的失意。
解釋	在國外大理石一般用於墓碑的建築方面，所以暗示愛的波折和個人的失意。

工程

夢象	夢見工程。
夢兆	無論是土木、電力、機械、化工工程還是其他工程，只要你夢到這種工程，或夢到工程技術人員在工作，你都有許多偶然的運氣。
解釋	只要你夢到工程，就意味著你白天想參與這些

工程。如果你有幸參與這些工程了，那麼當然會給你帶來好運氣，這種運氣當然只能是偶然的。

木材

夢象　夢見木材。

夢兆　夢見鋸原木，意味著家庭條件的改善。看見木材堆，或林中倒地的樹木，顯示你現在最關心的事情順心如願。筏木預示著一個不該錯過的良機。熊熊燃燒的圓木象徵家庭歡樂。坐在圓木上是個不滿足的含意。圓木小屋象徵辛勤勞動換來的舒適安逸。

解釋　堆放整齊的木料是管理好的表現，管理好會增長財富。亂扔木料，是管理不好的表現，所以對自身利益會有損害。

木排

夢象　夢見木排。

夢兆　夢見乘上漂浮的木排顯示你的收穫將落入別人手中；夢見建築或修理一個木排，預示著透過個人努力你將取得成就。

解釋　乘上漂浮的木排，身不由己，所以預示你的收穫將落入別人手中。自己建造或修理木排，這是靠自己

努力，所以可以得到成功。

車轍

夢象 夢見車轍。

夢兆 彎彎曲曲的車轍，預示出現了新問題；若是直的，預示前面有艱苦的工作。

解釋 彎彎曲曲是不順利，所以會出現問題。轍是直的，反過來預示有艱苦的工作出現。

水泥

夢象 夢見水泥。

夢兆 無論用在磚、石、紙、塑膠、瓷器或其他東西上，意味著地位和收入的提高。

解釋 凡是使用水泥的地方，都可以創造財富，所以意味著地位或收入的提高。

菠菜

夢象 夢見菠菜。

夢兆 (1)如果你夢見吃菠菜，此夢顯示你在生活上將幸福健康。

(2)如果你發現菠菜裡有砂土，味道有些酸苦，這預示你和你的朋友或家人發生口角。

解釋 (1)菠菜人人喜歡吃，營養豐富，所以說生活幸福。

(2)因爲不合口味，就會發生爭吵。

煤油

夢象　夢見煤油。

夢兆　在你的夢中出現這種燃料的氣味或者用途，暗示著在一段煩惱的日子之後，你沉醉於一種新的興趣。

解釋　煤油氣味難聞，所以象徵煩惱的日子，但煤油燃燒後產生的動力比較大，所以象徵一種新的興趣。

模子

夢象　夢見模子。

夢兆　不論是食品、金屬、塑膠、陶瓷，還是你擁有的其他的東西，夢見有型的模子象徵著財政條件的改善。

解釋　有模子就可以對各種生產品加以改善，也可以節約開支，所以說象徵財政條件的改善。

錘子

夢象　夢見錘子。

夢兆　聽到錘聲或看到錘子是一個好夢。如夢見自己使用錘子，顯示將取得令人滿意的成就。

|解釋| 因為錘子能敲擊一切，使它成形。

|孵卵器|

|夢象| 夢見孵卵器。

|夢兆| 夢見孵卵器顯示你的擔憂是多餘的。

|解釋| 孵卵器一定能孵卵成功，所以你的擔憂是多餘的。

|磁體|

|夢象| 夢見磁體。

|夢兆| 磁體的引力表示性欲旺盛並且深受異性歡迎。

|解釋| 因為磁體有吸引力。

|箍|

|夢象| 夢見箍。

|夢兆| 不管夢見什麼箍都是好夢，預示你的希望可以實
現。

|解釋| 把目標箍了起來，肯定可以成功，所以是好夢。

|鎬|

|夢象| 夢見鎬。

|夢兆| 這種尖頭工具，象徵著艱苦
的工作。

|解釋| 鎬就是用來進行艱苦勞動
的。

蔬菜

夢象　夢見蔬菜。

夢兆　(1)吃蔬菜預示著一段起落不定的生活。

　　　　(2)種菜顯示幸福的家庭生活近在眼前。

　　　　(3)如果夢中的蔬菜爛了，你在現實中會有失望之事。

解釋　(1)蔬菜各個季節不同，所以預示起落不定的生活。

　　　　(2)種菜是一種樂趣，以後還會有收益，所以顯示幸福的家庭生活近在眼前。

　　　　(3)蔬菜爛了，不是好事，所以表示失望。

橡膠

夢象　夢見橡膠。

夢兆　夢見橡膠或其製品顯示你將掙脫煩惱。

解釋　橡膠耐用，所以能解除不耐用的煩惱。

籃子

夢象　夢見籃子。

夢兆　如果籃子裡盛滿東西，你將有許多機遇，如果籃子是空的或壞的，你可能因粗心大意而遭受損失。

解釋　盛滿東西表示多，所以表示有許多機遇。空的壞的籃子，表示不好，所以預示失敗。

磨

夢象 夢見磨。

夢兆 磨穀物、麥子、可可、咖啡等任何食物，都意味著

由於精明節儉，物質財
富將增長；磨石頭或其
他堅硬的東西，預示著
辛勤勞動，但所得有
限。

解釋 各種穀物磨好了，就是
增長財富，磨石頭等硬
物，當然艱苦。

鞭子

夢象 夢見鞭子。

夢兆 你若作夢鞭打動物，則顯示你的道德觀中有非正義
的因素。設法彌補或忘掉它。

解釋 用鞭子打動物是不道德的。

韁繩

夢象 夢見韁繩。

夢兆 如夢見你給馬套上韁繩，你將接受一項你不情願的
任務。

解釋 給馬套韁繩就是帶有強制性，所以說你可能接受一項你不情願的任務。

廣告

夢象 夢見廣告。

夢兆 如夢見你在看別人做廣告，就避免某些冒險的計畫。若是你自己在做廣告，預示著你的計畫將要實現。

解釋 看別人做廣告，要當心上當受騙，因為假廣告較多。所以，你照著廣告中的話去做，那你的行動就是冒險了。你自己做廣告，說明自己的產品已有成功的把握，所以預示你的計畫將要實現。

市場

夢象 夢見市場。

夢兆 如果市場整潔，秩序良好，你正在買東西或者交易正在進行，預示著富裕與繁榮；如果食品腐爛、質量低劣或者市場空空蕩蕩甚至無人看管，預示著由於坐失良機而導致的艱難歲月。

解釋 市場好、興旺，就是富裕和繁榮。如果市場不好、

不景氣，就是說錯過了機會，日子很不好過。

討價還價

夢象 夢見討價還價。

夢兆 應忌人云亦云，毫無主見。

解釋 討價還價不是跟著對方走，而應有主見，不然會吃虧。

舊貨

夢象 夢見舊貨。

夢兆 在商店或別的地方，任何給你以舊貨的感覺的東西，預示你很快要面臨一個艱難的選擇，千萬不要自作主張，應聽取好意的建議。

解釋 舊貨是不好的象徵，所以將面臨困難。為了解決這一困難，就應多聽取別人的意見。

代理商

夢象 夢見代理商。

夢兆 如夢見與一代理商談判，則預示你在工作環境上將有好的轉變。

解釋 與代理商談判生意，如獲得成功，那麼將會換來工

作環境上的變換。

商務性會談

夢象　夢見商務性會談。

夢兆　預示將給你帶來有實利的好消息。

解釋　會談有成功的希望，所以會帶來好消息。

合同

夢象　夢見簽合同。

夢兆　夢見自己簽署合同，你即將獲得提升。

解釋　簽署合同，取得較好的經濟效益，發揮你的才智，所以你將被提升。

仲裁

夢象　夢見仲裁。

夢兆　如果仲裁的是你的事，你將得到你所想要得到的東西。

解釋　因為仲裁而獲勝，給你的印象很深刻，在夢中都忘不了。

協議書

夢象　夢見協議書。

夢兆　若夢見與協議書有關的事，當

心你目前正進行的計畫有可能受挫。如夢中你在協議書上簽字，要當心經濟上可能受損。

解釋 協議書雖簽了，但不一定能真正成功，有時可能受挫，有時還可能遇上假協議而上當受騙。

交換

夢象 夢見交換。

夢兆 夢見交換東西，表示生意不景氣。

解釋 貨物賣不出去，只有交換了，所以顯示生意不景氣。

利潤

夢象 夢見利潤。

夢兆 如果你夢見自己獲得利潤，這就警告你必須謹慎，在將來的幾個星期，不要向外人透露你從事的工作。

解釋 獲得利潤後必須謹慎，不能外露，以防不測。

利息

夢象 夢見利息。

夢兆 付利息，是警告你別奢侈；得利息，是預示生活將有變化。

解釋 付利息是因為借了錢，所以要節約不能奢侈。得利

息則有收入，所以生活會有變化。

撫恤金

夢象 夢見撫恤金。

夢兆 如你是受者，則提防因行為放肆而造成麻煩。如你是授者，你將在眼前利益中走運。

解釋 撫恤金來之不易，要珍惜，不能由於浪費而帶來不快或煩惱。給人撫恤金是富足的表現，所以說能走運。

抽彩

夢象 夢見抽彩。

夢兆 夢見抽彩或獎券，預示家庭困難。

解釋 抽不到獎，家庭會更困難。

炒股

夢象 夢見炒股。

夢兆 如果你不小心，則可能有人會坐享你的成果。

解釋 炒股就是投機取巧，就是坐享別人的成果。不是你坐享，就是別人坐享。你不小心虧了本，別人卻可賺錢。

帳單

夢象 夢見帳單。

夢兆 如夢裡收到帳單，或擔心付不了帳，你將在經濟上走鴻運；如果你付了，你最好趕緊與慷慨大方的朋友或親戚取得聯繫，因為你馬上需要他們提供經濟援助。

解釋 付不了帳，反過來就會在經濟上走運。付了帳，反過來就是經濟困難，需別人幫助。

房地產

夢象 夢見房地產。

夢兆 夢中有關房地產的活動，如買進、出賣或轉讓，都預示著財富的增長，也許是由於遺產帶來的。

解釋 房地產一般來說會逐年增長，所以預示財富的增長。

抵押品

夢象 夢見抵押品。

夢兆 (1)如果你夢見贖回抵押品，你可能面對想不到的財源枯竭。

(2)如夢見一個抵押品取消贖回權，象徵著你財運中斷。

(3)提供或得到任何種類的抵押品，預示著從焦慮

中解脱出來。

解釋 (1)和(2)可用反說法解釋。

(3)能提供或得到抵押品，那借不到錢的焦慮就解除了。

所得稅

夢象 夢見所得稅。

夢兆 因失去一筆期待已久的報酬而懊悔，或者無力幫助一位朋友，個中情況都有可能與稅款有關。

解釋 因為稅繳得太多。

非法交易

夢象 夢見非法交易。

夢兆 夢裡出現任何一種非法交易，宜重新審視你正要邁入的險徑，好好想想，然後做點別的事情。

解釋 違法交易是危險的事。

拍賣

夢象 夢見拍賣。

夢兆 可能你所信任的一位熟人正打算占你便宜，應該提防。

解釋 拍賣是賣別人的東西，而拍賣經紀人總是有利可

圖，總會佔便宜的，所以預示有人想占你的便宜。

經紀人

夢象　夢見經紀人。

夢兆　夢見無論什麼樣的經紀人，切忌投機心理。

解釋　經紀人靠信譽，如充滿投機心理，是辦不好事情的。

信箋

夢象　夢見信箋。

夢兆　如果你在夢中看到了信箋，此夢則預示著你個人財富的增加，或者你將得官方的支持。

解釋　信箋是談生意的，所以預示你個人財富的增加。信箋如是官方的證明，所以可說得到了官方的支持。

信用卡

夢象　夢見信用卡。

夢兆　夢見使用自己的信用卡，當心家裡人或較親近的人對你不太忠實而給你捅漏子。

解釋 使用自己的信用卡是好事，但如家裡人或較親近的人使用就有可能出問題。

契約

夢象 夢見契約。

夢兆 (1)無論夢見訂契約還是一份已訂好的契約，切忌在錢財和個人關係上投機冒險。

(2)但是，如果你拒絕訂立或是取消一份未訂的契約，你則能按計畫行事。

解釋 (1)訂契約當然要實事求是不能冒險。

(2)是按反說法來解釋的。

津貼

夢象 夢見津貼。

夢兆 如果你得到的津貼來歷清白（如從父母、監護人、公司等），預示生活安定。如你給別人津貼，或你得到的津貼來路不明，則當心家庭糾紛。

解釋 津貼來路清白，不會出現什麼問題，所以預示生活安穩。反之，來源不明，則必然有糾紛。

保險

夢象 夢見保險。

夢兆 領取賠款，你可能不得不對付一樁麻煩的事。若是

人保，你可以確信你未來的計畫是正確的。

解釋　索賠是比較麻煩的事，所以說你不得不對付一樁麻煩的事。投保是有保障的事，所以可以確信你未來的計畫是正確的。

逃債

夢象　夢見逃債。

夢兆　作此夢，應警惕有人背信忘義。

解釋　逃債就是背信忘義。

破

夢象　夢見破產。

夢兆　夢見你自己破產，你將獲成功。夢見別人破產，則提醒你在生意上應光明正大，並應避開那些不乾不淨的人。

解釋　破產的反面是成功。別人破產，告誡你不要與那些不乾不淨的人住來而避免引起自己破產。

租契

夢象　夢見租契。

夢兆　夢中出現租契，對你所關心的事是一個好的預兆。

解釋　租契是租賃成功以後才會出現，所以這是個好兆

頭。

調查表

夢象　夢見調查表。

夢兆　要是你積了一大堆計畫中的事不去做，你就會在夢中見到一份長長的調查表。

解釋　只說不做，只空想不實踐，所以在作夢時會出現空洞的調查表。

競爭

夢象　夢見競爭。

夢兆　在夢裡競爭越成功，則你前進道路上的險阻將越大。

解釋　越是競爭，對手越多，險阻就越大。

清點

夢象　夢見清點。

夢兆　點錢預報收入的增長；但清點別的東西，則意味著責任超負荷，宜儘量減輕。

解釋　有收入才清點錢。清點其他東西，或是移交東西，所以以後有一定的責任。

盈利

夢象 夢見盈利。

夢兆 夢中的盈利越大，則越應

該保護你的財力；如果這盈利是透過不正當的手段

獲得的，則預言你經營有方、生意興隆，或者是失

而復得。

解釋 這都是用反說法來解釋的。

商業

夢象 夢見商業。

夢兆 夢見經商，將有一段時期的不順心，你將可能與敵

對情緒、不忠行為、競爭對手抗爭。夢見商務文

件，將擺脫不利處境。

解釋 經商就是不斷與對情緒、不忠行為、競爭對手做抗

爭，所以是順心與不順心的交替，所以說將有一段

時期的不順心。商務檔上已簽訂的合同等，表示生

意已成定局，所以可擺脫不

利處境。

商店

夢象 夢見商店。

夢兆 賣東西的夢預示著你會有些

經濟上的困難，但只要你節制一些就能克服困難。
在商店工作之夢會給你帶來財運。

解釋 買東西沒有錢，所以預示經濟上有些困難。商店是
賺錢的地方，所以會給你帶來財運。

銀行

夢象 夢見銀行。

夢兆 (1)空無一人的銀行，預示損失。

(2)付款的出納員，則提醒你在商務方面不要大
　意。

(3)如果你自己在銀行裡存錢或取錢，你將會遇好
　運。

解釋 (1)無人存款，當然是損失。

(2)付款的出納員絕不能大意。

(3)經常在銀行裡存錢、領錢，當然有錢，所以可
　說遇到財運。

贖金

夢象 夢見贖金。

夢兆 無論夢見怎麼的行為，如果夢裡以
贖回為主要特點，你可能會得到一
筆意想不到、相當可觀的錢。

解釋 有錢才能去贖回東西，所以預示會

得到錢財。

硬幣

夢象 夢見硬幣。

夢兆 硬幣越少，面額越小，你的收穫就越大。

解釋 用反說法解釋。

自動取款機

夢象 夢見取款機。

夢兆 不要想發意外之財，那是不可能的。

解釋 有些人想利用自動取款機可以透支的特點進行投機、發意外之財，那是不可能的。

鐮刀

夢象 夢見鐮刀。

夢兆 這個夢顯示你將遇上一位不愉快的合作者。

解釋 鐮刀會割破人的手腳，所以是不愉快的合作者。

鐳

夢象 夢見鐳。

夢兆 夢見鐳，顯示無限制的財富。如果夢見被鐳灼傷，這就警告你在未來的幾個月中要避免參與各式各樣

的冒險行為。

解釋 善於利用鐳，它就是寶貴的財富。被鐳灼傷是不當心，所以要避免各種冒險行為。

鐵匠鋪

夢象 夢見鐵匠鋪。

夢兆 (1)夢見鐵匠在鋪子裡工作，預言你的目的將穩步實現。

(2)冷清的鋪子，卻意味著失望。

(3)如果夢裡的主要特徵是鍛鍊時發出的火花，你將有家庭爭論，或與情人吵架。別發火。

解釋 (1)只要堅持下去，目的一定能實現。

(2)沒有生意，當然失望。

(3)迸發就是衝突、壓力，所以象徵爭論、吵架。

電腦

夢象 夢見電腦。

夢兆 你所遇到的煩惱即將結束。

解釋 因為電腦能解決你所不能解決的問題，而這些問題經常引起你的煩惱。

錄影機

夢象　夢見錄影機。

夢兆　它會帶給你幸福。

解釋　錄影機放的電視、電影片子會給你享受和滿足，所以可以帶給你幸福。

照相機

夢象　夢見照相機。

夢兆　對朋友要忠實。

解釋　因為照相機照下的畫面都是真實可靠的。

放影機

夢象　夢見放影機。

夢兆　當心，你的戀人將會離開你而去。

解釋　因為放影機的有些內容對你的戀人是一種諷刺，刺傷你戀人的心。

顯示器

夢象　夢見顯示器。

夢兆　要努力學習才能取得更大的成績。

解釋　顯示器是為了顯示你所不懂的東西，這就是一種學習。

卡拉OK

夢象 夢見卡拉OK。

夢兆 交友要慎重。

解釋 在卡拉OK廳人員複雜，有好人也有壞人，所以說
交友要慎重。

計算機

夢象 夢見計算機。

夢兆 做人要糊塗一點好。

解釋 計算機計算數字清清楚楚，但反
過來卻是糊塗。所以預示糊塗。

鼓風機

夢象 夢見鼓風機。

夢兆 預示你只有依靠自己的力量才能克服目前的困難。

解釋 鼓風機就是依靠自己的力量——鼓風。才能得到人
們所喜愛的。

吊扇

夢象 夢見吊扇。

夢兆 你要處處謹慎小心，當心禍從天降。

解釋 因為吊扇有隨時掉下來的危險。

電扇

夢象　夢見電扇。

夢兆　夢見自己吹電扇，你會失去朋友。夢見別人吹電扇，人家會喜歡你。

解釋　因為你只顧自己吹電扇，即只顧自己享受，而不顧別人，所以朋友會離開你。反之，夢見別人吹電扇，是把好處讓給別人，所以大家會喜歡你。

空調器

夢象　夢見空調器。

夢兆　告誡你不要只顧享受而不珍惜自己的身體。

解釋　空調器給人享受、享樂，但不注意會得空調病，所以說要珍惜自己身體。

抽油煙機

夢象　夢見抽油煙機。

夢兆　夢見抽油煙機家庭會不和。

解釋　抽油煙機抽油煙使家中空氣新鮮，也即家庭和睦。但新鮮的反面是空氣混濁，而混濁就是不好，所以會家庭不和。

洗衣機

夢象　夢見洗衣機。

夢兆 洗衣機正常運轉，象徵愛情幸福。洗衣機壞了，要更體貼對方，不然就有破裂的危險。

解釋 正常運轉可以使對方省去不少洗衣服的時間及精力，增進了家庭的幸福，所以說愛情幸福。洗衣機壞了，需要用手洗，所以要體貼對方。

直銷店

夢象 夢見直銷店。

夢兆 自己開直銷店，表示你和朋友的關係較好。進直銷店購買東西，要改掉出手闊綽的毛病。

解釋 是你的好朋友幫助你開直銷店的。直銷店的價格較便宜，會精打細算的人才會去直銷店購物。而精打細算的反面是出手闊綽，所以可以預示你要改掉出手闊綽的毛病。

連鎖店

夢象 夢見連鎖店。

夢兆 喻示你不要把手伸得太長，而貪得無厭。

解釋 連鎖店關係很久很長，所以預示你不要把手伸得太長。

銀行

夢象 夢見銀行。

夢兆 夢見自己在銀行工作，預示你經濟將陷入困境。夢見去銀行存款、提款，你的收入將會增加。

解釋 銀行有許多錢，但並不屬於你，所以，有錢反過來是沒有錢，因此預示你經濟將陷入困境。能經常去銀行存款或提款，說明你收入增加才能做到這一點。

十一、日用百貨服裝類

百貨、衣服、日用品

大衣

夢象　夢見大衣。

夢兆　新大衣意味著生意不利，破舊大衣則意味著財運亨通。

解釋　新大衣表示生疏，所以生意不利；破舊大衣表示經驗豐富，所以財運亨通。

女裝

夢象　夢見女裝。

夢兆　夢到自己有或見到新的漂亮女裝，預示社交方面很如意。鑲有花邊的女裝，意味著將會有豔遇。

解釋　漂亮的女裝，人人喜歡，穿上漂亮的女裝去參加社交活動，所以預示社交方面的如意。鑲有花邊的女裝，是婦女穿的衣服，所以可能會有豔遇。

手套

夢象
夢兆

夢見手套。

(1)戴著手套，象徵著感情上有一種保障。

(2)嶄新的手套意味著經濟上的保障。

(3)遺失手套你將得不到你所期望的幫助。

(4)尋找手套則預示著獲得幫助。

(5)油漬斑斑的破舊手套是失望的象徵，但這些失望只是暫時的。

(6)防護手套或長手套與愛情有關，如果它完好無損，你的愛情也將幸福美滿。

解釋

(1)戴著手套是把手保護起來，不受侵犯。而事情也應這樣，所以象徵感情上有一種保障。

(2)有錢買新手套，說明經濟條件還可以。

(3)手套遺失了，本來打算用它來保暖的，或作防護的，現在這個期望不能達到了，所以說將得不到期望的幫助。

(4)手套遺失了，現在又找到了，這當然預示著意外的收穫，亦即幫助。

(5)又破又髒的手套，令人失望，所以是失望的象徵。但這只是暫時的，因為可以換新的好手套。

(6)防護手套或長手套都是保護手的，而手在愛情

中起著十分重要的作用，所以它與愛情有關。

手帕

夢象 夢見手帕。

夢兆 (1)夢見骯髒或血跡斑斑的手帕，暗示著爭吵。

(2)破手帕表示你的處境不佳。

(3)遺失手帕，表示一個關係的破裂。

(4)得到手帕表示你得到一件使你驚喜的禮物。

(5)用手帕擦臉或擦額頭，預示責任減輕。

(6)揮動手帕，象徵新的朋友關係的進展。

解釋 (1)骯髒的手帕說明你無心洗它，血跡斑斑的手帕，一般是擦流血的血跡的，這有可能是吵架和打架引起的，所以暗示著爭吵。

(2)破手帕又沒有能力更換，所以說你處境不佳，特別是經濟能力差。

(3)遺失手帕是掉了東西，而掉東西一般是心情不好的表現，這可能是和別人發生矛盾有關，所以可能表示一個關係的破裂。

(4)收到手帕就是收到禮物，如果是異性朋友送的，那當然驚喜不已。

(5)用手帕擦額頭，一般是虛驚一場的表現，可以不擔任何責任了，所以預示責任的減輕。

(6)揮動手帕告別，表示親熱，而對老朋友不需這
樣，所以說象徵新的朋友關係有進展。

皮帶

夢象 夢見皮帶。

夢兆 繫著或繫上皮帶，表
示希望改變環境。若
看到或解下皮帶，則表示你正需要安全上的保障。

解釋 繫著或繫上皮帶，是想做事的意思，所以表示改變
環境。
繫上皮帶進行安全操作，現在卻把皮帶解下來了，
所以說安全上缺少保障。

絲綢

夢象 夢見絲綢。

夢兆 顯示你的生活所需均能滿足，甚至還能享受適當的
奢侈。

解釋 能穿上絲綢，生活肯定比較好一些，所
以顯示你的生活所需能滿足，甚至還能
享受適當的奢侈。

尼龍

夢象 夢見尼龍。

夢兆 這個夢提醒你，不要被事物的表面現象所迷惑，要透過現象看本質。

解釋 尼龍在表現上是很好看的，但質量上是化學合成物，有它一定的弱點，所以說不能被現象所迷惑，應看到事物的本質。

包裹

夢象 夢見包裹。

夢兆 在夢裡仔細地將某物包裝起來，表示滿意地結束了這一段時間內從事的工作。

郵寄或接到一件包裹，常常是告訴你在不久的將來會調換一個生活環境。

解釋 工作告一段落，必須整理、總結一下，這就像仔細地把某物包起來一樣。

花邊

夢象 夢見花邊。

夢兆 夢見花邊或者帶花邊的衣服不好看，現在透過做了花邊，解決了這個問題，所以能帶來好處。

解釋 帶花邊的窗簾一般是比

較華貴的，是爲佈置新房而做的。現在距離結婚的
日子已過去很久了，不應再迷戀過去，所以說不能
總停留在過去的歡樂上。

紙花邊並不好，因爲它不牢固，所以不能自以爲是
好的。

圍巾

夢象　夢見圍巾。

夢兆　鮮亮色的圍巾出現在夢裡是歡樂的愛情的象徵。

解釋　鮮亮的顏色是歡樂的象徵，圍巾給人溫暖，是情意
綿綿的象徵，所以它們是愛情的象徵。

花環

夢象　夢見花環。

夢兆　夢見自己戴著花環，預示你將反敗爲勝。接過花
環，顯示你正在步步接近你的目標。遞過花環，提
醒你謹防不講道德的朋友。

解釋　花環是勝利的象徵，只有在失敗之後重新獲勝，爲
了慶祝才需戴花環，所以預言你將反敗爲勝。

花環是獲得成功，每一次接近花環是向目標邁進一
步，所以說正步步接近你的目標。

把花環即光榮遞給朋友，使朋友成功。使他成功
了，他卻把你拋棄，這是不道德的行爲，所以說，

要謹防不講道德的朋友。

披巾

夢象　夢見披巾。

夢兆　頭上戴著披巾，顯示戀愛稱心如意。

披巾在肩上顯示將帶來一些小麻煩。

解釋　披著頭巾去見戀人，又嫵媚又動人，戀人十分喜歡，所以說戀愛稱心如意。

披巾在肩上經常會落下來，或者被別的東西絆住了，這是些小麻煩，所以說將帶來一些小麻煩。

制服

夢象　夢見制服。

夢兆　男人穿制服，顯示地位會有上升的趨勢。對女人來說，此夢意味著愛情和家庭的幸福。

解釋　穿制服上班，嚴守紀律，會得到公司的喜歡，所以地位可能會上升。女人穿制服去上斑，是有了工作，有了工作就有獨立性，經濟地位、家庭地位也就提高了，這樣就為愛情和家庭幸福創造了條件。

飾針

夢象
夢兆

夢見飾針。

(1)夢見飾針預示輕微的惱怒，像家庭糾紛、受到傲慢的傷害、或小小的失望等。

(2)夢見飾針掉落的聲音是滿意的預示。

(3)往衣服上別飾針，預示將會在社交方面處於尷尬境地。

(4)夢見吞下飾針，預示粗心大意會給你帶來不愉快，但一個幸運的機會將拯救你。

(5)撿到一枚飾針，表示就你現在的興趣而言，會遇到某種好運。

解釋

(1)飾針刺了你，使你惱怒，但並不嚴重的。

(2)飾針掉落了應該不高興，但從反面來解釋，所以說是滿意的表示。

(3)飾針有好有差，如果在社交場合上遇到比你好的飾針，而你的相形失色，那麼就使你處於尷尬的地步了。

(4)吞下飾針是粗心大意，當然會帶來不愉快。但飾針後來排出來了或取出來了，這就是一個拯救。

(5)撿到一枚喜歡的飾針，你對它很感興趣，這對

你也許是一種好運，所以說會遇到某一種好運。

襯衫

夢象　夢見襯衫。

夢兆　乾淨的襯衫是好的象徵。污泥沾染的襯衫預告有一段情緒低沉的日子。

解釋　乾淨的襯衫當然是好的象徵。襯衫沾上了污泥卻不肯洗，說明情緒十分低落。

拖鞋

夢象　夢見拖鞋。

夢兆　舒適的拖鞋象徵著滿足。不舒適的拖鞋的確是一個問題，需要加以解決，所以預示你將遇到新的問題。

解釋　視穿著是否舒適而定。

面具

夢象　夢見面具。

夢兆　夢見別人戴著面具，預示意想不到的欺騙。如果你自己帶著面具，預示最終你將從別人對你的欺騙中獲益。

解釋　面具都是假的，所以暗示想不到的欺騙。自己也帶上了面具，以對付別人的欺騙，這是一種策略，所以預示獲益。

面紗

夢象夢兆

夢見面紗。

夢見面紗預示著你被捲入或意欲參與某類活動。

夢見撕破面紗，預示著某一陰謀或秘密被強行公開化。

若你在夢中看見了新娘戴面紗，你希望時來運轉。

若你夢到遺失面紗，預示著你將忍受由於某些不檢點行為所導致的尷尬局面。

解釋　戴面紗是一種活動，所以預示你被捲入或參與某類活動。

面紗撕破了，其面目暴露了出來，所以某一陰謀或秘密被強行公開化。

做新娘是一生的轉振點，結了婚可能幸福無窮，所以預示時來運轉。

拿掉面紗，真相暴露，某些不檢點的行為也暴露了出來，所以使自己出現了難堪的局面。

領帶

夢象 夢見領帶。

夢兆 夢見繫領帶困難，象徵你為感情糾紛憂鬱，而你要理智斬斷它。

解釋 繫領帶感到困難，這是思想不集中、感情上有紛擾造成的，所以說象徵你為感情糾紛而憂鬱。

裙子

夢象 夢見裙子。

夢兆 夢見短的、緊的裙子，你生活上會發生經濟困難。大而寬鬆的裙子說明你將要添置新家具。

解釋 短是短缺，緊是緊迫，所以說生活上有經濟困難。大而寬鬆是富裕的表現，而裙子要放在家具中，所以說將要添置新家具。

毛巾

夢象 夢見毛巾。

夢兆 這要看是什麼種類的。乾乾淨淨的棉紗毛巾，象徵著身心健康與物質的豐富。濕的或者滿是泥土的毛巾，預示著你將備受挫折。

解釋 乾淨的東西象徵身心健康和物質文明。骯髒的東西
是不順利、受挫折的結果。

長袍

夢象 夢見長袍。

夢兆 意味著所取得的成就比預期的要小。

解釋 長袍的長就是大，但大反過來解釋可以
說是小的，所以說取得的成績比預期的
要小。

勺子

夢象 夢見勺子。

夢兆 夢見用一種公用勺子喝東西，當心家庭或個人事務
上出亂子；無論是什麼事，切忌到處亂說，否則你
會後悔的。

解釋 公用勺子是不能用來喝東西的，就像公筷一樣。如
果喝了，那就亂了套，所以可以預示當心家庭或個
人事務上出亂子。用公用勺子喝東西，是沒有管好
自己的嘴巴，所以說話時可能會亂說。

花手帕

夢象 夢見花手帕。

夢兆 如果你自己有這種花手帕，則工作艱苦，並伴有不

少麻煩。如看見在別人身上，家裡則有喜訊。

解釋 花手帕是好的，但反過來說，從好能變成壞，所以有花手帕，則可說明工作艱苦，又有煩惱。有時手帕可作信物，所以家裡會有喜訊傳來。

售物

夢象 夢見售物。

夢兆 會增加收入。

解釋 夢見出售自己的物品，則你可能會增加收入。

禮帽

夢象 夢見禮帽。

夢兆 嶄新的禮帽象徵好運氣。略小的禮帽預示失望。超大的禮帽預示窘迫。歪戴或拿在手裡，意味著蒙受恥辱。禮帽遺失或被風吹跑，暗示手頭拮据。破舊、骯髒的禮帽顯示生意蕭條。做工考究的禮帽，喻示社會知名度增加。

解釋 新象徵著好，所以嶄新的禮帽象徵好運氣。略小的禮帽不合適戴，所以叫失望。帽子歪戴或拿在手上，這是不文明、不禮貌的表現，如受人指責，則

會受辱。禮帽遺失了，被風吹跑了，沒錢再買，這就顯示暗示手頭拮据。破舊、骯髒的禮帽無力更換好一點的，顯示生意不好，收入不高，所以才會這樣。做工考究的禮帽是紳士戴的，紳士有一定的知名度，所以喻示知名度增加。

亞麻布

夢象 夢見亞麻布。

夢兆 夢見亞麻布意味收入增加。

解釋 亞麻布售價高，所以意味收入增加。

羊毛製品

夢象 夢見羊毛製品。

夢兆 意味安全。

解釋 比較貴重，收藏較好，所以意味著安全。

天鵝絨

夢象 夢見天鵝絨。

夢兆 天鵝絨預示情場得意。

解釋 天鵝絨充滿引誘力，所以預示情場得意。

絲織品

夢象 夢見絲織品。

夢兆 絲織品預示社會生活愉快。

解釋 絲織品穿著輕柔飄逸，有愉快感，所以可預示生活愉快。

布袋

夢象 夢見布袋。

夢兆 滿滿的布袋，象徵好運將臨。空蕩蕩的布袋，象徵著有障礙急待排除。

解釋 滿滿的布袋是好事，所以可以象徵好運來臨。空的布袋，所以空，是因為沒東西放或所要放的不合適，有了一定的障礙，所以象徵有待排除。

絲帶

夢象 夢見絲帶。

夢兆 一般說來，絲帶總是和愛情生活有關，警告你在戀愛關係上不要太隨便，不要越軌。

解釋 過去絲帶是用來掛送給戀人的信物的，如玉片、香袋之類的東西的，所以說絲帶總是和愛情有關。因為絲帶太柔軟，不牢固，所以警告在戀愛關係上不要太隨便。

絲線

夢象 夢見絲線。

夢兆 夢裡玩弄或看到繡花絲線，則要當心不忠不義的熟人傳出流言蜚語。

解釋 繡花線是為了繡花的，把繡好的東西送人，就可能會引起人們的議論，容易傳播流言蜚語。

別針

夢象 夢見別針。

夢兆 一個極好的象徵。成功就在你現有行進的道路前頭。

解釋 別針是為了不掉落東西的，不掉落東西就是成功地保住了東西，所以可以象徵成功就在前頭。

老鼠夾

夢象 夢見老鼠夾。

夢兆 夢見用老鼠夾把老鼠逮住是環境將有所改善的象徵。夢見安裝老鼠夾顯示你會突然掙脫煩惱。

解釋 把老鼠逮住了，環境就會有所改善。安裝老鼠夾就會擺脫老鼠困擾的煩惱。

衣服

夢象 夢見衣服。

夢兆 衣服越多，則面臨的困難越大。如果你全身赤裸或只穿了一點衣服，將有錢運。破舊或骯髒的衣服，提醒你注意朋友中有人有可能會破壞你的事。衣服緊身，不合體，或者反穿，則應注意在性生活方面出問題。

解釋 衣服越多，花費越大。全身赤裸，或只穿一點衣服，是個窮光蛋，必然會努力去勞動、去掙錢，所以說將有錢運。破舊、骯髒衣服，表示不好。有些朋友只重衣衫不重人，可能說你壞話，做出對你不利的事。衣服不合體、反穿，都表示不祥，所以可能會出什麼問題。

羽絨

夢象 夢見羽絨。

夢兆 羽絨是名利雙收的象徵。裝飾羽絨或羽絨製品，對於女性，預示社會知名度的提高；對於男性，預示權勢的增大。夢見打掃或收集羽絨，預示你一生中將有許多歡樂。

解釋　羽絨美麗、潔白，給人溫暖，價值又高，所以夢見
羽絨什麼都好。

燈籠

夢象　夢見燈籠。

夢兆　夢見懸掛的燈籠會有好事降臨。夢見燈籠被風吹
滅，你可能會吃上官司。

解釋　掛燈籠是好事，所以說會有好事降臨。夢見燈籠被
風吹熄，是不好的徵兆，所以可能會吃上官司。

掃帚

夢象　夢見掃帚。

夢兆　若是新的，你將有好運；若又髒又爛，你做事得小
心；如果你用掃帚打人，將有大好的變化。

解釋　新的表示好，所以將有好運；掃帚又髒又爛，不能
用了，如一定要用，那麼一定要小心才是：打人是
不好的，但反過來就是好，所以將有大好的變化。

傘

夢象　夢見傘。

夢兆　這是安全的象徵。但如
果夢中的傘破裂，表示
成功尚在一定距離之

外。

| 解釋 | 傘可以遮陽、擋雨，所以說是安全的象徵。傘破裂不能用了，離成功就還有一段距離了。 |

雜貨

夢象	夢見雜貨。
夢兆	買雜貨是繁榮的象徵。
解釋	貨多當然是繁榮。

紀念品

夢象	夢見紀念品。
夢兆	在夢中給人紀念品，是一個好消息。但如果你夢見得到一個紀念品，這是告誡你不要讓一個普通的家庭爭論升級到一場嚴重的爭吵，不要固執。
解釋	因為自己或家庭有了值得紀念的事，才給別人紀念品，所以是一個好消息。得到一個紀念品，這紀念品可能會引起家庭矛盾，所以要克制自己。

吉祥物

| 夢象 | 夢見吉祥物。 |
| 夢兆 | 如果你夢見任何吉祥物，可以期待事情發生突然變化，使你的事業良性循環。 |

解釋 吉祥物是吉祥的象徵，所以你的事業會出現良性循環。

圍裙

夢象 夢見圍裙。

夢兆 預示你將有物質上的收益或處境方面的好轉。

解釋 圍裙是一種保護、保障，所以預示收益或好處。

尿布

夢象 夢見尿布。

夢兆 對於男性，意味著在工作或職務上的責任加重；對於女性，意味著將與丈夫或未婚夫或朋友有短暫分離。

解釋 有了孩子才會有尿布，所以對男性來說責任加重了。因為女性生孩子，只能與異性暫時分離。

吸管

夢象 夢見吸管。

夢兆 象徵令人激動的新事情將會發生。

解釋 吸管吸的是新東西，所以象徵令人激動的新事情將要發生。

運動

夢象 夢見運動。

夢兆 如果夢中的運動順利向前，象徵在你前進的道路上克服困難。如果運動遇到麻煩，不令人滿意或無法完成，你可能面臨一個選擇，要麼緊縮，要麼重新開始。

解釋 順利前進，當然可以克服困難。遇到麻煩，當然要重新選擇，重新開始。

補丁

夢象 夢見補丁。

夢兆 夢中夢見一件有補丁的衣服，其象徵與貧窮相反，預示你家境殷實。

解釋 穿補丁的衣服是家中貧困，但從反面來說，卻預示殷實富裕。

時裝

夢象 夢見時裝。

夢兆 看到商店櫥窗裡的、雜誌上的、模特兒身上的時裝，顯示你整天工作而毫無娛樂。

解釋 一心用在工作上，所以沒有時間去考慮穿著、去玩樂。

錶

夢象 夢見錶。

夢兆 夢見手錶表示在你得力的朋友的幫助下得到了收穫。但夢見懷錶則表示你以前對自己利益的被侵害過於忍讓。

解釋 手錶幫你掌握時間，它好像你的朋友一樣幫助你，使你獲得成功。懷錶是一般保守的人用的，而保守的人在自己利益被侵害時會過於忍讓。

枕頭

夢象 夢見枕頭。

夢兆 枕頭被沾上油或被弄皺，那麼你會因為自己的魯莽舉止而遇到麻煩。

解釋 因為自己魯莽才把枕頭弄髒的。

購買

夢象 夢見購買。

夢兆 夢見亂買東西，則應節約用錢。夢見有選擇地買東西，則有錢運。

解釋 亂買東西，就應節約用錢。有選擇地買東西，可省錢，所以有錢運。

按鈕

夢象　夢見按鈕。

夢兆　夢中出現任何按鈕預示一個非常驚奇的事件將發生。

解釋　摁按鈕的結果都會使人驚奇，如按門鈴，按後鈴聲會大作；按電鈕，原子彈會爆炸等等，所以預示有一個非常驚奇的事情發生。

服飾

夢象　夢見服飾。

夢兆　你的服飾越時髦越華麗，你遇到問題就越麻煩。如果一身窮酸、襤褸，或衣不蔽體，則是好的象徵。

解釋　都可以用反說法來解釋。

放大鏡

夢象　夢見放大鏡。

夢兆　夢中使用放大鏡預示著物質財富的增加或者是突發橫財。

解釋　放大鏡是增大倍數，所以預示財富增加，發橫財。

刮鬍刀

夢象 夢見刮鬍刀。

夢兆 (1)如果用老式鈍的剃頭刀刮鬍子，此夢警告你要
控制自己的脾氣或熱情，不然，你要準備好接受
因不能自制帶來的後果。

(2)如果剃頭刀鋒利閃亮（或你正磨刀），此夢預
示你將具有化繁爲簡、單刀直入的能力，能很快
處理棘手的事務，並得到他人的承認。

(3)如果你的手或其他部位被剃刀割破，這是告訴
你爭取所需，必須和反對的勢力做一番拼鬥。

(4)用剃刀打鬥的場面顯示你將介入一項強制性
的、耗費時間的行動中去。

(5)但夢中出現安全的刮鬍刀或剃鬚刀顯示由於你
組織能力的運用，你將取得某種成就。

解釋 (1)鈍刀子不能刮鬍子，而你不聽勸告一定要刮，
那就是自己不能控制自己，因此產生的後果只能
自己負責了。

(2)剃刀鋒利閃亮，快刀能斬亂麻，棘手的事務很
快能處理好。

(3)用剃刀打鬥是被迫的，但剃刀一時殺不死人，
所以費時間。

(5)安全刮鬍刀或剃鬚刀表示安全，說明你有能力
取得成就。

軟木塞

夢象 夢見軟木塞。

夢兆 夢見拔起軟塞子，意味著好消息；塞軟木塞，預示個人問題忽然得到解決。

解釋 能把軟木塞拔起來，這當然是好消息。塞軟木塞，不漏水，完美了，所以象徵個人問題的解決。

奇裝異服

夢象 夢見穿奇裝異服。

夢兆 夢見穿著或看到奇裝異服，則你的生活中將出現令你驚訝的轉變。

解釋 穿奇裝異服是經濟條件很好，或當時裝模特兒。當時裝模特兒的收入很高，所以生活中將出現令你驚訝的轉變。

鈕扣

夢象 夢見鈕扣。

夢兆 如夢見鈕扣掉了，你將有不順心的事發生。

解釋 鈕扣雖小，但不能掉了，掉了鈕扣對穿衣來講是不順利，所以可說有不順利的

事情發生。

鞭炮

夢象　夢見鞭炮。

夢兆　無論你看到、聽到燃放鞭炮，都預示不快和沮喪。

解釋　本來是愉快的、振奮的，但反過來，卻是不快和沮喪。

墊子

夢象　夢見墊子。

夢兆　夢見的墊子越多，你得計畫開支，除非墊子破舊，則有小進益。

解釋　墊子購買多了，是浪費，所以得計畫開支。墊子破舊，說明能節約，所以說有小進益。

繡花

夢象　夢見繡花。

夢兆　夢見自己在繡花，預示個人的生活幸福和滿足；夢見別人在繡花，或看到衣物、布料或其他家用品上的繡花，顯示你將在生活上受騙上當。

Fashion Forecast

解釋　自己繡花是自己在編織美好的東西，所以預言個人生活幸福和滿足。看見別人繡花，觀看別人的，而對你可能是一種假相，是欺騙你的東西。

煙斗

夢象　夢見煙斗。

夢兆　夢見煙斗預示你有能力負擔起你的責任，解決自己的問題；夢見任何一種煙斗都帶這種徵兆；若是煙斗損壞，則表示你將與一位重要朋友分開。

解釋　自己有能力供給自己抽煙，所以預示你有能力解決自己的問題。煙斗損壞，不能用了，只能與煙斗分開。煙斗好似你的一位重要朋友，所以說你將和一位重要朋友分開。

領子

夢象　夢見領子。

夢兆　領子乾淨，情場得意；骯髒或破舊，你可能欺騙對方或被對方欺騙。

解釋　領子乾淨，討對方喜歡，所以說情場得意。領子骯髒或破舊，你就要編個理由去騙對方，所以說你可

能受騙或騙人。

梳子

夢象 夢見梳子。

夢兆 (1)夢見自己梳頭，暗示你應採取行動，解決一些棘手的問題。

(2)夢見別人梳頭，則是說，你太輕信了。

解釋 有些頭髮是難梳的，所以暗示夢見自己梳頭需解決一些棘手的問題。別人梳頭，你以為容易，這是你輕信的結果。

被子

夢象 夢見被子。

夢兆 夢見豪華的被子顯示你的財富將擴大，如果那被子是用布塊拼製而成，你將享受家庭生活的快樂。

解釋 豪華被子是有錢的表示，被子用布塊拼製而成，這是勤儉節制的表現，這也是使家庭快樂的一種方式。

鉸鏈

夢象 夢見鉸鏈。

夢兆 生銹的鉸鏈預示在家庭或私事上遇到困難。

解釋	生銹的鉸鏈不好，所以預示困難。

火柴

夢象	夢見火柴。
夢兆	象徵你的收入將增加。
解釋	「柴」和「財」同音，所以象徵收入的增長。

手電筒

夢象	夢見手電筒。
夢兆	夢見此物，你要切忌感情用事。
解釋	手電筒在黑夜中橫衝直撞，不能控制自己，而這正是感情用事人的特點，所以切忌感情用事。

手提包

夢象	夢見手提包。
夢兆	(1)如夢見你遺失了手提包，表示你將遇到障礙。 (2)你夢見撿到一只手提包，空的象徵贏利，滿的預示損失。 (3)自己或別人打開手提包來回翻找，表示你生活中新的門路將要敞開。
解釋	(1)手提包是放東西的，現在遺失了，所以十分不

方便，會遇到障礙。

(2)有些夢要反解，所以空的反而贏利，滿的倒預示損失。

(3)翻手提包是生活中尋找東西的反映。如果作夢者是一個走投無路的人，這時可能預示他找到新的出路。

毛線

夢象　夢見毛線。

夢兆　(1)夢見將毛線繞個球，預示著你將獲得新朋友，也可象徵家庭快樂。

(2)夢見毛線衣，說明你十分無聊。

解釋　(1)繞毛線球是逐步擴大的，像交朋友一樣逐步擴大，所以說將獲得新朋友。繞毛線是一種興趣，所以象徵家庭快樂。

(2)打毛線衣，對一般人來說是閒暇時才打，所以說十分無聊。

尺

夢象　夢見尺。

夢兆　夢見自己用尺量物，顯示會由於周密的計算和組織能力使事情取得成功。

解釋　用尺的人是比較會精打細算、周密計畫的人，所以做其他的事情也可能成功。

化妝品

夢象　夢見化妝品。

夢兆　對於女性夢見使用或購買化妝品，乃是大好象徵。男性購買化妝品則當心名譽受損而影響事業。

解釋　男、女性購買使用各自的化妝品，把自己打扮得更漂亮，這是大好事。男性給戀人送化妝品當然意味著愛情美滿。若男性使用女性化妝品，那就不正常，自然會影響不好，對自己不利。

叉子

夢象　夢見叉子。

夢兆　餐叉，表示從煩惱中解脫，又預示社交上稱心如意。夢見自己用叉子戳人或物，或者某人某物被叉子刺中，預示你的地位將遭損失。

解釋　餐叉是用來用餐的，吃飽喝足之後煩惱就可以解除了，所以此夢表示社交上的稱心如意。而用叉子刺或戳東西，都是違法的事，所以預示地位將遭到損失。

線

夢象　夢見線。

夢兆　(1)纏線的夢顯示你將得知一個很尷尬的事情的內幕。

　　　　(2)要是你從衣服上將線挑出，這夢在警告你不要傳播小道消息。

解釋　(1)纏線越纏越短，像一件事情，越追問下去越清楚一樣。如果一件不十分光彩的事情，那麼最後總會使你十分尷尬。

　　　　(2)挑線不是正道，所以說不要傳播小道消息。

杯子

夢象　夢見杯子。

夢兆　夢見杯子是財富增大的象徵。但空杯預示受挫。

解釋　住杯子中倒水，象徵財富像水一樣增長。空杯預示受挫。

肥皂

夢象　夢見肥皂。

夢兆　(1)夢中出現香噴噴的肥皂，它會給你帶來有關愛情的心理滿足。

(2)肥皂或洗衣粉提示你在競爭中會拿出些幹勁，這樣才可取得預想的成果。

解釋 (1)香皂散發香氣是和婦女有關，所以說會給你帶來有關愛情的心理滿足。

(2)用肥皂或洗衣粉洗衣服，如不用洗衣機洗則要用手用力洗，這樣才能把衣服洗乾淨，所以說要拿出些幹勁。

爐子

夢象 夢見爐子。

夢兆 (1)沒點火的爐子，表示一筆成功的金錢交易。

(2)熱火朝天的爐子，表示社交活動的增多。

(3)添煤加火，則代表社會聲望升高。

解釋 (1)從反面來解釋的。

(2)爐火興旺，所以可說活動增加。

(3)火旺，可說升高。

拖把

夢象 夢見拖把。

夢兆 (1)一把新的或鐵拖把象徵著一種令人愉快的愛好或社會活動能夠開展所能帶來的益處。

(2)一把舊的或髒的拖把是告訴你，如果你不進一步努力，馬上會遇到由於不負責任帶來的嚴重障

礙。

解釋 (1)新的、乾淨的象徵能得到好處、益處。

(2)舊的、髒的只會帶來壞處（障礙）。

錢包

夢象 夢見錢包。

夢兆 (1)如果夢見遺失錢包，你也許正面臨不幸。

(2)夢見找到錢包表示你將有所得。

解釋 (1)遺失錢包當然不幸。

(2)錢包遺失又找到了，當然表示你將有所得。

拉鏈

夢象 夢見拉鏈。

夢兆 (1)如果拉鏈斷裂或者不好使用，表示你在人際交往中遇到麻煩。

(2)如拉鏈很好使用，則表示生活中的一些小問題得到圓滿解決。

解釋 (1)拉鏈表示人際交往，拉鏈斷裂或不好使用，那在人際關係中會遇到麻煩。

(2)拉鏈好使用，則象徵小問題的圓滿解決。

雨衣

夢象　夢見雨衣。

夢兆　預示你惹麻煩或需要幫助時，會得到滿足。

解釋　下雨表示遇到麻煩，披上雨衣，麻煩就解決了。

鐘

夢象　夢見鐘。

夢兆　(1)夢見晨鐘、聽到鐘的滴答聲，或是買鐘等等，切忌虛度光陰。

　　　　(2)如果聽到打鐘聲，宜採取主動，你將有很大收益。

　　　　(3)如果給鐘上發條，則預示一段幸福的戀情。

解釋　(1)鐘表示時間，所以說切忌虛度光陰。

　　　　(2)打鐘聲表示有重要行動，如果你能採取主動，比如立功，那麼你將有很大收益。

　　　　(3)鐘上發條，能走一段時間，而且鐘富有浪漫氣息，所以預示一段幸福的戀情。

火柴

夢象　夢見火柴。

夢兆　夢見劃火柴，象徵收入增長。

解釋 劃火柴是減少，但是用反說法來解釋則是象徵收入的增加。

鑰匙

夢象
夢兆 夢見鑰匙。

(1)找到鑰匙，意味著圓滿解決眼前的問題。

(2)遺失鑰匙，意味著一些意想不到的不快，或是對朋友的失望。

(3)給人鑰匙預示家庭條件的改善。

(4)得到鑰匙象徵得到有影響的朋友幫助。

(5)鑰匙和鎖相配顯示對戀愛關係感到滿意。

(6)轉動鎖中的鑰匙預示新的機遇。

(7)折斷鑰匙表示錯過良機。

(8)夢見自己是掌管鑰匙的人，預示你將成為權威人士。

解釋
(1)鑰匙找到了，開不開鎖的問題解決了，所以說能圓滿解決眼前的問題。

(2)遺失鑰匙，當然是象徵意想不到的不快，包括對朋友的失望在內。

(3)給人鑰匙，能有多餘的房子給人住了，所以說家庭條件改善了。

(4)房子是得到有影響的朋友幫助才蓋起來的。

(5)鑰匙和鎖相配合適，象徵戀愛關係合適、滿意。

(6)轉動鑰匙，門將打開，可能新的機遇在等著你。

(7)鑰匙折斷了，門打不開，機會可能錯過了。

(8)掌管鑰匙的人是有一定權力的人，所以預示成為有權威的人士。

相片

夢象 夢見相片。

夢兆 夢見看相片，意味著與故友歡樂地重逢。

解釋 看見相片，就是見到相片上的故友，所以預示能與故友歡樂地重逢。

扇子

夢象 夢見扇子。

夢兆 與戀愛有關。

(1)若是扇自己，預示一種使你難堪的戀愛糾葛。

(2)若是扇別人，則警告你別把網撒得太大。

(3)若是遺失了扇子，則當心因反覆無常而失去眞摯的愛情。

解釋 扇子是信物,所以說和戀愛有關。

(1)扇自己,是只顧自己的意思,這樣就不能成功,所以預示你將有難堪的糾葛。

(2)扇別人,涉及的面太廣,戀愛的對象太多,所以說別把網撒得太大。

(3)把扇子信物遺失了,是不重視眞摯的愛情,所以說當心失去它。

袋、包

夢象 夢見袋、包。

夢兆 (1)若是紙做的,或空的,折疊著,你將會遇到經濟上的麻煩。

(2)若是皮做的,暗示生意上的成功。

(3)若是皮做的,將有一次出乎意料的非常愉快的旅行。

(4)夢裡見到許多鼓鼓囊囊的口袋或包裹,是你心願實現的象徵。

解釋 (1)紙做的包不牢固,放不住錢財,或包裡空空,那麼將在經濟上遇到困難。

(2)布包一般是用來放錢財的,錢財多了,做生意

比較能成功。

(3)外出旅行一般用皮包，所以說將有一次愉快的
旅行。

(4)口袋或包裹裝滿了，賺錢的心願實現了。

布傘

夢象 夢見布傘。

夢兆 得此夢者主遠行。勞苦人夢
此主分散。

解釋 出門防雨、防火、防曬，一
般遠行是如此，所以說主遠
行。勞苦人為生活所逼，別
無他物，只是撐傘而別，所
以說主分散。

皮箱

夢象 夢見皮箱。

夢兆 (1)夢他人抬之自外而來，主得財帛。

(2)夢已收拾好皮箱，主遠行。

(3)夢皮箱放置臥室，主有貨財積聚。

(4)夢皮箱半開無鎖，主口舌。

(5)夢皮箱置高處，主有賢妻。

(6)夢皮箱空虛者，安寧無事。

(7)夢皮箱損壞者，有外人多事。

(8)夢皮箱鼠咬傷、咬損，主道路有災。

(9)夢皮箱修補齊整，主進益貨物。

(10)夢背負皮箱而行，主有事得見尊長。

(11)夢將皮箱坐於臀下者，有好人相遇結合。

(12)夢將皮箱置擔中，主遠行得吉。

(13)夢以皮箱授人，主有事傳人。

解釋

(1)既是抬來，裡面當然有財帛，所以主得財帛。

(2)要遠行才收拾東西，所以主遠行。

(3)臥室是嚴密之處，也是貴重物品存放之處，所以可以說有貨財積聚。

(4)半開無鎖，可能已被人取去箱中東西，所以可能會有口舌之爭。

(5)賢慧的妻子善於把好的東西保管好，所以主有賢妻。

(6)箱子空空，不怕愉，不怕搶，所以安寧無事。

(7)箱子有損壞，被人窺之。

(8)老鼠咬傷、咬損，已有敗露處，在路途中應小心，以防意外之災。

(9)修補齊整，可以繼續放東西了。

(10)自己背著，不請人協助，說明這東西十分重要。重要的東西當然和尊長有關。

(11)箱子坐於臀下，十分安全，合意，這可能會遇

見好人和你相投、相合一樣。

(12)放在擔中挑，當然是遠行。

(13)把箱子給人是有求於人，是有事請人做。

針

夢象 夢見針。

夢兆 夢得之者，當獲千金。

解釋 夢得一針，為一十金，所以為千金。

鏡

夢象 夢見鏡。

夢兆 (1)鏡如明月，主諸事分

明。

(2)鏡若蒙塵，處事須整

理。

(3)鏡 如 昏暗，將 有 磨

難。

(4)鏡如摔破，為分離之符。

(5)破鏡重圓，主夫妻會聚。

(6)鏡在鏡架上，須百事小心方為吉。

(7)拾得鏡者，名成就。

(8)夢背鏡立，主自掙自成，無依他人照顧。

(9)夢換鏡者，做事常喜新厭舊。

解釋 (1)明鏡能察秋毫，所以說諸事分明。

(2)鏡蒙塵，這是不抹不擦所致，所以須整理。

(3)鏡昏暗，不祥，所以將有磨難。

(4)鏡子摔破，所以主分離。

(5)破鏡重圓，象徵夫妻團聚。

(6)在鏡架上的鏡子，掉下來就破，所以需加小心。

(7)鏡諧音競，競，成功。所以拾鏡者，辦事能成功。

(8)背鏡立，看不見自己，只有自己努力才能成功。

(9)經常換鏡感情不專一，所以說喜新厭舊。

燭

夢象 夢見燭。

夢兆 (1)學者夢之，學過前賢。

(2)能見有燭光，所以目疾者目明。

(3)燭光光輝明亮，能照人，能生子，如燭光

，那即是貴子。

盒子

夢象 夢見盒子。

夢兆 如果是空盒子，你的計畫將有可能落空。如果盒子裡有東西，你將能克服重重阻礙。

解釋 盒子是空的，所以計畫將會落空。盒子是實的，將預示成功，哪怕困難重重也能夠克服。

繩子

夢象 夢見繩子。

夢兆 夢見繫繩子，預示個人努力而獲成功；夢見解繩子，預示家庭或戀愛遇有麻煩；弄斷繩子，顯示宜主動斬斷不滿意的關係。

解釋 用繩子把東西繫好，所以預示成功。解繩子是分開，所以預示遇到麻煩。弄斷繩子表示斷交。

假髮套

夢象 夢見假髮套。

夢兆 夢見假髮套，表示與人交往成功。

解釋 因你用假的東西迷惑了別人。

刀片

夢象 夢見刀片。

夢兆　如果夢中出現的刀片很髒或生鏽，你應找醫生。如果刀清潔而閃亮，你將結識有益的新朋友。

解釋　髒與鏽不是好兆頭，象徵壞東西，所以身上可能有病。刀片清潔、閃亮，是新的，所以說可能會結識新朋友。

大剪刀

夢象　夢見大剪刀。

夢兆　夢見使用大剪刀，表示你將發現一種新的、有趣的且會得到報償的才能。

解釋　使用大剪刀一般是用作裁衣，而裁衣是一種有趣的而有報償的能力。

手杖

夢象　夢見手杖。

夢兆　(1)無論是自己或別人拄著手杖，象徵經過一個時候的停滯不前之後，戀愛會獲得成功，生意也將興隆。

(2)用手杖打人或被打，這段時間宜拒絕任何變動。

解釋　(1)手杖是用來支撐人向前行進的，有時停滯，有時前進，但最後還是前進的，所以象徵戀愛最後的成功，或生意的興隆。

(2)用手杖打人或被打，都是壞事，所以一切不能
變動，否則將會變壞。

床單

夢象 夢見床單。

夢兆 (1)如你經濟上很富裕，卻夢見你有許多床單，生
意因你的投資管理不善而造成虧損。

(2)如果你的收入僅能維持生活，則不久即有較大
改觀。

(3)若夢見給枕頭換上乾淨的枕套，提示要抓住一
個即將來臨的獲得機會。

解釋 (1)、(2)從反面來解釋。

(3)乾淨的枕套是一次機會，它象徵獲利，所以要
抓住它。

眼鏡

夢象 夢見眼鏡。

夢兆 眼鏡以這種自命不凡的形式
出現在夢中是忠告你不要自
命不凡地裝扮成他人。以自己的本來面目出現最容
易持久。

解釋 戴了眼鏡有一種自命不凡的樣子，所以忠告你不要
自命不凡、得意洋洋，否則是不能保持長久的，本

來面目一定會暴露出來。

剪刀

夢象 夢見剪刀。

夢兆 夢中之剪是關係破裂的象徵。

解釋 剪刀把東西剪開了。

帽子

夢象 夢見帽子。

夢兆 無論對男對女，夢見戴帽子，你的焦慮和麻煩將馬上過去。如果帽子是很破舊、骯髒的，你在生意上將有小小的挫折。如果是軍帽，喻示大獲成功。

解釋 戴了帽子可以保暖，這也可說是自己保護了自己，所以焦慮和麻煩會很快過去。因為財力不濟，所以弄得連帽子都破舊、骯髒，這就顯示在受挫折。戴軍帽是參加部隊，部隊可以打仗成功，所以預示大獲成功。

靴子

夢象 夢見靴子。

夢兆 新的或擦得很亮的靴子，預示經濟保障。如果破

舊，宜聽從建議，在個人事務上多加小心。

解釋 新和亮是好兆頭。破舊是不好的。所以一個可說經濟有保障，一個要多加小心。

荣碟

夢象 夢見荣碟。

夢兆 如果裝滿了荣，預示好運；如果空著，預示停滯不前，除非這碟子非常美麗，則預示情場得意。破損的、骯髒的荣碟，則預示家庭不和。

解釋 滿是好，空是不好，所以結果不同。碟子美麗，象徵美麗的情人，所以預示情場得意。破的荣碟是家庭吵架摔壞的，所以預示家庭不和。

裘皮大衣

夢象 夢見裘皮大衣。

夢兆 夢見你有或穿著一件華麗的裘皮大衣，代表你將有一個良好的轉變。如果這裘皮大衣破舊，則表示你的地位將受到某種影響。

解釋 好的裘皮大衣是表示好的轉變，破舊的表示壞的影響。

腰帶

夢象 夢見腰帶。

夢兆 你將輕而易舉地實現你眼前的目標。

解釋 金腰帶在體育上是成功的象徵，你的目標將實現。

碗

夢象 夢見碗。

夢兆 若是空碗，則遇失意；若是盛滿
東西，你的願望將得以實現。

解釋 空是沒有，所以象徵失意。盛滿東西是達到目的。

碟子

夢象 夢見碟子。

夢兆 盛滿食品的碟子象徵著好運即將來臨。若是碟子掉
落在地，則象徵由於愚蠢的言語或行為所帶來的尷
尬。

解釋 食品很多，是好事，所以象徵好運。碟子掉落打
碎，當然很是尷尬。

搪瓷

夢象 夢見搪瓷。

夢兆 顯示你新近結識的朋友對你有百害而無一利。趕快
躲開，別惹麻煩。

解釋 搪瓷製品只是表面好看，並不牢固。

縫紉

夢象 夢見縫紉。

夢兆 (1)見別人縫紉的夢，告誡你要為自己的前途努力。

(2)自己做縫紉，預示新機會就要來臨。

(3)手工縫紉，預示著艱苦的工作在等你。

(4)縫紉機出現在夢中，告誡你不要濫用自信。

解釋 (1)別人縫紉是在辛勤勞動，所以告誡你要為自己的前途多努力。

(2)自己努力，新機會會來臨。

(3)手工縫紉就是艱苦的工作。

(4)縫紉機不一定製出好服裝，所以不要太自信。

鎖

夢象 夢見鎖。

夢兆 夢見你在開鎖，表示因捲進旁人的事情而導致窘迫。若是上鎖，則顯示一路平安。

解釋 開鎖是好事，但反過來卻是壞事——窘迫。上鎖離開家門外出，所以一路平安。

國家圖書館出版品預行編目資料

大師教你學解夢／蔣星五主編.
－－初版－－ 台北市：知青頻道 出版；
紅螞蟻圖書發行，2007〔民96〕
面　　公分，－－(大師系列：2)
ISBN 978-986-6905-39-1 (精裝)

1.占卜 2.夢
292.92　　　　　　　　　　96002521

大師系列 02

大師教你學解夢

主　　編／蔣星五
發 行 人／賴秀珍
榮譽總監／張錦基
總 編 輯／何南輝
特約編輯／林芊玲
美術編輯／林美琪
出　　版／知青頻道出版有限公司
發　　行／紅螞蟻圖書有限公司
地　　址／台北市內湖區舊宗路二段121巷28號4F
網　　站／www.e-redant.com
郵撥帳號／1604621-1　紅螞蟻圖書有限公司
電　　話／(02)2795-3656（代表號）
傳　　眞／(02)2795-4100
登 記 證／局版北市業字第796號
港澳總經銷／和平圖書有限公司
地　　址／香港柴灣嘉業街12號百樂門大廈17F
電　　話／(852)2804-6687
法律顧問／許晏賓律師
印 刷 廠／鴻運彩色印刷有限公司
出版日期／2007年3月　第一版第一刷
　　　　　 2009年9月　第一版第三刷
定價 399 元　 港幣 133 元

ISBN-13：978-986-6905-39-1　　　　Printed in Taiwan
ISBN-10：986-6905-39-X